SPEED KINGS　ANDY BULL

伝説のアイスレーサー

初期冬季五輪ボブスレー野郎、それぞれの金メダル

アンディ・ブル 著
高瀬明彦 訳

パーソナルケア出版部

伝説のアイスレーサー

初期冬季五輪ボブスレー野郎、それぞれの金メダル

For my mother,

Catherine Bull,

1950 – 2010

START

伝説のアイスレーサー　目次

（レークプラシッド旧コースになぞらえて）

「スピード」は現代という時代特有の快楽のひとつをもたらすように思える。実際、いつの時代にも人はスピードを楽しんできたが、ごく最近までその楽しみには馬の能力にともなう限界があった。なにせ馬の最高速度は時速50キロメートルそこそこなのだから。いまや乗馬の時速50キロは汽車での時速100キロや飛行機での時速160キロよりもずっと速く感じられる。汽車はでかくてどっしり安定しているし、飛行機は地上の動かないものからあまりにも遠く離れているので、乗客たちは強烈なスピードの感覚を味わうことがない。その点、自動車は小型でかつ地面に近いので、ギャロップで駆ける馬に匹敵するくらいにスピードのもたらす陶酔感を与えてくれる。馬にまたがっているときのスピード感は顕著であり、時速35キロほどでも自動車の時速100キロと変わらないくらいだ。自動車が時速115キロメートルを超えると、人はかつてない感覚におそわれる。その感覚は馬による移動の時代には誰もが感じたことのないものだ。それはスピードが増すごとにより激しくなる。私自身は自動車で時速130キロを超えた経験を持ち合わせていないが、この奇妙で激烈な「酒」を飲んだ人たちによれば、時速160キロメートルを超える機会に恵まれた人の誰をも新しい驚きが待ち構えているという。

from "Wanted,A New Pleasure"
in Music at Night and Other Essays

オルダス・ハックスレー　1931年南仏リヴィエラにて
(訳は本書訳者による)

C1

１９３０年9月のある日、南仏リヴィエラの午後。今も昔も賑わうカンヌ、カールトンホテルを擁する目抜き通りラ・クロワゼットに小さな人だかりができていた。人垣で囲まれているのは当時としてはとびっきり洗練されたフォルムと抜群の高速性能を誇る新型ベントレー「ブロワー」だ。ベントレーは50台やそこらしか生産されていなかったが、とりわけその車は希少であり、それはレース仕様書に合わせて造られたストリート・モデルだった。標準型よりもノーズが少し長く、タンクが少し大きく、ダッシュが少しこぎれいだった。全長４・３メートルほどでおよそ１・５トンあったが、その重さには前部に搭載された銀色のスーパーチャージャー（風変わりな名称の元でもある）がおおいに寄与していた。車が大きかったので運転席の若者が少し隠れてしまっているようだった。ステアリングは彼の肩幅には広すぎたし、手の指を軽くかけるには厚みがありすぎた。彼は19歳、口元に笑みを浮かべると頬に小さなえくぼができた。バックにした薄茶色の頭髪を覆う帽子は風圧で吹き飛ばないよう庇を上に折り曲げている。

マグネトー・スイッチを入れ、燃料ポンプを駆動するバケライト・スイッチを入れ、スターター・ボタンを押す。エンジンが始動すると群衆は飛びのいた。

「幸運を祈るよ、ビリー！」

ビリーはエンジン計器を注視する。油圧が上昇するあいだ10秒待つ。ああ、もうひとつある。ダッシュボードの端にある小さな時計に手を伸ばす。時計の中にはストップウォッチがあり、小さな四角形の窓に3つのダイヤルがあった。このストップウォッチの取り付けにも彼は追加費用を払ったのだった。つまみをひねり、カウンターをゼロに戻す。ダッシュにくくりつけてある聖クリストファーのメダルに最後の一瞥をくれてからギアを入れた。曲がりくねった道が64キロメートル、持ち時間は60分。60分以内にはこだわりがあった。それまでの記録を破るだけではなく、1時間の壁を破る最初のドライバーになりたかったのだ。

フランス当局は市街地では時速20キロメートルという速度制限を撤廃したばかりだったがクロワゼット通りをほんの少し進むだけでその速度を超えていた。車が海岸線にむけて加速していくと、陽光を浴びて銀色の付属品類が輝いた。新しい規則には車両は「節度を保った速度」で運転するべしとだけ書かれていた。「節度を保つ」をどう理解するかだなとビリーは思った。彼の「節度」の概念はルールを決めた人々の考えとはいささか違っていたがしかし交通規則には「運転者は常時、速度をコントロールできていなくてはならない」とも書かれていた。そして彼はカンヌからアンティーブまで、回転計の針が赤線を越えてスーパーチャージャーが機能しはじめてもなおしっかりと速度をコントロールできていた。時速130キロ付近で圧縮空気がエンジンに流れ込み、高いピッチの音がエンジンや排気の低くうなる音を抑えていた。これが「ブロワー」と呼ばれるゆえんだった。時速160キロ、さらに速く175キロ、185キロ。そのあたりで針が止まり、やがて左右に振れ始めた。

アンティーブに入り彼は速度を落とす。ブロワーにはクラッシュ・ギアボックスがあった。クラッチを踏みギアをニュートラルに入れ歯車に同調するまでエンジンを回転させてからギアをローにいれるダブル・デクラッチを彼は無意識のうちにやってのける。ペダルの上で足がダンスを踊り、ギアを操作する右手の動きは友人のヘンリー・ロングハーストが「バターのように滑らか」と評したほどだった。ロングハーストは付け加える。「一歩間違えれば手首を折るけどね、ギアボックスを壊すのはもちろんのこと」。ビリーはブロワーとリズムが完全に合っていた。優秀なドラマーが太鼓を叩くときのように、手と足と頭脳が見事に同調していたのだった。

ニース近郊ではビリーはまるで停まっているかのように見える緩慢な他車の間を縫って走る。ビリーのモットーは「ブレーキを踏むな、避けろ」だった。理想のラインをもとめて、頭の中で瞬時に計算して答えを出す作業の連続は、いわば荒れた大地を駆け下りるダウンヒルの走者のようでもあった。バッス・コルニシュに差しかかると左側が海で右は崖だった。

ベントレーのビーム軸はよく弾み、大きな銀色のスーパーチャージャーが車体前部で沈むとアンダーステアの傾向がとりわけ顕著だった。ヴィルフランシュの馬蹄形をしたきついカーブではスロットルをさらに押し込み、後輪によりトルクを与え、ドリフトを安定させるべく、クロスプライのタイヤにグリップを託した。際どい操作だったがうまく行った。スロットルをもう少し、あと少しだけ。それから車体後部はきっちり収まり、直線道路にむけてきれいに進む。

モナコ国境まで最後のストレッチだった。ストップウォッチが52分、53分を刻み1時間の印に近づいた。サマセット・モームが「陰のある人々のための日当たりのいい場所」と呼んだモンテカルロの入口までやってきた。港を過ぎオスタンド通りにいたる。そして、ついにオテル・ド・パリへ。正面扉の真ん前にぴたりと停める。スタートしてからはじめての停車だ。ダッシュをざっと見渡しストップウォッチの停止ボタンを押す。58分。やった！目標の1時間には2分ちかくの時間を余してゴールしたのだ。

ビリーを知る誰もが認めたのは、彼がスピードを愛したことだった。いや、スピードのために生きたとさえ言えるかもしれない。１９８０年代に俳優のダグラス・フェアバンクス・ジュニアがビリーとの思い出を聞かれて彼の脳裏にまっさきに浮かんだのは「ロンドン・ケンブリッジ間のスピード記録を樹立したことでビリーが有名だった」ことだった。ケンブリッジはビリーのお気に入りの遊び場のひとつだった。ケンブリッジ大学時代からの親友だったヘンリー・ロングハーストはビリーが「スピードにかんする天賦の才と超人的な動体視力を持っていた」

と言う。ロングハーストはゴルファーで、ケンブリッジからミルデンホールのロイヤル・ワーリントン・コースまで34キロメートルの道程をビリーのベントレーに同乗してよく通ったものだった。「所要時間は大体19分くらいだった」とロングハーストは回想録に記している。「来る日も来る日もビリーの車の助手席に座っていて、自分の側の車輪の軌跡がいつも3センチもずれていないのに気づいたものだ」

ボビーとチャールズのスウィーニー兄弟は、公式記録とは呼べず新聞や雑誌には書かれないけれども仲間うちでしょっちゅう話題にのぼる類のスピード記録にビリーが南仏で挑んでいたころにビリーの車に同乗した。カンヌからモンテカルロが58分、ニースからカンヌが17分だった。「おれの知る限り」とチャールズ・スウィーニーは後年語った。「あの記録はまだ生きてるぜ」

もちろんこうしたレースに勝っても賞もなければカップもトロフィーもない。仲間たちへの自慢あるのみだ。かくも速く運転する技術を学ぶのに多くの時間を費やすにはビリーは年齢的に若すぎた。彼の場合は生まれついての才能だった。乗り物を高速で乗りこなすにはどうすればよいのか、彼は直観的な理解力に恵まれていた。それが車でもモーターボートでもボブスレーでも、あるいは飛行機でも彼には同じだった。15歳のときに父の真っ赤なブガッティを失敬し、姉のペギーを横に乗せてヒル・クライムのレースに出た。短くて急な坂のタイム・トライアルだった。余裕で勝った弟は姉に、父さんには内緒だよ、と言ったものだ。

ビリーの父は息子がカー・レースに出るのを嫌がった。あまりにも危険すぎると思ったのだった。18歳のとき、ビリーはル・マン24時間耐久レースにスタッツ・ベアキャットで参戦するように依頼を受けた。ボビー・スウィーニーの思い出話によれば「すぐ親父にとめられたんだ」。しかし年月が流れ、事実が忘れられると、ビリーのル・マン参戦の物語は彼にまつわる多くの神話のひとつとなって新聞や雑誌の記事にたびたび取り上げられ、ＴＶドキュメントのなかで語られたりもする。真実であろうとなかろうとビリーの話題は人々のいつものお気に入りだった。

レース好きは血統からきたものではなかったが、ほかの多くのものをビリーは父から受け継いだ。名前がそのひとつで、正しくはウイリアム・ミード・リンズレー・フィスクⅢといい、父のＷ・Ｍ・Ｌ・フィスクⅡ、祖父のＷ・Ｍ・Ｌ・フィスクⅠを継承していたが誰もが彼をビリーと呼び、もっとも彼をよく知る人たちは時折ビルとも呼んだ。フィスク家は古い米国の家系であり、メイフラワー号からわずか16年後の１６３６年に英国からやってきてマサチューセッツ州ウェナムに移住したフィニーズ・フィスクにまで遡ることができる。

ビリーの祖父は内科医であり、ビリーの父は銀行家だった。ブルックリンのポリテクニック・インスティテュートを経て１９００年にコロンビアを卒業した彼は欧州漫遊の旅に出た。学校の講堂では学べない類の教養を身につけるためだった。現地滞在中に彼はフランスに恋をしてしまいフランス語の語学力を磨いたが、これが後の人生に大いに役立つことになる。帰国後、ウォール・ストリートの小さな銀行バーミリー社に入り、新しくできたシカゴ支店に赴任した。同社の公式社史によると「その頃までにはウォール・ストリートの投資銀行エリートの仲間入りをするには当時の最先端の予備校とアイビー・リーグの大学を卒業するのが条件になっていた」。実際、フィスクの上司には彼と同じブルックリンのポリテクニック・インスティテュートの卒業生が数名いて、同社の稼ぎ頭ウイリアム・リードもそのひとりだった。

シカゴの地でフィスクはボーラ・ベクスフォードと出会い、そして結婚する。1906年のことだった。北岸のウィネトカに居を構えた。いい時代だった。結婚する1年程前に分社があり、フィスクは新しい会社のほうがよりチャンスがあると思った。彼の読みは正しかった。スタッフの数は少なかったがカナダ、英国、南アフリカへと事業が拡大した。1905年に彼はリードから同銀行のシカゴの事業長に任命された。多大な影響力をもつ存在になったのだった。そして1909年リードは彼を同社の無限責任社員、つまり共同経営者のひとりとする。この頃までには彼は父になっていた。母と同名のボーラと名付けられたが皆からペギーと呼ばれる娘は1907年に生まれていた。ビリーは4年後の1911年6月4日に生まれる。

1913年リードはクラレンス・ラポースキー、別姓ディロンという名の若者をニューヨークからシカゴに派遣する。その後の20年間にわたりラポースキーは欧州と米国の経済を形作り、またそうすることによりビリー・フィスクとその家族の運命を決め、フィスク家に莫大な富をもたらすことになる。

ビリーの父と違い、ラポースキーは貧しい家庭の出だった。彼は乾物屋を営むポーランド系ユダヤ人のせがれだった。マサチューセッツのワーセスター・アカデミーを経てハーバードに進んだが入試ではラテン語で三回も落第した。在学中に母の旧姓であるディロンに改姓したが友人たちによるとディロンを名乗るようになってからもユダヤの伝統を否定しようとすることはなかった。ニューヨークの多数の会員制クラブから排斥されたのがユダヤの出自を隠すようになったきっかけだという。ともあれ、ハーバードでは級友たちの間で彼は「男爵」のあだ名で通っていた。ギャンブル、ポーカー、競馬が好きだったからだった。お金を使って楽しんではいたものの、ディロン「男爵」は大型金融取引の世界に進むつもりはなかった。経緯はこうだ。卒業後マンハッタンを歩いていて学友に出会った。学友に「今何してる?」と聞かれ「特に何も」と答えると「銀行業界がいいよ。ウイリアム・リードに会いに来いよ。会う値打ちありだぜ」と言われ、そのままふたりでリードのオフィスを訪ねた。「その日、銀行家になる気持ちはまったくなかった」と後日ディロンは振り返る。「しかし、リード氏はとても親切だった」。リードはとりたててディロンが印象に残ったわけではなかったがディロンに就職を勧め、銀行家になりたいかどうか自分で決めるように言った。ディロンは、当時住んでいた中西部の家を妻が離れたがらないと思うので妻と話し合ってみますと答えた。そこでリードはディロンが引越ししなくて済むようにシカゴ支店に赴任することと初任給月給250ドルを提案した。

シカゴでフィスクの下で働き始めたディロンは麦芽入りミルクの会社の社長で大金持ちのウ

イリアム・ホーリックに見込まれ、彼の投資ポートフォリオを一手に引き受けることで頭角を現したが、それはまだ序の口だった。ディロンは銀行ビジネスが「無制限のポーカーよりずっと面白い」と気づき、次々と大型取引を成立させて業績を伸ばしたが、もっとも注目すべきはTNT生産に必要なフェノールをつくる化学企業を自ら設立したことだった。いったん戦争が勃発すればいかに需要が大きくなるかを見越した卓抜した先見の明だったが、これが彼の800万ドルの富の大半をつくった。この頃までにはリードは彼をニューヨークに呼び寄せていた。

1916年時点でディロンはリード社の共同経営者になっていた。同社で働きだしてからわずか3年足らずだった。そのとき彼は33歳で、同社社史によれば「当地の重要な銀行家のひとりであるばかりでなく金融史上もっとも聡明で有望な人物のひとりとみなされていた」。ウイリアム・リードがまさに同年4月、肺炎で他界した。フィスクを含む共同経営者のそれぞれに2万5000ドルを残したが誰がトップに就くかは何も決めていなかった。持ち株比率が少なかったにもかかわらず、ディロンが跡を継いだ。彼自らは事業承継に乗り気でなかったと常々言っていたが当時のウォール・ストリートの噂では共同経営者たちが承継について議論していた時に唐突にディロンが立ち上がり、以前リードがいたコーナーに陣取ってしまったという。噂はおそらく当たっていよう。ディロンが1920年に会社をディロン・リード社と改名すると決めたとき、フィスクやほかの共同経営者たちは事前に何も知らされておらず、ディロンからいきなりこう告げられたのだった。「紳士諸君、当社の仕事の85%は私がもってきたものだ。

同意しない人は去ってもらって結構だ」

ディロンは無慈悲で悪名高く、同僚のヒュー・ブロックによると「非人間的」だった。「ディロンが卑しくてケチなやつだという話は本当だった」「あれほど強硬でハードボイルドな男を見たことがない」。経済学者のエリオット・ジャンウェイはディロンが「単なるカネの亡者で「娼館つきの神でもバーゲンでなければ買わないだろう」と述べた。ジョーダン・ベルフォートが本の題名に借りたりマーティン・スコセッシが映画のタイトルに使うよりはるか以前からディロンは「ウォール・ストリートの狼」として知られていた。

こう名付けたのは彼の部下のジェームズ・フォレスタルだった。だがしかし、ディロンは旧友たちにすさまじいまでの忠義を尽くしたことでもよく知られている。やがて株が大暴落したときには多くの古くからの仲間たちと袂をわかったが、シカゴで業界に入り、債券のセールスマンとしてスタートした頃にフィスクから受けた恩を彼はけっして忘れなかった。彼はフィスクが好きだった。フィスクのなかに賞賛すべき、あるいは自らが欲するほどの特質を見出した。ディロンの孫息子は言う。「祖父にブレーンはいたが、いつも社会的に受け入れられたいと願っていた。それは祖父自身では叶わなかったものだった。だから彼は自分自身や子や孫たちが社会的に受け入れられるように何をすべきかをいつも気にかけていたのだ」。その点でもディロンはビリーの父親から学ぶことが少なくなかったのだろう。フィスクの恩は忘れない。自分が仕事をしている限り、フィスクやその一族には仕事の世話もしよう。フィスクの甥のディーン・マーセイは大学を出てすぐにディロンに雇われた。ビリーも本人がその気になればいつでもディロンの仕事が待っていた。

米国が第一次世界大戦に参戦すると、ディロンは軍需産業委員会と関わりを持つようになり、産業界の大物たちに近づく。ディロンの事業はいっきに拡大した。いっぽうシカゴの地でフィスクとその家族たちも栄えていた。湖岸からほんの数ブロックあがった東チェストナットに邸宅を構え、料理人、女中、乳母の3名の使用人が住み込みで一緒に暮らしていた。リリー・グローガンと呼んだダックスフント、カドリー・デーモンという名で通るビリーのボーダー・テリアの2匹の犬も飼っていた。1919年、一家はカナダのバンフ国立公園に休暇の旅に出かける。ペギーはスクラップブックに旅の記録をせっせと記した。幸せな日々だった。ビリーは8歳だった。ちいさなブロンドの男の子だった彼がビッグ・ビーハイブのハイキング・トレイルやルイーズ湖の周囲を駆けずりまわり山の生活の味をはじめて知ったのもここカナディアン・ロッキーでのことだった。父は乗馬に熱心で水泳やゴルフもやり、子供たちにはアウトドアに目を見開かせようとした。ビリーは姉のペギーの記憶では「いつも体を動かすことに関心があった」。ビリーはしょっちゅう大きな浴槽の上のふちに足をかけてみたり、腕立て伏せをやったりした。ペギーもいくぶんおてんばで、短髪で、弟ととっくみあったりもした。

教育に関しては、子供時代の大半をビリーとペギーは家庭教師によって教えられた。それは子供たちの教育に両親が大きな責任を引き受けることを意味した。父はとくに子供たちに一連の強い価値観を教え込もうとした。彼は長老会派であり、筋金入りの共和党支持者であり、厳しい職業倫理を持っていたが、自分の信条を子供たちにまるごと押しつけることはなく、子供たちが探究心や独立心を育むように仕向けたのだった。夕食の席で父は子供たちのひとりになぜその日がいい日だったか説明するように言い、もうひとりにはなぜその日が悪い日だったかを説明するように言った。翌日はその順番を変えた。「ビルはあふれんばかりの好奇心を父から受け継いだ」とペギーは回想する。「父と弟は何でも知りたがった」

しかしながらビリーの人生を形成する運命の転回は父ではなくディロンによってもたらされた。フィスク一家がバンフに滞在していたまさにそのときに軍需産業委員会の仕事でディロンはフランスに出張していた。ベルサイユ条約調印の随行のためだった。当時すでに南アフリカ、ブラジル、コロンビア、アルゼンチンに事業展開していたディロンはこの機に銀行業務をヨーロッパ大陸にまで拡大する腹を固めた。ディロンはさらに野心的でロシアをうかがおうとしたがあきらめ、結局ドイツに落ち着いた。

それは大胆な選択だったがディロンの目には千載一遇のチャンスと映った。1921年ドイツは第一回戦後賠償金2億5千万ドルを支払ったが翌年に予定されていた5億ドルは言うに及ばず第二回の2億5千万ドルも支払不能となった。経済が崩壊し、大量に増刷されたドイツマルクは紙幣に用いられたペーパー自体ほどの値打ちもなくなった。インフレがすさまじく、工場労働者の妻たちは工場の門で夫たちを待ち受け、給料袋を受け取るやいなや買い出しに走った。次の値上がりの波が来る前に買おうとしたのだった。1923年には1ドルで500万マルクと交換できた。こんな地にディロン・リード社をはじめとする米国の銀行が足を踏み入れたのだ。ドイツは新通貨ライヒスマルクを採用し、新しいドイツ中央銀行は50年間の紙幣独占発行権を得た。ドイツ政府には2億ドルの外債が組まれ、英国と米国でJPモーガンとディロン・リード社に率いられたシンジケートによって起債された。ディロンにとって、これはドイツ市場進出の足掛かりだった。「われわれの機会は産業が盛んなヨーロッパにある」と彼はニューヨーク・タイムズに語った。「ヨーロッパでなされるべき鉄道事業や公共施設事業への融資、それは途方もない規模であり、かつ利益の上がるものだ」

そこでディロンは新しいヨーロッパ事業の拠点をパリに定め、ジェームズ・A・ローガン大佐をトップに据えた。大佐は賠償委員会にも関わり、フランスと英国にすぐれたコネがあると見込んでの人事だったがディロンの伝記作家によるとローガンは「攻撃的で無作法で外交的手腕に欠けていた」。フランス文化に親しみ、フランス語が堪能な存在が必要だった。ディロンから白羽の矢を立てられたフィスクは家族を伴い、1924年パリに移る。一家は4月にSSベルゲンラントで出帆し、途中ロンドンのハイドパーク・ホテルでひとときを過ごしてからパリに向かった。パリではビュゲ通りの一軒家を購入し、少し後にフランス南西部のビアリッツ近郊にある古城も手に入れた。

ディロン・リード社はドイツに対すると同様にベルギー、イタリア、ポーランドへの融資も展開したが、それは今日通常理解される銀行業務とは異なっており、ビリーの父はヨーロッパの貴族や外交官たちと無駄話をして時を過ごすことが多かった。

1924年夏、ビリーの父はポーランド政府との3500万ドルの融資案件の交渉のため、ディロンらとともにワルシャワにむけて旅をする。ガリシアのランカットまで彼らだけのための専用の列車が手配された。同地ではアルフレッド・ポトッキ皇太子の出迎えをうけた。赤いカーペットが敷かれていた。ポトッキにともなわれて城にむかう沿道では「農夫たちが列をなして恭しく頭を垂れていた」。ポトッキは19世紀の絢爛絵巻のなかに生きているのだった。彼の妻と娘たちは肌着類をまとめてパリに送っていた。地元の洗濯女が自分たちの下着に手を触れるのを嫌がってのことだった。フィスクの同僚でこの旅に同行したエベルシュタットの息子は後年、父の思い出話をこう伝えた。「城に到着すると舞踏会のさなかだった。美しい婦人方がきらびやかに着飾り、シャンペンやキャビアが銀の盆で運ばれていた。弦楽合奏団がワルツを奏で、誰もが踊り、食らい、飲み、乱痴気騒ぎは明け方まで続いた。翌朝、男たちは馬にまたがり、二日酔いの酔い覚ましも兼ねて、イノシシ狩りに出かけた。翌晩も、またその翌日も同じことの繰り返しだった」。フィスクたちは遊興の頃合いを見計らって交渉の案件を持ち出すのが大変だった。ポーランドの貴族連中を相手にエベルシュタットは苛立ちを募らせ、ローガンは彼らに取り入るにはあまりにがさつすぎ、ディロンさえもが彼らに圧倒されてしまった。ひとりビリーの父だけが終始彼らとよろしく付き合うことができた。後日ポーランド政府は彼に「ポーランドと米国の友好関係を深めた功績により」、コマンダー・クロス・オブ・ジ・オーダー・オブ・ポロニア・レスティテュータという栄えあるメダルを贈呈した。

父がヨーロッパ各地に足を運び、母がパリで家庭を守るなか、ビリーは英国の全寮制の学校に送られた。オックスフォード近郊のサットン・コートネイの村に着いたとき彼は13歳だった。その学校は「いくぶんオーソドックスではなく」、生徒たちは各自ペットを飼うことが許されており、彼自身、小さなウェルシュ・テリアを飼った。ビリーはそこに長くとどまったわけではないが、寄宿舎での生活を通して彼は成長し、自立心を持つ大人への道を歩み始めた。サットン・コートネイの地について彼は「自分のルーツの感覚は他のどの地よりもここが強い」と記している。当地を故郷のように感じたのは、この学校の休み期間中に生まれてはじめての一人旅に出たからだろう。

ビリーが15歳のとき、父はビリーをアルゼンチンに送り出した。ブエノスアイレス郊外の羊ファームで労働体験をさせるためだった。5月にお目付け役とともに船出し、父がディロン社の現地の仕事を通して知り合った友人家族とひと夏を過ごした。「自分自身での本当の旅は南米から始まった」とビリーは後に語る。「以来、大陸間を行ったり来たりしている。ただ単に世界がどんなものかを見るために」。牧羊についてはあまり多くを学んだようには思われないが、後に彼を世界一周の旅に駆り立てる放浪へのあこがれはこのとき彼の心に確実に根付き、本人もそれを意識するようになった。アルゼンチンからの帰途はリオ経由だったが、リオはその10年後にもなお仰ぎ見るほどの印象を彼に与えた。後年シドニーをはじめて訪れた彼は記している。「シドニー湾は世界で最も美しいことでリオデジャネイロに肩を並べるほどであり、オーストラリア人ならリオを見たことのあるなしにかかわらず誰でもシドニーが断然上だと言うだろうが、やはりリオが一番だと思う」

ビリーは冒険にふけったり、探究心を満足させたりするための財力にはこのうえなく恵まれていた。彼は後日、個人的信条となるものを日記に書き、太字で強調している。「どんな子どもでも心の中に伸長させるべき特質がふたつある。それは**勇気**と**正義**だ。ひろく言えば、このふたつの特質が十分に備わっていさえすれば、人は世界に立ち向かい、成功を収めることができるのだ」

南米から帰ってきたビリーは、「世界に立ち向かおう」とはやる心を抑えきれない勇敢な若者に成長していた。長い目でみて自分がどこを目指しているのかはまだ明らかではなかったが、とりあえずの行き先はしっかりと決めていた。それはスイス、そしてサンモリッツだった。

C2

エンガディンの谷間に位置するサンモリッツはもともとは静かな寒村だったが湯治客はそれなりにいた。16世紀初頭に教皇レオ10世が同地の鉱泉に浸かった者に赦しを約束するとサンモリッツは一躍有名になった。時代がくだり1850年代、年間を通しての定住人口はわずか200人ほどだった。毎年夏が過ぎると鉱泉めあての客たちは潮が引くように村を去っていった。冬の間もずっと好天が続くのにもったいないことだった。何より、旅行者たちがいなくなるとたんに仕事が激減するのが地元では悩みの種だった。

1856年、地元の大工の息子ヨハネス・バドラッツがペンション・ファレルという宿を買い取った。旅館業を始めてみると、やはり彼も閑古鳥が鳴くシーズンオフが身にこたえた。1864年夏、彼は4人の英国人客を相手に賭けに出る。サンモリッツの冬は快適に過ごせるという言い分に半信半疑だった彼らに、もし冬場に再訪して天気がロンドンより悪かったら彼らの旅の費用全額を自分が払うと宣言したのだ。はたして同じ年の12月、馬橇にのってやってきた彼らは「汗をかきかき、まばゆい太陽で目がくらんで」いた。宿のテラスで一行を迎えたバドラッツはワイシャツ姿で上機嫌だった。賭けには勝ったが、彼らの旅費は全部持ってやった。もくろみは当たった。口づてに話が広まり、年を追うごとにサンモリッツの冬の旅行者数は増えていった。1878年、バドラッツはパリの万国博でごく初期の電気照明システムを見かけ、大枚をはたいて自分のホテルに導入することにした。その年のクリスマス前から大晩餐会場を照らすようになった電気照明はスイスでははじめてのものだった。それは一回につき90分しか持たず、しかもいったん点けると消せないという不便さがともなったがその物珍しさと豪華さできっと客が倍増するとバドラッツは踏んだのだった。読みは当たったが問題は、電気照明に感嘆し、何皿も運ばれてくる料理に舌鼓を打った後に何もすることがないことだった。当地の滞在客には結核患者が少なからずおり、彼らは医者から山の乾いた空気が身体にいいと言われていたが当時ある人が記したように「サンモリッツで人々が罹患している真の病気は〝退屈〟だった」。

時間をもてあまし手持無沙汰だったバドラッツの英国人客たちはそのうちに近くの曲がりくねった坂道で小さなトボガンに乗り、タイムを競うようになった。これが現在スケルトンとして知られているクレスタ・ランの始まりだった。クレスタは今でこそ冬のサンモリッツならではの独特のスポーツだが、初期の頃は現地の人々を怒らせ、クレスタ乗りたちは「英国の悪魔」と呼ばれた。もしくは、少なくとも当の英国人たちはそう呼ばれていると思いたがっていた。興が乗った彼らはソリに金属製のランナーをつけて速度を増し、簡単な操舵の仕組みもつくった。これでとりあえず進行方向をコントロールできるはずだったが往来で危険にさらされる地元民たちからの苦情が後を絶たず、バドラッツはクルム・ホテルの正面からくだる斜面にトボガン専用のコースをつくることになった。そして1888年12月、ウィルソン・スミスという英国人がサンモリッツのアンニュイ（倦怠）への特効薬を発明する。スミスは二台のトボガンをつなげて滑るという突拍子もない考えを思いついたのだった。彼は友人3人を呼び集め、みんなで山の斜面を滑り降りた。これがボブスレーの始まりだった。子どもがブランコを揺すって高く上がろうとするように、ボブスレー乗りたちも体を前後に動かしてソリに弾みをつけようとしたところからこの名がついた。いったん滑り出してしまえば、ボブスレーは断然はやい乗り物だった。

もっともボブスレーの起源に関しては諸説がある。ほかの多くの起源神話と同じで、この説への反駁も少なくない。カナダやニューイングランドでは、ボブスレーは少なくとも19世紀半ばまで遡ることができるし、1887年のニューヨーク・タイムズは劇作家デンマン・トムプソンが「古農家」という劇でボブスレーの場面を入れる話題を報じている。プロデューサーがトボガンを使うように提案したところ、トムプソンが「ニューイングランドではトボガンは使わない。ボブスレーを使うんだ」と言ったという。

ともあれ初期のボブスレーには大きく分けてふたつの流れがあったことは間違いない。ひとつはカナダと米国でボブスレーは遊びの位置づけであり、もういっぽうはスイス、とりわけサンモリッツで、早くからスポーツ競技の要素が強くなった。初期のスポーツ史家が記す。「完全なる自由と常に起こるハプニングを特徴とする娯楽。乗り手を集めて、行きたい方角にむけて出発。天気が悪くなるか、飽きてきたら帰る。断崖絶壁を避けることを肝に銘じ、夜の暗闇でほかの車両に出くわさないよう運を信じる」。実際、米国ではボブスレー熱が多くの死者を生み出した。1892年から1906年までニューヨーク・タイムズ一紙だけでもボブスレー事故による12件の死亡事例を報じている。ソリ一台に時には16人が乗っていたこともあり、往来の激しい道路の空隙を縫うように滑り、自動車・列車・路面電車・馬・牛乳配達ワゴン・歩行者との衝突が多発した。怪我の内訳は手足の骨折から頭蓋骨骨折、くるぶしの捻挫、眼球打撲、頭皮裂傷となんでもありだった。1908年冬にはニュージャージー州の小都市モントクレアで衝突事故のあまりの多さに地元警察がボブスレーを禁止する措置を取る。ボブスレーとトロリー車両の激突事故をうけてタイムズ紙が報じる。「モントクレアの街路での滑走を永久に禁止せよという評議会の意見がそのまま条例となる方向に世論が動くだろう」

もういっぽうのヨーロッパでもやはりそのころ、ボブスレーになんらかの規制をかけることが検討されていた。1897年サンモリッツ・ボブスレー倶楽部（ＳＭＢＣ）が誕生する。設立当初は公道で滑っていたものの、すぐに専用のコースが必要との意見が多数を占めるようになった。サンモリッツはすっかり発展していた。バドラッツ一家の事業はとても順調で189 2年には二軒目となるホテル、ボー・リヴァージュを買収し、ヨハネスの息子のカスパーが経営をまかされた。カスパーはチューリッヒに行き、当時の最先端を行く建築設計会社にかけあい、ホテルの改築に乗り出した。イタリア人大工500人を入れて4年かかった。大がかりな改築が終わるとホテル名をパレス・ホテルと改名した。いまやバドラッツ一家はヨーロッパでもっとも洗練されたホテル2軒のオーナー一族になったのだった。

毎冬、有閑なお金持ちが多数滞在するようになったので、SMBCが専用のボブスレー・コースをつくるのに寄付金を募るのは比較的簡単だった。ドイツの皇太子から200フラン、某伯爵から500フラン、アイルランドの侯爵と英国陸軍大尉からそれぞれ500フラン、そしてラリッシュ伯爵から650フラン。ちなみに、同伯爵の奥方のマリー・ラリッシュはオーストリアのエリーザベト皇后の姪で、皇后とは大の仲良しだった。後にマリー・ラリッシュのアルプスでのソリ遊びの描写が詩人T・S・エリオットを魅了し、やがて詩人の想像力は「荒地」のなかの次の一節を生み出すことになる。

子どもの頃　大公のところにいて
従兄がわたしをソリ遊びに連れだした
こわがっていると　従兄が言った　マリー
マリー、しっかりつかまって　それから滑りおりた
山の中　何もかもから解き放たれて　（本書訳者・訳）

新しいコースは1902年にオープンした。丘の上のスタート地点はクルム・ホテルわきのバドラッツ公園で、そこから松林の間を通り抜けて谷に下り、やがて急に進路を変えて鉄橋のアーチをくぐり抜け、さらにくだってクレスタ村が終点だった。こうして専用のコースができると、途中で転倒しても（実際、転倒は多かった）「雪にいきなり鼻をこする」以上のひどい目にあうことはあまり心配しなくてもいいように思われた。見物客が集まってきたのはデヴィルズ・ダイク、サニー、ホースシューといった主要なカーブで、ソリが大きくブレるところだった。転倒場面を見ようものなら、「古代ローマ人の休日」を過ごしたような気分にもなれるし、無事にゴールしたらこいつらはきっと大喜びするところだったのだろうと思うと「他人の不幸は蜜の味」という具合だった。

同時期の米国のありさまと比べるとサンモリッツでのボブスレーの安全性の向上は画期的だった。ほんの短い間ではあったが、公道を離れて専用コースになった時点を始まりとし、勇敢な者以外は尻込みするほどに高速化するまでの期間、サンモリッツでボブスレーは誰でもが手軽に参加できるスポーツになった。単座のトボガンを用いるクレスタ・ランはよりスリリングかも知れないが、それは必ずしもより面白いことを意味しなかった。ボブスレーの世界はよりなごやかだった。実際、恋をもてあそぶタイプの女性にはもってこいだった。初期のころ、SMBCの規約ではどのボブも必ずひとりの女性を乗せることと定められていた。1909年のタイムズ紙は「特別通信員」発の次の記事を掲載する。「ボブスレーに乗る女性は操縦やブレーキの役割につくことはできない。しかし彼女はヴィクトリア朝時代初期の流儀でボブスレー生活に快適な彩りを添えることができる。ゴールしたボブを丘の上のスタートまで運ぶソリに乗るのはふたりまでとなっており、一緒に上まで行くのを誰にするかを決めるのは彼女の特権だ。その相手に彼女は服装の世話を焼き、ボブのバッジをつけてあげたりもする」。「いまやボブ・トラックは年齢や身分や国籍に関係なく、人々の集う場所になった」。そこで旅行者たちはしばしばレースに賭けをした。

次第に、熟練した者や記録狙い、ほとんどプロフェッショナルな要素がボブスレーにからんでくるようになった。タイムズ紙の指摘によると「過剰といえるほどに多くのカップや賞が出回っている。スイスで休暇を過ごす裕福な人々にとって賞を提供するのは容易いことだからだ。こういう金の使い方が楽しいのだ」。そしてそれは必然的に賞金を荒稼ぎしようとする気持ちを助長し、低俗化を招く。生まれてまだ数年しか経っていないボブスレーはもうすでに本格的なスポーツになろうとしていた。英国の新聞はサンモリッツのレースについて定期的に報道するようになった。計時メカニズムが導入された。スタートとフィニッシュに糸が通され、ソリが最初の糸を切ると計時が始まり、二つ目の糸に触れると計時が止まる仕組みだった。

計時メカニズムの導入により競技の本格化に拍車がかかったのは間違いない。1906年SMBCはランナーの前部に粉末グラファイトを吹き付けたスカートを装着したソリを試験的に走らせた。すべてはソリを少しでも速く滑らせるためだった。

ヨーロッパで日に日に進歩をとげていくいっぽうで米国ではボブスレーはまだ荒く、かつ粗削りだった。レースも特別につくられたコースというよりはダート・トラックでおこなわれていた。1909年ニュージャージー州のコルドウェルで後のレークプラシッド冬季五輪を暗示するような出来事があった。町の年一度のボブ・レースに「金持ちのドイツ人」が「デラックスなソリ」を持ち込んだのだ。自動車のステアリングとラバーでコーティングされたランナーを装備したそのソリは重さが150キログラムあり、価格は300ドルだった。地元の人たちはそんなものを見たことがなく、レース出場者たちの間でセンセーションを巻き起こした。

サンモリッツではそのようなソリは急速にありふれたものになっていた。当時コースの長さは1600メートルと少しだったが1902年から1912年にかけてコース・レコードは1分46秒から1分33秒まで、13秒縮まった。1930年代の選手たちには遅く感じられるかもしれないが、このような速度は当時のほとんど大多数の人々にとっては汽車に乗る以外では体験できず、競走馬が駆けるのとほぼ同じ速さであり、初期の自動車の最高速度にも匹敵した。1898年に最高速度が時速62キロメートルだった自動車は1910年まで、記録が7回塗り替えられた。ボブスレーは自動車ほど目覚ましい発展をとげたわけではなかったが、それでもボブスレー乗りたちは互いに切磋琢磨し合い、より速く、高みを目指し、競技の限界に挑んでいた。

この頃、クルーの数は一台につき5人に固定されていた。一番前のひとりが操縦し、最後尾のひとりがブレーキ、間の3人は重しだった。ボブの本体は以前と変わらなかった。ブレーキも必然的に金属のくしであり、引いてその歯を氷にかませた。操縦のメカニズムは進歩しつつあった。操縦輪式もあれば、引き棒式もあった。ソリの乗り方には変遷があった。最初は大概まっすぐ座っていた。次に仰向けが採用され、頭を後ろの人の胸に乗せる格好になった。1912年にカーベリー卿という英国人がサンモリッツで続けて勝った時はうつ伏せで、上半身が前の人の下半身を覆うかたちだったが、以後本気でボブスレーに取り組む人たちは皆この姿勢を取った。SMBCの公式史によるとそれは「有害な乗り方であり、ボブスレーに乗る見込みのあった多くの女性をボブスレーから遠ざけてしまった」。この姿勢が乳がんを誘発すると言いふらした人がいたのだった。

ソリが速くなるにつれて危険も増大する。1911／12年の冬、サンモリッツ・ボブ・ランでは1か月の間に3人が死亡した。ドイツ人の技師はあるコーナーで転倒し、金属製のフレームが頭を直撃して死んだ。その4週間後にはソリが氷の割れ目を避けようとしてバンクから飛び出して立ち木にぶつかり、ふたりが死亡、ふたりが重傷を負った。翌シーズンにはさらに3件の重大事故があり、1914年には鉄橋に激突する死亡事故が発生した。勇敢な一部の人々以外にとってサンモリッツのボブスレーは参加するものではなく見るスポーツになった。タイムズ紙は報じた。「〝観客主義〟という新しい冬のスポーツが勃興している。それはサンモリッツにおいて繁盛している」。勇猛果敢な選手たちが極限のスピードに挑んでいるのをうらやましげに見守るくらいしか自分にはできないと大概の人たちが感じるようになった。ボブスレー遊びが人気を博した時代はあっという間に終わった。ボブスレーは一部のエリートの活動、向こう見ずな者のスポーツになろうとしていた。

１９１４年、第一次世界大戦が勃発し、ＳＭＢＣは一時的に活動休止状態となる。だがスイスは中立国であり、山のかなたでの各国入り乱れた憎悪や悪感情がサンモリッツまで持ち込まれることはなかった。

ドイツのヴィルヘルム皇太子は戦前、大のボブスレー好きで自ら「赤鷲」と名付けたソリを所有し、１９１３年にはＳＭＢＣの終身名誉会長に選ばれていた。実際、皇太子が「リトル・ウィリー」のあだ名を頂戴したのもここサンモリッツでのことだった。英国のタブロイド各紙は嬉々として、リトル・ウィリーの度重なる乱行や悪事をけばけばしく報じた。皇太子はよく知られた女たらしであり、戦時中は父に次ぎ社会の敵ナンバー・ツーだった。１９１８年には英国各地で皇太子の似姿が街角の「処刑台」に吊るされていた。戦後まもなくの頃、クルム・ホテルの外で皇太子とばったり会ったのをＳＭＢＣ会長のマルティノーはよく覚えている。もう自分は名誉会長から外されているんだろうなと聞かれ、ボブスレー倶楽部に政治は関係ありませんと答えると皇太子は相好を崩し、すっかりご機嫌だったという。

スイス政府が戦時中に課していた外国人旅行者への制限を緩和すると、サンモリッツはほどなく以前の賑わいを取り戻した。チューリッヒとサンモリッツを結ぶ空の便が始まると富裕層には冬のアクセスが格段に便利になった。

サンモリッツのボブスレー黄金時代の幕開けだった。「古き良き日々」とマルティノーは回想録に記す。「才能のあるアマチュアの名士たちが集った。彼らにはたわむれる気持ちと肝っ玉と挑戦心がないまぜになっていた」。とはいえ、ボブスレーに誰でもが参加できる時代はとうに終わっていた。お金に余裕があり、かつ大胆という条件があった。マルティノーによると「天気より何より重要なのは人だった。人が主役だった。なんでも愉快に過ごす連中で皆パレス・ホテルに逗留しており、午後2時には全員がボブスレー・コースに出払い、午前2時には皆、街に繰り出した」。スキーの滑降は1930年代の末葉まではそれほど人気がなく、ボブスレーこそが当時はファッショナブルだった。冬のシーズンが始まるとサンモリッツの人物往来が英国の新聞に掲載されたが、それはさながらヨーロッパの名士録のようだった。典型的なある週の入境者には次の名があった。オデスカルチ王子、レーヴェンシュタイン王女、カーソン侯爵夫人、ノーセスク伯爵、ナポレオン・グルゴルト男爵。大きなレースに参加するのは若くて勇敢な人物に限られたが、夜になると誰もがクルムかパレスでの舞踏会や晩餐会に詰めかけた。

ＳＭＢＣの会長としてマルティノーにはふたつの仕事があった。ひとつは富くじや賭けを主催するなどして倶楽部の運営資金を捻出することだったが、やってきた金持ち客の袖を引っ張ることも多かった。ボブ・ランを再建して維持するのに毎年1000ポンドかかった（訳注　天然コースのため毎年、再建と撤去を繰り返す）。もうひとつはメンバー連中の仲を取り持ち、人の調和を保つことで、こちらがよっぽど難しかった。1924年の冬、ある謎めいた新人選手が現われた。若くて美しいロシア人女性で「赤褐色の髪、朱色の頬、緋色の唇」だった。マドモアゼル・クラスノスキーという名で通っていたが「残念なことにロシア語以外の言葉は一切理解できず、一言もしゃべれなかった」。しかし彼女は2人乗りの競技、ボブレット・カップへのパイロット、つまり操縦役での出場を希望した。「レースが始まってみると彼女がただの初心者でないのは明白だった。なかなかのタイムだった。かなりいいタイムを出さないと彼女のチームを破れない状況になった。結局、誰もそのタイムを上回れず、彼女のボブが優勝した」。問題はホテルに引きあげる途中に始まった。レース参加者の妻たちが色をなしてマルティノーのところに駆け寄り、夫たちが彼女に侮辱されたと訴えた。彼女がすれ違いざまに卑語を投げかけたことは彼女の相棒のブレーカーの男もしぶしぶ認めたという。ホテル前の表彰式でクラスノスキーの名が呼ばれて彼女がお立ち台に上がると「アルゼンチンの熱血漢アルツロ・グラマヨが彼女にむけて突進し、制止に入ったスタッフに引き離されるより前に」彼女の頭髪をつかんだ。悲鳴があがり、会場は一瞬凍りついたかのようだったが、数秒後、観衆はあっけにとられてしまった。誇らしげなグラマヨの手には赤褐色の毛髪が数房しっかりと握られ、壇上には頬と唇を赤く塗りたくっただけの男が立っていた。

次なる難題は転倒対策だった。1925年マルティノーが監修して、バンクの高さが3・7

メートルあるホースシューの大がかりな改修がほどこされ、カーブをより安全なものにしようとしたが、「しかしながらあるボブが飛び出したときに改修は不運にも無意味に終わった」。翌シーズンにはあるソリがサニーを曲がりきれずコースを逸脱し観客の群れに突っ込んだ。3人が負傷したがそのうちのひとりはドイツの高等裁判所判事で「肋骨が数本折れた」。

地元当局はSMBCの会長に全責任があると考え、マルティノーは数日間にわたり一日2回警察署に呼ばれ事情聴取を受けた。SMBCで加入していた保険会社がしぶしぶ保険金の支払いに同意してやっとケリがついた。「彼らの脳裏にあった私の妻の宝石類をすべて差押さえようという考えは、かくして幸運にも挫折した」。その後パレス・ホテルのロビーできちんと身なりを整えた地元の首長から正式に謝罪され許しを乞われたとき、マルティノーは心から満足した。「SMBCは結局英国人中心のものであり、スイス人からあまり協力してもらえることはない」とマルティノーは記す。「彼らはかなりの猜疑心を持ち、われわれをおかしなやつらだと思っている。猜疑心はしかしながら、一定の敬意によって緩和されてもいる」

コース外で起こるもめごとの仲裁に入るのもまたマルティノーの仕事のうちだった。

たとえばクルム・ホテルでメンバーのひとりがいかさま賭博の被害にあったというたぐいだが、不名誉な逸話ではマルティノーは実名を記していない。「ボブ・レースに参加したある米国人男性が私の知り合いの女性を夕食に誘った」と彼は回想する。「キャビアやシャンペンを注文し夜遅くまでふたりで盛り上がった。翌朝彼女がフロントに下りてくると二人分の請求書が彼女につけられていた。米国人男性はすでに姿を消しており、二度と帰ってこなかった」。また、「アンドリュー」、「スーザン」、「ポール」（いずれも仮名）の逸話もある。アンドリューは知り合ったばかりとおぼしき大変美しいガールフレンド、スーザンをともなってサンモリッツにやってきた。彼は大変気前が良く、彼女が欲しがるものを何でも惜しみなく買い与えた。ある朝スーザンがどちらかと言えばイカしたボブスレー乗りの男ポールと同衾しているのを見つけた時も声を荒げることもなく紳士的で、彼がこれまでに投じた金額をポールがすべて支払ってくれるなら自分は身を引いていいし、後には何の悪感情も残らないと言った。ミンクのコートが1000ポンド、服が500ポンド、ブレスレットが500ポンドでしめて2000ポンドだった。ポールは同意した。その日の午後、ポールはボブ・ランに滑走練習に出かけた。スタート地点の近くでスーザンが見守り、アンドリューが代金を回収すべく待ち構えていた。ポールはその日、4回滑るはずだったが3回目の滑走に出たきりいつまでたっても帰ってこなかった。ポールが3回目の滑走を終えてからちょうどいいくらいの時間にゴール地点の先のチェルリナ駅を出る汽車があった。待ちぼうけを食らったふたりが気づいたときはもう遅かった。アンドリューは2000ポンドの損、スーザンは新しい恋人を失った。ひとりポールは心穏やかに英国への帰途についたのだった。

かくして1920年代初期のサンモリッツは何でもござれ、ただしお金をもっていさえすればだった。そしてもし一文無しであっても光り輝く何かを持ち合わせていれば、バドラッツ家の誰かがパレス・ホテルに無料で泊めてくれるチャンスもあった。「どんな男も、とりわけ独身で優秀なスポーツマンであれば、サンモリッツにつどうスポーツと社交の集まりから受け入れられるのは容易だった」とマルティノーは記している。

社交の集まりはフレンチ・リヴィエラに殺到した米国人たちによって彩りが豊かになったが、その中でもとくに異彩を放ったのがヘレン・ケリーだった。彼女は当時、フローラ王女として知られていたが、それは彼女の三人目の夫がアルバニアの王子だったからだ。彼女は米国砂糖精製会社の社長だったラルフ・ヒル・トーマスの未亡人でもあった。そしてその前はリヴィエラで最も裕福なホテル経営者のひとりだったフランク・ジェイ・グール夫人でもあった。最初の離婚は「ほかの男たちから彼女に寄せられる賞賛」にたいして夫が異常なまでにしつこく嫉妬したからだった。少なくとも一般の新聞はそう報じたが大衆紙はグールが英国の女優と関係を持ったことが一因とも指摘している。ヘレン・ケリーには父から相続した莫大な財産があった。彼女が欲しかったのはお金では買えないもの、つまり社会的地位だった。それが彼女がヌーレディン・フローラ王子に嫁いだ理由だった。「彼女は結婚後まもなくアルバニアの王女という身分がなんの特権にもならないことを知った。求婚されたときの思惑は見事にはずれた」とある記者が書いている。「ヨーロッパの宮廷社会のなかでどこにも立ち位置がなく、アルバニアはただの最低級の公国に過ぎなかった」。それで彼女はすぐ離婚した。１９２６年にはすでに4回目の結婚をしていて、相手は石鹸製造業者のオスカー・バークだった。マルティノーはそのあたりについては何も言及していない。フローラ王女はともかくボブスレー観戦が好きで、かつ、とても裕福だった。だから彼女がSMBC委員会の一員となるのは大歓迎だった。彼女が授けるゴールド・カップはサンモリッツで冬季を通しておこなわれる幾多のレースのなかでももっとも価値のあるトロフィーのひとつになった。

サンモリッツにやってきた女性のなかにロシーとジェニーのドリー姉妹がいた。姉妹は一卵性双生児で、ブダペストで生まれ、ブロードウェイで育った。ブロードウェイではふたりともダンサーだった。ふたりは厳しい環境のもとで懸命に生きて財をなしたもので、金持ちの男にすりよることもなく独立独歩の人生だった。1925年に姉妹はそろってハリー・ゴードン・セルフリッジと浮名を流した。かの有名なデパートの大立者で、姉妹がはまっていたギャンブルの軍資金を貸しているとの情報があった。

そしてヒートン家の3人の兄弟、すなわちジョン（ジャックと呼ばれた）、ジェニソン、トロウブリッジと女の子のニネット。彼らはニューイングランド出身で、ヒートン一族はクリッパー貿易で富を築いていた。「この3人は冬季競技とカーレースではよく知られた存在だった」とマルティノーは記す。「滑走の時以外は昼間はとても静かで内気だが夜グラスを手にすると誰よりも陽気で楽観的な連中だった」。ヒートン兄弟たちはサンモリッツのなかでもとくに傑出したアスリートだった。

そしてパリ経由でシカゴからやってきたフィスク一家。息子のビリーは「この世界のすべての財に恵まれ」「彼を知る誰からも愛されていた」。

そしてどの銀河にも星が必要なように、サンモリッツのこの小さな米国人社会の中心にいて、ジャーナリストのマッキンタイヤから「ソフトな南部訛りで見栄えの良い男、パーティーの場では永久のホストと目される」と書かれた男がいた。マルティノーは彼を「まったく気の置けない、見栄えが良く若々しい男」と評し、光り輝くものを感じとり、彼が1926年にサンモリッツにやってくるやいなやフローラ王女と同じようにSMBC委員会に引き入れた。マルティノーの親友ハリー・ヘイズ・モーガンは彼が「非常に人気のある米国人」で「総合的に卓抜したスポーツマン」だったと追憶するが、それは彼の全体像の半分にも届かない。悪名も高く、桁外れなその男の名はジェームズ・ジェイ・オブライエンという。

C3

ジェイは背後を振り返るまでもなかった。後続集団が迫っていた。愛馬カーセイに激しく鞭を入れる。水濠が目の前にあり、後続集団はどんどん差を詰めてきていた。集団の先頭は茶色い雌馬のシンパーでもうほとんど並んでいる。水濠を過ぎると次はリバプール、コース上でもっともきつい生垣だ。その後はホーム・ストレッチ。最終コーナーを回るとき集団が視野に入った。大歓声が聞こえ、栄光がもうすぐ自分のものになるかと一瞬思った。銀杯授与。頬にキスされ、皆からは拍手。とその刹那、内側からベルの乗るゴールドヴァンが愛馬カーセイに接触し、カーセイが大きく外に膨らんだ。膨らむどころではなく、さらにそれ、走路を逸脱してしまう。歓声がパニックの叫びに変わった。ジェイは必死の手綱さばきで元に戻ろうとしたが時すでに遅かった。かろうじてコースに戻りカーセイに鞭を入れ全速力でゴールにむかったが、ゴールドヴァンが余裕でテープを切った。表彰式の間もジェイのはらわたは煮えくり返っていた。ベルがトロフィーを受け取るのを見て呪いの言葉を吐き捨てたが、審判から自馬の失格を正式に告げられて、再び大声でわめいてしまった。観戦していた女性から慰めの言葉をかけられたが、ジェイの友人たちがいつも言っていたことにはジェイには、何かに勝つこと以外はほとんどどうでもいいのだった。そして、そのどうでもよくはない数少ない例外のひとつが女性関係だった。

ジェイ・オブライエンは裕福に育った。1883年2月22日にニューヨークで生まれた彼は、猛烈に働いた父のもたらす富の恩恵に浴した。父のマイルズ・オブライエンは1860年代にアイルランドからやってきた移民だった。両親からは法律家になることを期待されたが、そうはせず代わりに単身ニューヨークに渡った。マンハッタン下町の乾物卸売会社の事務員の職を得た彼は志が高く、会社のトップに上り詰めたばかりか、その過程で母国アイルランド独立運動を支援する組織にも深くかかわるようになった。聡明で情け深く民主党支持者であった彼はやがて公共部門に身を乗り出した。アイルランド系初のニューヨーク市長になったウイリアム・ラッセル・グレイスは市長に就任すると、友人だった彼を市の教育委員会に引き入れた。そこで彼は児童生徒の数に対して教室数が絶対的に不足している問題の是正に取り組み、成人のための無料授業を提案したりして1900年には市の教育長になった。もちろん物事には光と影があり、影の面では彼はタマニー・ホールと絡んでいた。タマニー・ホールは1790年代以降ニューヨークのシティと州の政治を牛耳ってきた民主党支持の団体であり、アイルランド人の移民社会からの援助をあてにしていた。当時は腐敗、贈収賄、血なまぐさい抗争によりニューヨークじゅうで悪名が広まっていた。ブロンクスのブロック全体が事実上彼のものであり、1910年に死んだとき彼はニューアムステルダム銀行の頭取だった。疑いなく彼は我田引水型の人間だった。

ジェイ・オブライエンは父のイメージ通りに育てられた。短気で、権威あるものを軽蔑し、わが道を行くことを早くから覚えていた。乗馬をはじめて教わったのはニュージャージーのロングブランチの夏のことで、馬は父が買い与えたものだった。彼にはアマチュアにこだわりがあった。つまり彼にとって乗馬は楽しみと栄光のためだけにあった。グレースフィールドの競馬場で起こった本章冒頭の出来事にかかわらず、彼は卓越した騎手だった。1906年11月のある日の午後、ハンチントン競馬場で彼は4勝をあげた。2勝は平地競走で、あと2勝は障害競走だった。1907年に彼は一コマ進み、1万人を超える大観衆がグランドスタンドを埋めるサラトガとベルモントの大競馬場でのレースに出場するようになったが結果は思わしくなかった。サラトガでコース上もっとも高い障害を飛び越えようとしたときに落馬して救急車で病院に運ばれた後、夏の終りにはシープスヘッドで騎乗中に再び落馬して足の骨を折った。それ以降、彼には不運な騎手との評判が立ったが、相次ぐ事故の本当の原因は彼があまりにリスクを取りすぎることにあった。というよりもむしろ、際どいところがないと彼はすぐ興味を失うのだった。バルティモア競馬場でのあるレースでほかの騎手に見事に打ち負かされたとき彼は勝負をあきらめた。はるか後方にいると思っていた馬にあっさり抜かされて、彼はフィニッシュにむけて手綱を緩めたのだった。その場にいた採決委員たちは彼の「不注意」にたいして出走停止処分を科した。故意に2位をねらってレースを投げたと疑われたのだった。彼は性格上当然のように抗議したが、競技を管轄する全米協会はこの処分を支持したばかりか、彼のアマチュア騎手資格を剥奪した。自尊心を傷つけられた彼に追い打ちをかけるように不運が重なる。彼が所有する馬の一頭がサラトガで他の騎手で出走中、転倒し、馬がライバル騎手の体に乗りかかる形になり、騎手が圧死したのだった。

情熱を失った彼はその後プリンストンで法律を学び、株や債券を扱う会社の見習いも体験したが、真面目な仕事には興味がわかなかった。賭けに挑む性分が騎手のころから体にしみこんでいたのだった。最初はバカラをやったが、彼の最初の妻の言い分だと「太陽の下のなんにでも賭けた」。1913年彼は英国で休暇を過ごし、ニューヨークへの帰りは当時世界最大最速を誇った客船モーリタニア号に乗った。彼は航海のあいだじゅう喫煙室でカードを切った。船がニューヨークに着くころには2万5000ドル儲けていたが、その半分ほどは航海の最後の20分間に対戦相手がそれまでの負けを取り戻そうと起死回生の賭けに出たときにぶんどったものだった。喫煙室がなにか凄いことになっているという噂が船内に広まり、まもなく見物客でいっぱいになった。彼らにはニューヨークの街をデッキから眺めるよりもカードゲームを見守るほうが面白かったのだ。それだけの値打ちはあった。オブライエンはカード1枚をめくるだけで5000ドルを得た。ざわめきが起こり、誰かがいかさまだと新聞記者に言ったが、調べても何も出てこなかった。

その同じ年の後半、オブライエンには再び際どい出来事があった。彼と友人のオル・デーヴィスは42番通りの非常に有名な「ロブスター御殿」、マレイズ・ロマン・ガーデンの上の一室を借りていた。階下のマレイズは回転式のダンス・フロアになっており、天井には電気仕掛けの星々が点滅していた。ショーガールたちが彫像や人工の泉の間をせわしなく歩き回り、かわるがわる客たちとタンゴを踊った。もてなしが物足りないという客を彼女たちは上階のオブライエンたちの部屋に案内した。そこにはある記者いわく「素晴らしく用意周到なルーレット」が金持ち、酔っ払い、のろまの挑戦を待ち構えていたが、それもロシア領事館の館員のひとりからある晩2万5000ドルを巻き上げるまでのことだった。館員は翌朝、二日酔いの頭痛を抱えつつ、すっからかんの財布に気づき、警察に通報し、被害にあったと申告したのだった。実際、館員の言う通りだった。オブライエンたちはこのペテンを「羊毛の刈り込み」と称した。ショーガールたちは分け前めあての共犯であり、ターゲットになる男性を見定めるとリキュールをしこたま飲ませ、上階の部屋に連れ込んだ。それからがいかさまルーレットの出番だった。驚くべき金額がいっきに消えた。デューク大学の理事だったエンジャー・デュークはそこで8万ドルすったという噂を打ち消すために公式のコメントを出す羽目に追い込まれる。彼はオブライエンとマレイズで会ったことは認めたが「ただ音楽とダンスを非常に楽しみ」「タンゴを短い時間」踊っただけだと言い張った。外交官をだますのは全く別物だった。エンジャー・デュークと違い、ロシア領事館の館員は簡単にはオブライエンたちをゆるしてくれなかった。

警察署の副署長ニューバーガーが自ら家宅捜索の指揮をとった。彼と部下たちはマレイズを急襲し、オブライエンの部屋のドアを蹴破ったが、部屋はもぬけの殻で、小さなルーレット台だけが残されていた。警察はルーレット台を押収し、クレオパトラの胸像のレプリカや高さが9メートルある人工の滝のわきを通り抜け、レストランに入った。「その場に居合わせた人々は当惑した」とある報告は記す。「魅惑的な女の子たちの幾人かは何がなんだかわからないと言った。仲間の肘をつつき意味ありげにウインクする者もいた」。オブライエンとデーヴィスの所在を突き止めるのに二日かかった。ふたりは他の賭場に姿を見せたところを逮捕され、警察署で尋問された。オブライエンは嫌疑はでっち上げであり、彼に借りのあるふたりの男に警察が利用されていると主張した。訴追は結果的に免れたが、しかしながらオブライエンの1000ドルの保釈金を支払ったのはマンハッタンの大立者のひとり、アーノルド・〝エース〟・ロススタインだった。彼はやがてニューヨーク最大の酒類密輸業者になるが当時は競馬の八百長工作で生計を立てており、それがふたりの縁の始まりだった。オブライエンが当時ニューヨークのアンダーワールドにどっぷりと浸かってはいなかったとしても、少なくともその周辺によく出没していたのは間違いない。

オブライエンの相棒のオル・デーヴィスはブロードウェイで「狙撃手」との評判だった。

いろんな機知で生き抜く術を持っているとされ、そのうちのひとつがユージニア・ケリーという裕福な若い女性に自分と結婚する価値があると思い込ませることだった。ユージニアとデーヴィスはユージニアの数百万ドルの財産のなかの2万ドルをわずか9か月で灰燼に帰した。彼女の母はデーヴィスを「タンゴを踊る海賊」と呼んだ。母はふたりの関係を嫌悪し、もはや娘は矯正不能とみて、警察に逮捕させようとしたし、娘を法廷に引っ張りだしもした。そうすればデーヴィスのでたらめぶりが白日のもとにさらけ出せると考えたからだった。ユージニアの姉はヘレン・ケリーであり、フローラ王女の名で知られ、前章にも登場している。彼女はブロードウェイを駆け回っていた頃からのオブライエンの生涯の友でもあった。ともあれユージニア・ケリーの一件は社交界をいたく憤激させ、ブロードウェイの舞踏の場に時折「襲来」する「社会の敵」にたいしてニューヨークの著名な人々が「倫理的十字軍」を発足させるに至った。

あれやこれやですっかり旗色が悪くなったオブライエンは新たな生活の糧をもとめた。1914年、彼はプロ・スポーツの賭けを始める。その年のワールド・シリーズで1万ドルを儲けた。ボストン・ブレーブズ対フィラデルフィア・アスレチックスの対戦となったそのシリーズでブレーブズに賭けたのだった。最初、ブレーブズ1200ドル、アスレチックス2000ドルの条件提示だったがオッズはやがて2対1になった。賭け屋のサリバンを通して彼はロススタインから大金をせしめた。ロススタインとサリバンは1918年、ホワイトソックス対シンシナティ・レッズのシリーズで八百長を仕組んだことから1914年のシリーズにも不正があったのではないかとの疑惑もあった。とくにサリバンは多額をブレーブズに賭けていた。ブレーブズは7月4日の時点ではナショナル・リーグ最下位だったのが10月のシリーズは4勝0敗の4タテだった。不正の証拠は何もあがらなかった。ある新聞が報じた。「データを分析した人、科学的な賭けをする人はアスレチックスに金を置いた。勘で動く人が金を得た」。オブライエンは、ただ単に向う見ずな賭け屋だったことになる。

私生活の面では1915年春、オブライエンは42番通りのハイデルベルク・ビルディングの地下にあるサンスーシー倶楽部で夜を過ごすことが多かった。同倶楽部の目玉はメイ・マレーという短いブロンド髪、重いまぶた、厚い丸唇をした若手の踊り子だった。やがて「蜂にさされたような」唇で世界中に知られたMGMの大スターになるが、当時はまだ後の本人いわく純粋無垢なおぼこ娘で、ブロードウェイのコーラスラインからどうにか抜け出そうともがいていた頃だったがチャンスはある日突然訪れた。アムステルダム劇場で二週間前から上演されていたミュージカルWatch Your Stepでヒロイン役のアイリーン・キャッスルが急病になり、プロデューサーのベルリンからメイに代役としての出演依頼があったのだった。「きみがアイリーンの後を続けるしかないんだ」とサンスーシーにやってきたベルリンは言った。「アイリーンはとても具合が悪いんだ。医者は絶対起き上がってはならないと言っている。助けてくれよ」。ベルリンがメイの腕を引っ張るまでもなかった。メイは二つ返事で引き受け、アムステルダム劇場までスキップしていった。開演までまだ4時間あった。衣装を合わせ、ベルリンがピアノ伴奏する中でアイリーンの夫でダンスの相方であるヴァーノン・キャッスルとステップを確かめる時間はたっぷりあった。

　彼女のデビューはセンセーショナルだった。ニューヨーク・タイムズは彼女が「決定的なヒットを飛ばし、万雷の拍手を受けた」と報じる。終演後ヴァーノン・キャッスルは「拍手はすべてきみに向けられてるんだよ、蝶々夫人」と言い、メイを再び舞台に引きあげてお辞儀をした。「あのエキサイティングで忘れられない夜、ヴァーノンとわたしは深い絆で結ばれた」と後日メイは回想する。アイリーン・キャッスルの機嫌がどうであろうとメイは構いはしなかった。冷たいシャワーを浴び、簡単な食事を済ませると、メイはサンスーシーに急いだ。サンスーシー劇場の舞台ではその夜彼女にとって2回目のスタンディング・オベーションがあった。拍手喝采はアンコールの後も長く続いた。楽屋で長い白のガウンに着替えてから倶楽部に顔を出した。彼女は白いガーデニアを受け取り、シャンペンを断り、ジャック・ド・ソーレスという男と会話を始めた。

「おれを知ってるかい?」とド・ソーレスが言った。

「知らないわ」と彼女が答える。

「じゃあ、今はもう知ってるね」とド・ソーレス。

彼は当時37歳で不動産ブローカーだった。遡って１９０１年にはイェール大学の花形クオーター・バックで同年のニューヨーク・ポストで全米チームのひとりに選ばれていた。彼がメイの肩に腕を回したちょうどそのとき、メイはひとりの男が近づいてくるのを見た。「人目を引く男性だった。中年、暗い髪、暗い瞳、まるで衣装担当からお墨付きをもらったばかりのような出で立ちで、白いドレスシャツの袖口にピンク真珠の飾りが輝いていた」。メイはその男から目が離せなかった。

「どうしてうっとりしてるんだい？」とその男。

「わたしがうっとりしてるように見える？」とメイ。

「ああ、見えるとも。実際そうだしね」とその男。

ド・ソーレスが割って入った。「彼の名はジェイ・オブライエン。彼はきみが誰だかもう知っているよ」

オブライエンは同夜自分がアムステルダム劇場に行き、彼女がヴァーノン・キャッスルと踊るのを見たことを説明して「きみは素敵だった」と言った。彼女はその褒め言葉が「不思議にも嬉しかった」。そのとき彼女は「部屋には私たちふたりしかいないような気になった」。ド・ソーレスは当然ながらこの展開が不愉快だった。メイはオブライエンの瞳をじっと見て「なんて暗い目をしているんだろう。真っ白いシャツと綺麗な真珠の奥に何がひそんでいるんだろう？」と思った。

ド・ソーレスは彼女をダンスに誘ったが、オブライエンは彼の腕を彼女の肩から外し、かわりに自分の腕を彼女の腰に回した。オブライエンは踊りの輪に彼女をエスコートしながら「おれは今晩彼女とダンスすることに賭けたよね」とド・ソーレスに言った。メイは冗談だろうと思ったが違った。彼らはふたつの賭けをしていた。もうひとつの賭けはメイを家に連れ帰ることだった。ド・ソーレスは同夜、若いチリ人の妻を同伴していたにもかかわらず、だった。メイはといえば、オブライエンに夢中だった。「わたしは目を閉じて今晩のすべてが夢ではないかと思った。それから彼の顔を見上げた。完璧に均整のとれた顔で彫像のようだった。唯一、彫像と違うのは右あごの筋肉が動くのが見えたことだった」。彼女は息を呑み、動悸がした。「この男性はわたしより随分年上だけど（正確には2歳しか離れていなかった）、魅力がないと言ったら嘘になる」。だがしかし、当夜メイがオブライエンに心底入れあげていたとみるのは正確ではない。メイは彼が「相続財産で暮らすプレイボーイ」の典型だとも思ったし、「賭け事や策略に日々明け暮れているような人たちから逃げ出したい」との思いもあった。彼女は自問した。「この男たちはわたしの何がいいのだろう？」。それは彼女の自然な魅力か、最近の成功か、評判か、それともほかの何かか？

数日後の夜、オブライエンはメイが乗ったタクシーに強引に乗り込み、プロポーズするが彼女は即座に断った。「わたしは自由でいたいの」。だが間もなく彼女はド・ソーレス主催のパーティーに招かれた。「彼の部屋はとても豪華でぜいたくでブロードウェイのセレブ全員がテーブルを囲んでいるかのようだった」。彼らは「銀の皿に盛ったキジ肉やマコモを食べ、クリスタルグラスでシャンペンを飲んだ」。シャンペンは少し飲みすぎた。ド・ソーレスが彼女の身体に触れ、ダンスに誘った。「きみを腕の中に抱きしめたい」と言ってキスをしようとしたときにオブライエンが部屋に入ってきた。

「ジェイ！」とメイが叫んだ。メイは手を頬にやって、ド・ソーレスのキスで頬が濡れてないか確かめた。

「やあ、パーティーのぶち壊し屋さん！」とド・ソーレス。

「きみの勝ちだな、スカンク野郎！」とオブライエン。「きみの部屋に彼女を連れ込むんだって言ってたもんな。まあいい、賭けはきみの勝ちさ。でも、きみにお金を払う前におれにもきみにあげたいものがあるんだ」と言い、オブライエンはド・ソーレスに拳で一発お見舞いした。ド・ソーレスはダイニング・テーブルにあおむけに倒れ、マコモやシャンペンやクリスタルグラスが床に散乱した。

「どうしてきみはここに来たんだ？」とオブライエンがメイに言った。

「ジェイ、あなたは狂ってる」とメイ。

「どうして来たんだ？おれはきみにここにいてほしくないね」

「わたしを困らせないで」

「聞いたことに答えろよ」

「前に言ったじゃない。わたしは誰のものにもなりたくない。わたしは自由でいたいの」

「きみは自由ではいられないって、おれも前から言ってるぜ」

しばらくの沈黙の後、その場の空気をやわらげるべくメイは笑いだし、その場にいた他の人たちも続いたが、オブライエンの緊張はとけなかった。彼は顔面蒼白になり、やがて震え出し、次に彼女の喉元に指をかけた。メイが言った。

「そのまま続けなさいよ。これであなたがどんな人かよくわかったわ」

オブライエンがその場を立ち去ったのはこの言葉が効いたのだとメイは思ったが、二人のウェイターがやってきてオブライエンの腕をしっかりつかんだことも関係があるかも知れなかった。

彼女はド・ソーレスと外に出た。メイがその晩に舞台に立つはずだったサン・スーシーを遠く離れて街中までドライブした。ド・ソーレスは「顔に悪魔のような笑みを浮かべ、まるでメイの困惑を楽しんでいるかのようだった」。オブライエンとは二度と会わないようにとド・ソーレスはメイに言ったが、その晩の出来事を考えればそのような警告は不要と思われた。ところが彼女が帰宅すると寝室は赤いバラで満たされていた。メイドが持ってきたオブライエンからのメモには謝罪と愛の誓いが記してあった。しかしド・ソーレスにも告げた通り、メイは「あなたの女にもジェイの女にもなりたくない。わたしはダンスがしたいし、自分で生計を立てて、自分自身の人生を生きたい」のだった。

そして彼女の言う通りに事は運んでいた。有力な興行主のフローレンツ・ジークフェルトは有名な「フォリーズ」に彼女を出演させる契約を結び、最前列の席は１００ドルの値がついた。パラマウント映画を立ち上げたばかりのアドルフ・ズコールはハリウッドに移るよう彼女への説得を重ねていた。オブライエンはひとりわれを忘れ、「苦悩と嫉妬で長らく落ち込んでいた」。

メイはその後すぐヴァレンティーノという共演者と恋に落ちる。ヴァレンティーノは当時20歳でメイの一目惚れだった。しかしまもなくメイは自分がいまだにオブライエンへの気持ちを断ち切れないでいるのに気づいた。「フォリーズ」の初日にも彼は来なかった。彼女の十八番はペルシアのハーレムを舞台にした「オリエンタル・ラブ・ダンス」だった。毎夜、客席を見渡しては彼の姿をさがしもとめ、ファンレターを開封してはもしや彼の署名入りのものはないかと思った。失意に沈んだメイはそのうちヴァレンティーノとも別れた。

その後パーティーの席でメイはオブライエンに遭遇した。「フォリーズ」の共演者たち全員に祝いの言葉をかけながら、彼は完全にメイを無視した。「彼はわたしに一言も声をかけなかった。一言も、よ。彼の冷酷さが身にしみたわ」。ある意味、オブライエンの作戦勝ちだった。次にメイが彼に行き会ったのは五番街だった。そのとき、メイは西海岸に行きハリウッドに出るつもりだと話した。

「わたしは踊り子で女優なの」と彼女は言った。「わたしはわたしを信じたいの。あなたと一緒だとわたしは何も信じられなくなるの。あなたがわたしを愛してることさえも」

「きみは大事なのはきみが何を欲しいかだと思ってるようだね」とオブライエンが言った。「それがきみさ。でも、きみはおれの宝物なんだ。ブロードウェイのものでも、ハリウッドのものでもない。踊って、演技して、おれから逃げ出して、それからおれがきみにしてほしくないことをやって。でも、そんなことはもうどうでもいい。きみはまだおれのものだ。もうわかったかい？」

そう言うと彼はメイをタクシーの後部座席に押し込み、唇を重ね、彼女の髪に顔を埋めてすすり泣いた。後年のメイによると、このときメイは「ジェイとわたしのへんてこりんな関係にほとほと困り果てた。彼はわたしのことで苦しみ、わたしは彼のせいで不幸せだった。これはよくないと思った。わたしの感情のなかにもまだ彼の影響はあった」。

「いいわ」と彼女が半ばは愛情から、半ばは同情から言った。

「結婚しましょう」

ハリウッドに行き、彼女にとって最初の映画、To Have and to Hold（共演は、銀幕最高の恋人ヴァレス・リード）の仕事を済ませてからニューヨークに戻り式をあげることで話がまとまった。

撮影が終わり彼女はニューヨークに帰ってきた。しかしそれは婚約解消のためですぐまたハリウッドに戻った。彼女はセシル・B・ドミルのもとで働くようになり、A Mormon Maid の監督ボブ・レオナルドと恋に落ちたのだった。オブライエンは翻意を促すべく彼女の後を追い、ハリウッドに駆けつけた。メイの伝記作者のひとり、マイケル・アンカーリッチによると、この後何が起こったかについてメイは話を改変しているというが、ともかくメイの好むヴァージョンでは、オブライエンは折れ、ニューヨーク行きの列車に彼が乗り込む前にさようならの一言を言いに駅に来てくれるならレオナルドのもとに行ってもいいと約束してくれた。彼女が駅に着くと、オブライエンと〝パッド〟・シックル夫妻が待ち受けていた。

「ジェイの列車は出発が一時間遅れになった」とパッドが言った。「おれのクルマで出掛けよう。ちょっとしたサプライズを用意してあるんだ」

彼らの車は大きな白い館の前で停まった。メイはシックル夫妻の家だと思ったが、中に入るのに玄関口で呼び鈴を鳴らした。居間のソファに腰をおろすとメイはオブライエンに訊ねた。

「ここに誰が住んでるの？」すると彼は答えた。「おれたちの結婚を受け持つ判事さ」。彼は彼女の背中に腕を回してぐいと引き寄せ、もういっぽうの手をするりと自身のポケットに突っ込んだ。

「そんなことできないわ、ジェイ！」

「できるとも。もう手配は済んでるんだ。おれがこの街でずっと何をしてたと思ってるんだ？」

メイはオブライエンがコートのポケットを押し付けてくるのを感じた。拳銃だとわかった。シックル夫妻をさがしたが、いつのまにかふたりとも部屋を出ていた。

「駄目よ、ジェイ。判事さんに言うわ。わたしはあなたと結婚したくないし、あなたはポケットに銃を隠し持ってるって」

「きみが決めたらいいさ」とオブライエン。「おれはきみを殺すこともできるけど、そしたらきみと暮らせないね。おれがきみの男友達を殺したら、きみはそいつを失うばかりか女優の道もおしまいだね。女優をめぐるトラブルで映画監督が殺されたっていう話がずっときみについてまわるからね」

メイは叫ぶことも逃げ出すこともできなかった。オブライエンは何もかも最初から仕組んでいたのだ。そう、何もかも。メイは人生で初めて恐怖を覚えた。そして彼のなすがままになった。シックル夫妻が館の主とともに部屋に戻ってきた。

「判事さん」とオブライエンが言った。「こちらが未来のオブライエン夫人です」

「銃の先がわたしの肋骨に当たった」とメイは回想録に記す。「わたしは微笑むしかなかった。わたしの声がはい、誓いますと言っているのが聞こえた。わたしは怖くて何も考えられなかった。それからジェイの腕がわたしの腕にがっしり巻き付いた。拳銃が押しつけられたままで痛かった。婚姻の手続きが滞りなく進んだ」

彼女の記憶によると、オブライエンと彼女はそれからアレクサンドリア・ホテルに向かった。食事中にトイレの窓から逃げ出して、タクシーをつかまえ、ボブ・レオナルドのところに戻った。この夜の披露宴を兼ねた晩餐の席でオブライエンと彼女が揉めに揉めたのは間違いない。彼女の友人のひとりはそれはアレクサンドリア・ホテルではなくハリウッド・ホテルでの出来事だったと言う。「花婿の名士の腕に支えられて広い階段にむかって歩く花嫁を私たちはみんなダンスをやめて拍手喝采をして見守ったの。でもそれからたったの2時間後には花婿に蹴飛ばされて、花嫁がその同じ階段を転げ落ちたの。ブライダル・スイートの部屋でふたりの間に何が起こったかはいまだに謎だわ」

ふたりが結婚したのは1916年12月18日、裁判所で離婚が成立したのは1918年8月30日だった。メイによるとこの間、オブライエンを見たのは一度きりだった。同じレストランでそれぞれ別の相手と食事をしていて、お互いに見向きもしなかったという。離婚の2週間後にメイとレオナルドは婚約を発表した。

オブライエンの二度目の結婚相手はアイリーン・フェンヴィックといい、メイと同じくスターではあったが、ブロンドではなくブルネットで、踊り子やショーガールというよりは本格的な女優だった。映画にも出演したが舞台女優としてよく知られていた。たがいに浮気をしていたがオブライエンは浮気を認めず、離婚に応じなかった。アイリーンは探偵を雇って浮気の現場を押さえ、オブライエンに有無を言わせなかった。結婚期間は4年程だった。

短期間に2度も離婚を経験すると男の人格も少しは変わりそうなものだし、少なくとも教訓のひとつやふたつは残りそうなものだがオブライエンは何も変わらなかった。唯一変わったことといえば娯楽と、娯楽の時間をともに過ごす仲間たちだった。彼は相変わらず野球に大金を賭けていた。1922年に彼は対ジャイアンツ戦でヤンキースに賭けてロスタインに少なく

とも2700ドル負けた（ロス스タインはいつもジャイアンツに賭けた）。しかし彼はカード・ゲームではなくゴルフをやるようになったし、競馬のかわりにポロを始めた。

1923年の夏、ある倒産騒ぎが詐欺のスキャンダルに発展し、ロススタインは法廷に呼ばれ、彼の帳簿にあった「口座番号600」について厳しく追及された。原告側弁護士たちはそれこそが彼が1919年のワールド・シリーズ八百長試合の共犯だった証拠だと主張した。ふたつの名がその口座にあった。ひとつはロススタインでもうひとつがオブライエンだった。それでオブライエンはほとぼりが冷めるまで街を出ることにし、マイアミに行ってゴルフをして過ごすことにした。

マイアミ滞在後、再び舞い戻りロングアイランド北岸のサンズ・ポイントに移動し、リンデンでのポロ・トーナメントに参加した。リンデンはジュリアス・フライシュマンという男の所有で広大な敷地が広がっていた。

オブライエンやその友人たちも裕福だったが、フライシュマンは桁違いだった。彼の父は酵母菌を米国ではじめて商業的に作ることに成功し、その過程で残るアルコールからジンを作る蒸留酒製造所を立ち上げた。人々が温かくフレッシュなパンを焼きあげるもとになる酵母を自社工場でせっせと生産しては、自社蒸留酒製造所でその副産物をマティーニのもとになる酒に変えていたのだ。この商売は大当たりして巨万の富を生み、長男のジュリアス・フライシュマだい3人と分けても推定で少なくとも6000万ドル残っていた。ジュリアス・フライシュマンは政界にも足を踏み入れ、弱冠28歳にして史上最年少のシンシナティ市長に選ばれ、州知事時代のウイリアム・マッキンリーに仕えた。シンシナティのほとんどすべての経済活動に関わりを持ち、それはマーケット・ナショナル銀行から弟と共同所有するシンシナティ・レッズ球団にまで及んだ。

1871年生まれのフライシュマンは偉大なる慈善家でもあったが、贅の限りを尽くした美食家であり、ギャツビーの原型としての顔を持っている。彼のシンシナティの邸宅は5平方キロメートルの敷地の中央に立ち、大きなガラスのドアがインドア・プールから芝生にむけて開いており、芝生の噴水が邸宅を囲む濠に流れこむ仕掛けになっていた。プールの脇には舞踏場があり、その地下はワイン貯蔵庫だった。自宅を空けているときはよくハイアバーサと名付けた蒸気を動力とする豪華船の船上にいた。その船は全長が42メートルあり、個人が所有する船舶としては世界最大級のものだった。ケンタッキーには厩舎を保有して障害競走用のサラブレットを30頭飼っており、彼は好んでそこで時を過ごした。そして豪華船の船上にもケンタッキーにもいないとき、彼はロングアイランドの邸宅、リンデンにいることが多かった。ポロは上手くなかったが大好きで、1922年にリンデンの敷地内に自分用のポロ場を造らせ、ポニー24頭のための6部屋の厩舎とシーリーハム・テリア50匹を収容する犬小屋も併設した。名士たちがポロをしにやってきては、夜はパーティーに興じた。それはやがてF・スコット・フィッツジェラルドが「華麗なるギャツビー」のなかで描写することとなる上流社会の紳士淑女の宴だった。淑女たちは「夫と言われる男性たち」に同伴されていた。

オブライエンがローラ・ハイラン・ヒマンウェイという女性と人生3度目の恋に落ちたのはちょうどそのようなパーティーの席上だった。彼女は誰からもドリーと呼ばれた。彼女は29歳で、メイやアイリーンより若く、ブルネットの髪を巻き上げ、耳のまわりでカールして束ねていて、唇から微笑が広がると瞳が生き生きと輝いた。オブライエンはすっかりドリーの虜になるが問題は彼女がジュリアス・フライシュマンの妻であることだった。フライシュマンとドリーは最初から奇妙なカップルだった。フライシュマンは最初の妻リリーとの離婚が正式に成立してわずか2日後にドリーと挙式した。リリーとは、2期務めた市長の間を含めて23年間ずっと連れ添い、3人の子供がいた。40代後半になった1920年彼は唐突にドリーの前にひざまずいたのだった。彼女はフライシュマンより二回り近く若く、前夫との間に2人の子供がいた。リリーとの離婚により、毎年2万5000ドルの扶養料に加えて、200万ドルの慰謝料とコネティカット州の夏の別荘1軒をリリーに手渡すことになったがフライシュマンはいささかも惜しくはなかった。彼はドリーが「これまで会った中で最高の美人だ」と言い切った。ドリーにとっては年齢がほとんど倍で、既婚で、禿げ頭で、むっつりしていて、歩くのに杖が必要な男ではあったが、結婚した晩にはもうこの先一生金に困ることはないとフライシュマンは保証してくれた。ふたりの幼い男の子をかかえたシングルの女性にとってフライシュマンの魅力は抗いがたかった。ドリーの前夫がシルク製造業に失敗して当時は映画館の窓口で働いている身とあれば、なおさらのことだった。

ドリーに関しては、後年女友達が「自分が何を欲しいかをいつも知っていた」と記している。欲しいものが手に入らなければ、「彼女はそれを追い求め、会う人の誰をも彼女のチャーミングさやウィット、正直さ、そして永遠の若さと美貌で魅了した」。彼女がフライシュマンを追い求めたであろうことは疑いの余地がない。リリーと別れるように説得するのには1年か2年かかった。離婚審理の過程でリリーがそのあたりを証言している。

フライシュマンは若い妻にぞっこんで、妻の要求を何ひとつ拒まないともっぱらの噂だった。「それはひとつのポリシーだ」とある新聞記事が書いた。「そのために毎年100万ドルかかっている」。しかし噂はそれにとどまらず、ドリーとオブライエンの不倫の噂はロングアイランド北岸じゅうに広まり、「軽い風刺」が新聞のゴシップ欄を賑わし始めた。フライシュマンは彼女を、そして彼自身を守ろうとしてブン屋の一部に金を包みもしたがうまく行かなかった。ある新聞によると、オブライエンは1923年にリンデン滞在中にドリーを誘惑した。彼はフライシュマンより10歳ほど若かったが、二人の間にはその年の差から推測されるよりもはるかに大きな隔たりがあった。スキャンダルが明るみに出ると数社の新聞が二人のライバルの写真を並べて掲載した。フライシュマンは山高帽に重たそうなスーツ姿で背が低く、前屈みで猫背に見え、オブライエンは水泳パンツ一枚で黒髪をバックにして快活な笑いを浮かべていた。

破局はその年の夏に訪れる。ドリーがオブライエンに2万ドル与えたのがフライシュマンにバレたのだった。オブライエンに頼んで株に投資してもらっただけとする彼女の弁解をフライシュマンは一切聞き入れず、妻が自分の金をそんな男に喜んで託した事実に愕然とした。フライシュマンは少なくとも公の場では妻にたいして依然やさしかったが、ろくな資産もないプレイボーイとみなす妻の恋人のことは徹底して蔑んだ。「あいつが一体何者だというのだ?」と彼は吐き捨てるように言った。「やつは馬の背にまたがるおかしな野郎のひとりじゃないか。富や社会の末端に必死でしがみついてるあいつの土台といえば、そこらの馬の4本の足だけという頼りなさだ」

ドリーは頑なだった。「彼が何者であっても、そして彼がどんなに貧しくてもわたしは構わない。わたしのことを本当にわかってくれるのは世界中で彼ひとりなの。彼とならわたしは飢え死にしても構わない」

ドリーがなぜこうも一途に思い詰めたのか、第三者には理解に苦しむところであり、とりわけメイのオブライエンとの結婚の一部始終を見た後はその感を強くする。だが、ある友人によると、オブライエンには「なんとも言えない不思議な特質があった。それは一言でいえば魅力であり、元気の源みたいなものだ。それがあるから彼は誰からも愛されたのだ」。彼と出会ったそれぞれの局面で、人は彼を「完璧なダンサー」と言ったり、「完璧な乗り手」と呼んだり、「完璧なカクテル」を作れる男と評したりしている。

ともあれ新聞各紙はオブライエンに「心の王様」とか「スポーツ界のロメオ」といったあだ

名をつけた。遠くユタ州のオグデン・スタンダード・イグザミナー紙は自問した。「ニューヨークのブロードウェイやパリのブールバールの華やかな社交界でよく知られる鋭気あふれるポロ選手、彼は、ジェイ・オブライエン夫人と自らを呼ぶ女性のコレクションに3人目の有名な美人を付け加えることになるのだろうか?」

同紙の読者はほどなくその答えを知ることになる。ドリーはフライシュマンに4度離婚を申し出て、そのつど慰留されていたが、1924年6月彼女はパリにむけて出航した。表向きは母に会うためだったが偶然にもパリは当時欧州の離婚「製造所」だった。オブライエンはすぐ次の船で彼女の後を追う。さらに後から大西洋を渡ったフライシュマンが彼らのパリの居所を突き止めたとき、彼らはすでに2週間ふたりで水入らずの暮らしをしていた。ほんの短い会話をかわしただけでフライシュマンは説得をあきらめた。離婚手続きはフランスの裁判所で急いでおこなわれた。フライシュマンの弁護士は離婚が純粋に夫婦ふたりの性格の不一致によるものとすることにこだわった。ある意味、それは真実でもあったがそれはドリーがオブライエンとの不倫に走ったからこそだった。その点は弁護士が強く否定するところだった。「スキャンダラスな申し立ての類は一切議題に上がらなかった」と彼は述べた。「第三者がこの離婚手続きの原因になっているという見方は真実ではない」。彼はまた最終的な解決策としてフライシュマンがドリーに500万ドルの財産を分与するという広く流布された噂も否定した。弁護士の言い分を真に受ける者はいなかった。かわりにフライシュマンは愛に殉じた男とされ、あるいは、妻の幸せの道に立ちはだかることをしなかった度量の大きい男と思われた。

フライシュマン夫妻のスキャンダルはその夏、米国で最大のニュースのひとつになり、ボストンからダラス、マイアミへ、サンディエゴからシカゴ、シアトルへと拡散された。第一面の大胆な見出しの下に要約がつき、本文では詳細がまことしやかに流麗に綴られていた。オブライエンは「ポロ界のプリンス」「マンハッタンの男らしいダンサーたちのなかで最も優雅」で、「その魅力を遺憾なく発揮して、心ときめく女性たちのハートをつかんだ」。彼はまた「意気揚々たる駿馬にまたがるギリシアの神」、「ポロの世界のアドニス」でもあるらしかった。

ジュリアス・フライシュマンはRMSベレンガリア号に乗船し、ひとりニューヨークに帰り、リンデンに引きこもった。帰国以来あたりを嗅ぎまわっていた報道陣には7月12日に対峙した。テニスコートから出てきたところを記者たちの質問攻めにあい、しばらくは黙って話を聞き、ズボンについた塵を払ったりしていたが、やがておもむろに語り始めた。「私がまるでヒーローのような話だが、私にはそのようなヒーローになるつもりはない。パリで妻が私と離婚し、私がそれを止めようとしなかった一事をもって、誰かが私を傷つけられた人間と決めつけたがっている。それは女性にたいして公平ではない。妻が何をしようとも彼女は私の友人であり、彼女は変わらず最高に愛おしい女性だ」。離婚は彼によれば「男と女がたがいに相手に身を尽くしつつも、夫とその妻というかたちでともに生きていくことができない」その結果に過ぎなかった。

彼女に500万ドルを分与するという噂は「まったく馬鹿げている」と否定したが「彼女は何ひとつ不自由したことがないし今後もそれは変わらない」と述べた。最初の妻のリリーと再婚する可能性については、それはあり得ないと言い、むこう半年間は独身を通すと断言した。

彼がジェイ・オブライエンと面識がある、そもそもオブライエンはリンデンの招待客のひとりだったという説は本当なのか？

フライシュマンは複雑な笑みを浮かべて身を屈め、足元にまとわりつくシーリーハム・テリアの頭を撫でた。「その通りだ。彼が私の招待客だったのは事実だ。彼はいい選手だし、私の競技場でポロもやった。でも彼が私の友人だというのは馬鹿げている」。ドリーがオブライエンと結婚する話については「朝刊を読んではじめて知った」と答えた。

いったい誰がフライシュマン夫人をジェイ・オブライエンに紹介したのか？それはあなた自身ではないのか？

「オブライエン氏の話題はもう聞き飽きたよ。彼のことはもう忘れないか」と言ってフライシュマンはその場を離れ、向き直りざま記者たちに、レモネードでも飲んで牧場を散策するといいと言った。

それからまだ3週間も経たない7月29日、ドリーとオブライエンは婚約を発表する。ドーヴィル、ビアリッツ、モンテカルロとフランスを旅したが、ふたりの旅のスタイルは「以前の彼女の年間100万ドルの方式からいささかも減額しているようには見えなかった」。10月20日にはパリの小さなホールで挙式した。参列者はいつぞやと同じく証人が二人だけだったが今度は花婿が花嫁に銃を突き付けてはいなかった。

フライシュマンはといえば、その年の夏の残りをウェールズ皇太子のエドワードとともに過ごした。エドワードは当時、英国王位継承順位の筆頭にあり、英国ポロ・チーム一行とともにインターナショナル・カップを米国と競うべく当地にやってきていた。フライシュマンは彼ら全員をリンデンに泊めた。館の女主人がいなくなっていることは誰ひとり口にしなかった。ある新聞によると「スポーツマンたるもの、そんなことは言わないものだ」。夏が終わり秋が来て、リンデンの館はやっと平穏を取り戻したが、年が明けてから事態が急変した。

1925年2月5日、フライシュマンはマイアミにいた。ビーチ沿いに新しい冬の別荘を建てるところだった。彼は旧友のフィッシャーたちとその日の午後ポロをする約束だった。体調が今ひとつ優れなかったのでフィッシャーが気遣い、昼食に長い時間をかけた。試合を始めて15分もするとフライシュマンは息切れがし、ひとりプレーを中断して風に吹かれに行き、再び笑いながら戻ってきた。仲間たちに夜は自分の船でパーティーをしようと言った。しばらくしてから彼は馬を下り、芝生に腰をおろした。ポロの試合はそのまま続いていた。駆け寄ってきた仲間のひとりに水を一杯持ってきてくれと頼んで、芝生に仰向けになった。手を胸にあて、彼は死んだ。享年53歳だった。

死因は心臓麻痺だった。ポロ競技中の興奮と極度の疲労が発作の引き金になったとされた。

彼の死は翌日のニューヨーク・タイムズをはじめ全米の新聞のトップ記事になった。タイムズは「喪に服する街」シンシナティの様子を詳細に報告した。慈善事業、政治面での業績、ビジネスでなしとげた成功の数々、スポーツでの栄華など、彼のたどってきた足跡に関する余すところのない精緻な記事が新聞各紙を埋めた。そして葬儀が終わると、今度は誰もが抱く素朴な疑問に人々の関心が移った。彼の6000万ドルの遺産は一体どうなるのか？

遺言は2月12日に開封され、これまた新聞各紙の一面記事になった。ドリーとフライシュマンが離婚に合意してから7か月と少し、ドリーがオブライエンと再婚して4か月足らず。短い期間ではあったが、フライシュマンが遺言を完全に一から書き換えるには十分な時間ともいえる。遺言には、当初は財産をほとんどそっくりそのままドリーに譲るつもりだったが、ドリーとは別れたので、大半の金は子供たち二人で分けることになると記されていた。彼の船の船長、従者、お抱え運転手、牧場の世話人などほとんど誰もが一時金を得た。彼の工場の労働者たちは合計2万株の自社株を与えられ、従業員ひとりあたりでは82ドルの価値になった。遺言執行者たちが見て適当と思うシンシナティの慈善事業のいずれかにたいする20万ドルの寄付金にも言及があった。ドリーは何ももらえなかった。署名の日付は1924年8月29日で、離婚してから約2か月後だった。

オブライエンはもはやロマンチックなヒーローではあり得なかった。彼は新婚の妻に3500万ドルから5000万ドルの代償を支払わせた男だった。そのいずれの金額で考えたとしてもドリーが世界でもっとも裕福な女性のひとりになり損なったのは間違いない。「３５００万ドル！」とシアトル・デイリー・タイムズが感嘆符をつけて嘆いた。「この金額をオブライエン氏の90キログラムの体重で割って計算するならば、前フライシュマン夫人が彼を獲得するのに一体どれだけの費用をついやしたかが明らかになる。それはキロあたり38万９０００ドル近くだ。彼女がこの購入を経済合理的にも正しかったと本気で考えているならば、オブライエン氏の体はキロあたり純金をしのぐ価値があることになる」。「彼の誘惑にあと数か月だけ抵抗を続けていれば、彼女はオブライエン氏と巨額の遺産の両方を手にすることが出来たのに」。「ふたりが後半年間だけ待っていれば！」と書いたのはピッツバーグ・ポストだった。「この総額だと６％の利子でも日割り８０００ドルになる。収入がこれより多い人がいなくはないが永久に続く年俸としてこれだけ支払われている人は皆無だ。なぜなら誰しもその金額に見合う価値がないからだ。合衆国大統領やスタンダード・オイル社の社長でもそのような金額を稼げないとならば、ひとりの女性にとって、一体どんな男がそれに見合うのか？」

かく論じた同紙は誰もが抱く疑問をおおっぴらに提示してみせた。

「朝食の食卓で夫の顔をみつめるたびにオブライエン夫人は、冷厳たる事実に直面する。すなわち、これから24時間のあいだに夫は８０００ドル相当の優しさ、勇敢さ、機智、同情、楽しさ、あるいはそれに類するものを彼女に提供しなくてはならない。もしそうできなければ彼女は間違った買い物をしたことになる」。「地球上の最高の恋人でも、その金額を正当化するのは至難の業になろう」。「しかも過去2度の結婚からジェイ・オブライエン氏がとてもそのような器ではあり得ない証拠が沢山あがっている」。「彼は本当にそれに見合うのか?」

答えはイエスだった。ふたりは喧騒から遠く離れてフレンチ・リヴィエラに滞在していた。しつこい記者がとうとう南仏のニースでふたりを見つけたとき、ドリーは簡潔に答えた。「記事のことは全部知ってるわ。わたしから言うことは何もない。わたしは幸せよ。それだけで十分なの」

オブライエンが本当にメイ・マレーの言う通りの犯罪者すれすれ、いや犯罪者となんら変わるところがなかったかどうかはわからない。しかし彼が一種の悪党で道楽にふける気性の激しい男であったことは疑いの余地がない。彼はついに良き伴侶に出会ったと言うべきだろう。

オブライエンはかつてフライシュマンが言った通り、いつも「社会の末端にしがみついていた」。いまや彼は南仏の海岸で「永遠のホスト」としてゴシップ記事を賑わしていた。ウェールズ皇太子だったエドワード王子と近づきになり、ある記者から「英国女王は息子のことが心配で夜も眠れない日が続いているに違いない」と書かれた。当時のエドワード王子はお付きの者の記録によると「ワインと女性を追いかけまわし、また興味を引くなんにでもなびいていった」。エドワード王子がオブライエン夫妻と仲睦まじくゴルフに興じる姿がよく目撃され、周囲の憂慮は深まるばかりだった。英国の新聞で王子の問題行動として取り上げられることが米国の新聞では正反対にオブライエン夫妻を持ち上げる記事に変わった。英国王室の友人とされてから、夫妻のその時々の服装が米国の新聞の報じるテーマになった。ドリーの写真が掲載され、「これがヴェネチアのリド島の海岸でのドリーの水着姿」とか「コーンフラワー・ブルーのレースガウンをまとうドリー。パリのフロリダ倶楽部にて」といった具合だった。

ドリーの女友達のニッカーボッカーは記す。「愛はドリーにとって世界で一番大切なものだった。彼女とジェイのふたりはまばゆいばかりに輝いていた。相思相愛で幸せそのものだった」。ふたりはまもなくパリとロンドン、南仏の人気者になる。そしてやがてサンモリッツでも。なぜなら当時リヴィエラにいた誰もが冬はサンモリッツに移動していたから。

C4

ビリー・フィスクがはじめてサンモリッツにやってきたのは1927年1月のことだった。まだ15歳の少年で、白い厚手のポロネックに防寒にクリケットのセーターを着ていたが、子犬のようにも見える幼い顔には精気がみなぎっていた。南米へのひとり旅で自信がついたのだろう。歩く姿勢もしっかり胸を張り、顔は前を向いた。とはいえ彼はやはりまだ少年であり、パレス・ホテルやクルムの大きな舞踏場で社交界の人々に強い印象を与えることはなかった。そういうことは両親や姉のペギーに任せようと思った。

その頃、ビリーはタバコも酒もやらなかった。ビリーとペギーはもし21歳の誕生日までどちらもやらなければ1000ドルやると父から言われていた。ペギーは1000ドルもらうよりも「クールで大人っぽく」見えるほうを選び、早々と酒もタバコも始めた。ビリーはしっかりお金をもらうことにした。真実を言えば、家族の前で酒を飲まないだけだった。ペギーに言わせると、ビリーはパーティーの席で誰もがシャンペンを飲んでいるときにオレンジジュースを口に含んで幸せそうだった。タバコは実際やらなかった。楽しい時を過ごすのに酒やドラッグに頼ることはなかったものの、何か祝い事があるときに度を超して盛り上がるのはやぶさかではなかった。ふだんの日とメリハリがついていいと思った。面白そうなことにはすぐ首を突っ込み、賭け事が好きになった。やがては飽くことを知らない女たらしにもなるが、それは数年後のことで、その時点での最大の関心事はスピードだった。

サンモリッツは15歳の少年にたいしてさえも、スピードへの挑戦心を試す機会をふんだんに与えた。ビリーは1927年の1月にサンモリッツ・ボブ・ランで初めて滑った。ソリはボブレットと呼ばれる小さな2人乗りだった。コースはクルム・ホテルの脇から始まり、ある選手が「恐ろしい建築物」と言った「スネーク」に続く。それはソリを左右に大きく揺さぶるシケインだった。その先は高さ3・6メートルのサニー・コーナーで観客が多く集まるところであり、電話機が設置されており、ソリが目前を通過するとタイムがメガホンを通して叫ばれた。特集記事執筆のために一度だけコースを同乗したことのある記者、トム・ウェブスターいわく、「ここで選手の誰ひとりコースを飛び出してしまうことがなければ観客たちは急いで鉄道駅に駆けつけ、お金を返してくれと騒ぎ出すのだ」。そしてホースシュー。「観客以外の誰もが目を閉じる。優れたパイロットなら可能な限り容易く無駄なく高さをつくり、ターンを遅く入れる。コーナー出口にむけて引きの操作をする前に、ソリが側壁のすぐ近くまでのぼるに任せる勇気が必要だ」。続いてデヴィルズ・ダイク。ウェブスターによると「そこを通り抜けたことさえ思い出せない。跳んだのかも」。そこから鉄道橋の下を通り、長い直線に至る。ウェブスターによれば「この直線はせいぜい5秒くらいのものだが終わった時に高低差のために気象が直前と全然違っていても選手たちは誰も驚かない」。「コースは全長1600メートルくらいだが、記者には永遠に終りが来ないように思われた」

ビリーは生まれながらの逸材だった。1月11日に2人乗りで記録した1分47秒5は当季のシーズン最高記録になった。ボブスレーが大変気に入り、マルティノーが倶楽部のためにダヴォスの製造業者からソリをあらたに5台購入した際には父を説得して自分用にも一台買ってもらった。彼は幸運だった。マルティノーは記す。「古き良き時代、自分専用のボブを買える人はあまりいなかった」。当時、ボブにはそれぞれ名前がつけられており、実際レース・リザルトの最初にボブへの「礼儀」として、ボブの名前が出ていた。パイロット氏名はその次であり、あたかも勝ったのはボブだと言わんばかりだった。「どのボブもそれ自身のキャラクターを持っていた」とマルティノー。「とても私的な愛着が伴ったので人手にわたるときは競走馬の売買のような印象があった」。ビリーは自分のソリを「魔王」と呼んだ。ビリーの友達のジェニソン・ヒートンはやはり親から一台買ってもらい、「地獄」と名付けた。ふたりによく負かされたある英国人は、こんな極悪非道なソリのコンビに囲まれてどうやったら勝てるのかと嘆いたという。

「魔王」は今日の基準からはとてもソリには見えない。それはキャンプ用の簡易寝台みたいなもので、ベッドなら枕がくるところに操縦輪が置かれている。長くて直線状のフレームのあいだに金属のバーが前部と後部にそれぞれ左右方向に通され、それぞれが左右両側に前後方向のレールを持ち、レールの下にはランナーが取り付けられていた。後部にブレーキがあったが滑走中に使うのは罪とみなされていた（訳注　ゴール後のみ使用を認められる現在のルールでは罪というより違反行為）。ブレーキは金属の歯であり、かけると氷を削るからだった。前部には小さな操縦輪が地面に平行なほどの傾きでついていた。当時はまだ前後に身を揺するスタイルを採用していた。たとえば4人乗りの場合、パイロットはあらかじめ乗り込んで身を伏せ、足はブレーキの方向に向く。二番手はパイロットのすぐ後ろにかぶさり、胸がパイロットの背を覆う。三番手は二番手にかぶさり、三番手にかぶさる四番手はブレーカーだった。操縦役のみが前方を見て、二番手以降は前の選手の背に顔を埋め、滑走中は最後まで前方や周囲を見ることはない。彼らはいわば重りであり、操縦役が左！右！と叫ぶとすぐさまみんな一緒に体を傾ける。唯一の例外はブレーカーで、コーナーに入る前に膝をついて起き上がることがゆるされた。みんなで体をいっせいに傾けるとカーブでソリが減速せず、操作も楽になった。

ビリーにとっての最初の年、サンモリッツ・ボブスレー倶楽部の日誌はビリーの操縦について「勉強熱心」と「大胆」のふたつの特質を指摘しているが、この後のビリーの目覚ましい活躍は何によってもたらされたのか、その謎を解く手がかりはまさにここにある。

世界中のどのボブ・コースもそれぞれ異なっており、コースそれぞれの特徴がある。そうしたなかで操縦に関して決まったやり方があるわけではない。たとえば、カーブの対処法。なぜならどのトラックのどのカーブも皆違っているからだ。あるカーブではソリを低く入れ、またあるカーブでは高く入れることを要求される。あるカーブではカーブを曲がっている間ずっとラインを維持するのが望ましいし、また別のところではカーブの出口よりずっと手前でそのラインから降りなくてはならない。トップ・レベルの戦いでは滑走中のソリの位置を7センチほどの誤差の範囲でコントロールすることになると言われている。そしてどのボブ・コースにもひとつの完全なラインがあるとすれば、この7センチ以内のところが大変重要になる。２０１０年冬季五輪４人乗りの金メダリストである米国のパイロット、スティーブ・ホルコムは語る。「頭の中でトラックにラインを引いてみる。そのライン通りに滑ればそれが絶対的に一番速い。スタートのプッシュも良くて、すべてライン通りならあっさりトラック・レコードが出せるだろう。問題は、実際には自分がそのライン上にとどまっているはずがないことだ。いつも違うところにいる。最初のコーナー、2、3、4、いや6、7コーナーまでも最適ラインにいるかもしれない。でもゴールする最後までというのは現役人生通して1度や2度のことだろう。どうだ、やったぜと思った記憶もあるにはあるが、ああ、小さいところをいくつかミスったなと思うのがほとんどだ。完璧なラインはパイロットが誰しもずっと追い求めているものだ」

コースを知れば知るほどパイロットにはそのラインがより鮮明に見えてくる。だからビリーが「勉強熱心」と評されるとき、その意味するところはビリーが各カーブの「入り」や「出」、コースのねじれ、トラック上のある特定のポイントで自分のソリがどこに来るべきかについての検討などにいかに多くの時間を費やしていたかだ。競技選手として彼は実にたくさん練習した。この勉強熱心さと正確さへのこだわりがやがて彼の操縦を特徴づけることになる。ビリーの友人たちが後年語ったクレスタ・ランに関する逸話によると、あるときビリーが、パレス・ホテルのバーのパーティーの席で、いかにコースを熟知しているかを示すちょっとした余興をやってみせた。目隠しをして、ストップウォッチを片手に腹ばいになり、「スタート！」と叫びボタンを押し、身体が各カーブを想定して繊細に動いた。「フィニッシュ！」と叫んでストップウォッチを止めるとそのタイムは彼のレースでの実際のタイムから0・2秒以内に収まっていたという。

ビリーのもうひとつの特質とされた「大胆」は、他にも多くの選手がいるなかでなぜとりわけビリーが「大胆」と分類されたのだろう？当時の仲間たちの多くもビリー同様に勇敢であり、擦過傷や転倒が絶えなかったはずだ。彼らは皆勇敢だった。しかし最高の選手はさらに勇敢なものだ。ホルコムが言う。「優秀なパイロットなら沢山いる。情熱的で、競技を愛し、自分のやってることを理解している。しかし多くはリスクを冒したがらない。もうひと踏ん張りができない。ある男は非凡なパイロットだったが勝つことよりも限界を超えないかどうかのほうに関心が向かっていた。ソリの速度をさらに少しあげるよりも安全に最後まで滑り降りるほうが良かったようだ。試合で競争相手が沢山いて、相手も踏ん張っているからには、こちらも必要ならリスクを冒す心の準備が必要なんだ」。ホルコムが「ひと踏ん張り」と言うとき、それはあるカーブで引きの操作の前にソリがバンクの頂点まで上がるのを辛抱強く待つことやあるいは転倒寸前までソリが側面にそれるのを我慢することも時には意味していよう。すべては完璧なラインをもとめてのことだ。

もちろんビリーひとりに才能があったわけではない。ヒートン兄弟、なかでも下のふたりのジャックとジェニソンはビリーと仲がよく、才能にも恵まれていた。ビリー、ジャック、ジェニソンの3人はよくビリーの姉ペギーと連れだって街を歩いていた。ペギーはジェニソンと恋仲になった。そして英国人で頭角を現したのはマルティノーの若き息子ヘンリーとスコットランド近衛連隊の大尉セシル・ピムだった。ベルギー人のエルネスト・カシミール・ランベルトは誰からもヘンリーと呼ばれていたが、その勇敢さは誰にも引けを取らず、勇敢というより馬鹿ではないのかと見る向きもあった。そして「熱血アルゼンチン人」のアルツロ・グラマヨも卓越したボブスレー乗りのひとりだった。彼は前々章でクラスノスキー令嬢の正体を暴いた人物だ。「当時パリとサンモリッツを頻繁に訪れたアルゼンチンの人たちのひとりだった」とマルティノー。「彼らは皆良きスポーツマンであり、しかるべきお金も持ち合わせていたので、どこに行っても歓迎されたものさ」

シーズン最高のレース、すなわち選手誰もが勝ちたかったのはボブスレー・ダービー・カップだった。賞は1899年にジョン・ヤコブ・アスターから倶楽部に提供された銀杯であり、それはタイタニック号とともに大西洋に沈む13年前の、当時世界で最も裕福な男のひとりからの贈り物だった。その賞は大会二日間で最速のランを4本そろえたものに行く決まりだった。新入りのビリーにチャンスがあると予想する人は少なかったが、ビリーは自信満々で、チーム用に黄色いポロネックのセーターを5着あつらえ、胸にはそれぞれ「魔王」の文字を縫いこませていた。父もまた息子の勝ちを信じた。当時、倶楽部は「カルカッタ・オークション」と呼ばれる方式を採用し、それによると入札者は選手たちの出場権を富くじのかたちで購入した。ビリーの父は息子をダービーに出させるために550フラン使った。

結果、ビリーの父は元を取った。ビリーはダービー・カップを勝ち取ったばかりでなく、二日間で最速の1本を記録したものに与えられるオラヴェゴヤ・カップも受賞したのだ。

その二日後には聖レジェル・カップも獲得し、デビューまもなくの数日間でビリーは3つのトロフィーを得た。そのうちのひとつはサンモリッツでもっとも誉れ高いトロフィーだったがビリーの快挙が英国や米国の新聞紙面を賑わすことはほとんどなかった。15歳の少年の破竹の快進撃は十分報道価値がありそうなものだが、ビリー自身、自分の年齢のことはとやかく言わなかった。実際、競技者の多くはビリーがそれほど若いとは知らなかった。また当時サンモリッツは草分け的存在としての名声はあったものの、ダヴォスやインターラーケンにもコースが新設され、新聞各紙はそうしたライバルコースのレース結果を取り上げるようになった。SMBCはとりわけ極近のチェルリナでのコース新設の動きを憂えた。

マルティノーによると「SMBCの死を弔う鐘がなっているようで、サンモリッツの空に現れた黒雲が雨に変わるとサンモリッツ・ボブ・ランは洪水に見舞われ、やがて消失すると思われた」。実際、サンモリッツのコースは当時すでに古く、ほかの新設コースと比べてタイムが出づらいと思われていた。だからサンモリッツはカンフル剤として主要なイヴェントが欲しかった。世界の耳目を街に集め、ＳＭＢＣにスイス最高のボブ・ランを再び作る機会を与えてくれるような大会。そこでなら競技者たちも正真正銘の世界一を競えるだろう。「そしてその時」と１９２７年末の倶楽部日誌は記す。「空から漂ってきたかのようにして冬季五輪がやってきた」

当時のサンモリッツの置かれた状況を考えると、冬季五輪という美味しいボタモチが棚から落ちてくるとはよほどの僥倖のようにも思えるが、１９２０年代の冬季五輪は今日とは比較にならないくらい、規模が小さく、影響力もそれほど大きくはなかった。ＩＯＣの創設者ピエール・クーベルタン男爵は冬季五輪構想に少しも乗り気ではなかった。フィギュア・スケートは１９０８年の夏季五輪に含まれていたし、１９２０年にもアイスホッケーと並び夏季五輪の中に入った。だがクーベルタンはそもそも冬季競技を含めるべきかどうかに懐疑的だった。「近代産業はどうにか人工の氷を製造できるようになった」と１９０９年に彼は記す。「だが究極の形態に至った化学で長期間持続する人工の雪を山の丘陵地帯に散布できるような時代がくるとは思えない。だからスケートを例外として、ほかの冬季競技はまとめて〝ノーザン・ゲームズ〃の名で冬に実施するのがふさわしい」。そしてそれはまさにその言を待たずして始まっていた。1901年に冬季競技のために設立された「ノルディック・ゲームズ」がそれだ。名目上は国際とうたったが、実際にはただ一度のオスロを除き、いつもストックホルムで開催され、ほとんどが北欧の選手たちによって競われた。早い話が、冬季競技の三大国であるノルウェー、スウェーデン、フィンランドのいずれもがクーベルタン同様、冬季五輪構想には気が進まなかった。なぜなら、それが自分たちの芝生を踏みあらすようにも感じられたから。

クーベルタンの反対にもかかわらず、IOCは1924年にフランスのシャモニーで冬季競技週間を開催することに決めた。フランスのIOC委員のマルキ・ド・ポリニャックの提唱によったが、彼はスイス、イタリア、カナダ各国代表派遣団の支持を得ていた。それは同年のパリ夏季五輪の先行試合としておこなわれたに過ぎず、冬季五輪とは呼べず、「冬季競技の国際週間」と銘打った。5競技に16か国が参加したが、ある記者によると「誰もがたがいに知り合いか、少なくとも顔は知っていた。選手団が30人とか40人をこえる国はどこもなかった」。しかしながらそれは成功裡に終わり、IOCは事後的に第一回冬季五輪と認めて、第二回大会を1928年に開くことにした。

理想を言えば第二回冬季五輪(最初から冬季五輪と銘打ったのは初)は夏季大会がアムステルダムで予定されていたのでオランダ開催が望ましかった。だがオランダには山岳地帯がないのでサンモリッツに急遽、お鉢が回ってきたのだった。準備期間が短く、なにもかもが大急ぎだった。世界でもっとも高いスキーのジャンプ台が建設され、アイス・リンクの周囲には新しい観覧席が設置された。豪華な列車がフランスのカレーからスイス国境まで運行され、夏の間だけの営業だったスパのまわりのホテルを、急増する客を収容すべく冬にも開けることが計画された。しかし、ほかはいつもの冬と変わらなかった。そもそも五輪主催者たちは、大会が通常の旅行者の季節になんら影響を与えないとことあるごとに強調していた。「巷で話題にのぼる五輪の準備のために普通の旅行者がなんらかのかたちで不便をこうむったり行動を制限されるようなことは絶対にあってはならない」と当時のタイムズ。「一部の杞憂とはまったく正反対に、リンクやボブ・ランは2月の第2週まで通常通り使えるし、いつもの競技やイヴェントも何も変わらない。五輪選手団は1月にやってくる」

ボブスレー倶楽部にしてみれば五輪は願ってもないビッグ・シーズンを約束してくれた。いろいろな国から代表選手がやってきて実質上、シーズンの間中ずっといてくれるのだ。倶楽部のメンバーたちは世界中のトップ競技者と競える機会を歓迎した。五輪には25か国の参加が見込まれた。オランダ、ルーマニア、ドイツ、ラトヴィア、アルゼンチン、日本、メキシコが初参加だった。ボブスレー競技は15か国からの23チーム。総勢が115名だったのは5人乗りがあったため。ボブスレーの短い歴史の中でかつてない最大規模の試合になった。

当初はっきりしなかったのは米国がボブスレーに出場するかどうかだった。ボブスレーは米国で始まったが完成されたのはヨーロッパとする見方もあった。北米にはコースひとつなく、

USOC（合衆国五輪委員会）はどうにか競技のできそうなパイロットを2人か3人、交通費をもってまでヨーロッパに派遣したものかどうか考えあぐねていた。いや、そもそも五輪に選手団を送り込むかどうかさえまだ決まっていなかった。1927年4月8日の時点でもなおサンモリッツ五輪に米国が参加すべきかどうか議論が続いていた。彼らは結論を先送りにした。自国のそれぞれの冬季競技の統括団体が資金面でどれだけ協力してくれるのか見届けてから決めることにした。

USOCとしては統括団体の中の積極的な連中と五輪レベルのアマチュア競技組織の間をうまく取り持たなくてはならなかった。USOCの新会長ダグラス・マッカーサー少将は1927年に就任した。ウェストポイント陸軍士官学校の体育プログラムの改良に力を注いだ彼はジョージ・オーウェルが言い出すより何年も前から、スポーツは実弾射撃なき戦争だとかたく信じていた。陸軍士官学校の体育館のわきに彼の石碑がある。

友好的なたたかいの地において
　種子がまかれ
やがての日に遠く離れた地において
　勝利の果実がもたらされる

1928年夏にアムステルダムで米国五輪選手団むけにマッカーサーがおこなった演説には有名な一節がある。「われわれはかくもはるばると優雅に負けるためにやってきたのではない。そうではなくて勝つために、断固として勝利するためにやってきたのだ」。彼は冬季五輪チームをどうするとか、勝つ見込みもない選手たちの旅費や滞在費を捻出することにまったく関心がなかった。マッカーサーの下でUSOCはフィギュアとスピードスケートの選手にだけは保証を与えること、他競技の選手たちは自分たちにも十分勝算があると価値を証明してみせるか、あるいは自費でヨーロッパに行くこととした。

USOCはグスタヴァス・T・カービーという男をサンモリッツ五輪の派遣団長に任命した。カービーはニューヨークの弁護士で紛争調停人であり、とりわけスポーツ競技運営における反対派を宥めるのが得意だった（タイムズ紙による）。米国の冬季五輪チームの尻をたたいてどうにかそれらしいかたちにおさめる役が回ってきたわけだ。カービーは実に顔が広かった。自身がテニス、ゴルフ、ヨット、乗馬をやった。ニューヨークの競馬の世界でも顔が売れていた。ウェストチェスターの自分の牧場でホース・ショーも開催したし、混戦のときの写真判定用のカメラ・タイマーを発明したことさえもあり、もちろん彼はジェイ・オブライエンの友人のひとりだった。

オブライエンといえば、1927年には彼はすでにサンモリッツ上流社会の要石になっていた。持ち前の気安さとスポーツマン精神でSMBCの英国人メンバーたちを惹きつけた。マルティノーは彼を1926年にSMBC委員に任命したが、これには彼がボブレット・グランプリというカップを当地でのレースの賞として寄贈したことと関係があるかもしれない。オブライエンはまたサンモリッツに新たなスキー倶楽部を設立することを考え始めていた。この計画の協力者はヨーロッパの貴族ばかりだった。アルバ公爵、サングロ公爵、ボンコムパーニ王子、そしてド・ポリニャック侯爵。それはやがて誉れ高いコルヴィリア・スキー倶楽部として実を結ぶ。彼はもちろん米国人メンバーたちとも打ち解けた。ヒートン兄弟やフィスク一家とも親交があった。彼は当地のひとかどの人物とは誰とも知り合いだった。ある逸話によれば、1928年初冬サンモリッツのクレスタ舞踏会でテーブル3卓が空いているのを見て参加者たちが戸惑った。人があふれそうになったのにその3卓から予約席の掲示が外されず、人々は眉をひそめた。オブライエンが皇帝の息子であるヴィルヘルム前皇太子とボクシングのヘビー級世界王者のジェネ・タニーを伴って颯爽とあらわれると、今度は人々の目尻が下がったという。

カービーはボブスレー・チームを編成するのにはオブライエンの協力を得るのが不可欠と考え、二つ返事で引き受けてくれたオブライエンと、計画を練った。オブライエンを責任者とすること、サンモリッツ倶楽部の米国人から選手をえらぶこと、自ら志願する選手をさがすことがすぐ決まった。選手たちはみな自費参加をものともしないほど裕福であり、それはオブライエンがとりわけ誇りにしていたところだ。「私が選んだ選手たちは全員が上質なアマチュア・スポーツマンであり、私がヨーロッパじゅうから引き抜いてきたものであります」と後日オブライエンはマッカーサーあてに信書をしたためる。「私どものチームの事前練習と大会参加が費用の面において米国五輪委員会に1ペニーたりともご負担をおかけしなかった事実にご注目いただければ幸甚に存じます」

オブライエンがざっと見る限り、パイロットはサンモリッツで目ぼしい選手が数名いたが、ほかのメンバーは負傷時の交代を含めて10名ほどを探さなくてはいけない。彼自身サンモリッツである程度経験を積んできたので自分でも出ることにした。友人もいる。たとえばリチャード・〝ディック〟・パーク。コーネルの卒業生だが戦時中に米国歩兵連隊の士官として赴任したフランスが大変気に入りそのまま住みついたのだ。第一次大戦の終結以来、毎冬サンモリッツにやってくるパークはいまやボブ倶楽部の古株だった。しかしそうやって指折り数えてもなお選手の数が不足した。いい考えが浮かんだ。選手募集広告を出せばいいのだ。

オブライエンは早速パリで、旧知の友スパロー・ロバートソンに会う。スパローは当時ヘラルド・トリビューン紙パリ版のスポーツ記者をしていたが、ボクシングの試合会場にいなければハリーズ・バーに行けば見つかるとも言われ、自称「スポーツの哲学者」でもあった。フランス在住のある米国人にとって「スパローが書くトリビューンの〝スポーツ・ゴシップ〟を読むのは毎日の儀式の一部みたいなものだった」。「本国では原則としてスポーツ面はまったく読まないが、ここパリのカフェで、どっしりと腰を下ろし、コーヒーをすすったり、通行人を眺めたりしているとそういうところが好きになるものだ」

オブライエンはボブスレー選手募集の広告にはやはりスパローがもっとも力になると考えて一晩夕食に招待したが、問題はもしスパローに何かを求めるならば必ずスパローにも何かをあげなくてはならないことだった。無償でやっている商売ではなかったのだ。そこでオブライエンは記事のネタをひとつ提供した。その夏に彼がリヴィエラで見かけた新しいスポーツという信じがたい話でスパローもそれを真に受けたわけではなかったが、数日後のパリ・ヘラルド・トリビューンの片隅にスパローの文章があらわれた。

記者はジェイ・オブライエン氏のパリの邸宅で非常に楽しい夜を過ごした。彼は数年前までは障害競走の騎手として米国の第一人者だった。オブライエン氏のソリとその仲間たちは昨年サンモリッツの有名なダービーをはじめ、いくつかのレースで勝利をおさめた。オブライエン氏によると来年の冬季スポーツの時期に開催される五輪選手権のボブスレー競技において、2名の米国人選手を一般から募集したいとのことだ。

オブライエン氏はまたバルーン・ジャンピングなる最新スポーツについて語った。直径2メートルほどのバルーンを両肩にそれぞれ装着することで人はまるでバラード・ダンサーのように跳びはねることができるという。オブライエン氏が教えてくれたところによれば、バルーン・ジャンピングの最高のエキスパートのひとりはアーサー・〝バンカー〟・ヴィンセントといい、フランスで一二を競う優れた米国人アマチュアゴルファーだ。ヴィンセント氏はゴルフ場に出

かける時にバルーンを装着するそうだ。オブライエン氏は言った。「〝バンカー〟はいつもゴルフ場を跳ね回ってとても幸せそうだ。面白いスポーツだよ、バルーン・ジャンピングは」

「いい話だ。たとえ真実ではないにしてもね」とスパローは友人に書き送った。スパローにすれば話が面白いかどうかがすべてだった。

オブライエンにしてみれば、もう役目は果たした。やがてスパローが新たな記事を書いてくれた。米国ボブスレー・チームのソリに乗る若い男性ボランティア募集。条件はヨーロッパ在住の米国人であること、身体壮健であること。関心のある方は本紙に連絡されたし。反響は3件あった。ひとつはジェオフレイ・メイソンと名乗る男でフランスを旅行中の学生であり、ドイツの大学に進学する予定という。ふたつめはナイオン・タッカーといい、カリフォルニアの実業家でバークレーで学んだという。

最後のはクリフォード・〝ティッピー〟・グレイと名乗る男からだったが、彼はわずかな行数で要約できるような人物ではないばかりか、クリフォード・グレイの人生は五輪史上、もっとも大きな謎のひとつとなるのだった。

C5

ジューン・シルバーは送られてきた写真をじっと見ては何度も自問を繰り返す。写真の人物が本当に自分の父だなんてことがありえるだろうか？最初に開封して手紙を読んだときはそれはまったく人違いだろうと思った。彼女がまだ幼い時に父は死んだ。かすかに覚えている記憶や父について聞いたり読んだりしたこと、そして未完に終わった父の回想録などをつなぎあわせて考えてみる。父について知らないことがあまりに多すぎる。でもこの話はあまりにも突飛だ。こんな秘密を父が守り通せただろうか？しかし粒子が粗い白黒写真をのぞきこめばのぞきこむほどに謎は深まるのだった。

額に入った父の写真を手に取ってみる。以前は暖炉の上の飾り棚にしまってあったがその手紙が届いて以来、二枚の写真を見比べやすいように手元に置いておくようになったのだ。ふたりの男性はともに丸顔で、額が広く、髪をバックにしてあり、鼻の両側に同じようなくぼみがあった。やはり父に違いないとも思う。でもそれはとても信じがたかった。それにもうとうの昔の話だ。父は約40年前に他界していたし、この写真はさらにその10年も前のものだ。そのとき彼女は幼く、父の記憶もあてにならない。
ジューンは時計を見た。客はまもなくやってくる。ため息をつき、写真を置き、台所に戻った。

ティム・クラーク記者はこんなおあつらえむきのストーリーに出会えるのをずっと待っていた。月刊誌の記者をやっていて、スクープはそうそう出くわすものではない。これは50年前の話だがヒューマン・ストーリーにはもってこいの材料だ。クラークがハーバードにいて、ロイヤル・シェークスピア・カンパニーで活躍する夢を抱いていたのはそう前のことではなかった。クラークは指導教官に尋ねた。「僕に素質はありますか?」。返答は率直明快だった。「ないね。いまそんなことを聞くようでは」。良い助言だった。

クラークと妻はニューハンプシャーを目指した。そこで自給自足の生活を送りたかった。それでも最低限の現金が必要だったので地元の公共テレビ局の仕事を得、それから地元の政治家が所有する経済誌の編集に携わった。その政治家にインタビューして記事にしたところ、「おべっか記事でもないし偏見もない」と本人に褒められた。しかしながらクラークは、経済誌の二大テーマであるカネとマーケット、ともに関心もなければ知識もなかった。だがカネは必要だった。経済誌に記事を書きはじめるとオーナーの受けは良くはなかったが驚いたことには、長い間そのまま仕事を続けさせてくれたばかりか、とうとう解雇されるときには同系列の総合雑誌「ヤンキー」の記者に採用してくれた。今度の仕事は彼にむいていて、彼は熱心に働くようになり、ニューイングランドを旅して記事をものするようになった。
1978年の暮れのこと。1980年のレークプラシッド冬季五輪が近づくなかで、彼は冬季五輪が前回当地で開催された1932年当時のことを調べていた。たまたまボブスレー4人乗りに出場した競技者のひとりの未亡人にコネがあり、その手がかりをたどっていけば、記事の一本や二本書けるのではないかと思った。ボブスレー4人乗りの出場者を丹念に追っていて「クリフォード・グレイ」という名の人物が目を引いた。1928年と1932年の米国チームの一員だが詳細な記述があまり見当たらず、しかしわずかな手がかりがとても興味をそそった。誰からも〝ティッピー〟と呼ばれたグレイは「ソングライター」、「役者」と書かれてあった。クラークが早速、昔の「劇場人名録」を調べると彼の名が見つかった。

クリフォード・グレー　1887年英国バーミンガム生まれ、1941年英国イプスウィッチ死去。舞台や映画向けに30年間に3000以上の歌を作る。とりわけ「もしきみが世界でただひとりの少女なら」、「ちいさな幸せをひろげて」は有名。ドロシー・グールドと1912年に結婚。

3点が合わない。最初は名前の綴り。ボブスレー乗りはクリフォード・グレイとして知られ、グレイはGrayだが、作詞作曲家のほうはクリフォード・グレーでGreyだった。ただの間違いかもしれないし、英国と米国の翻訳の過程で母音が変わったのかもしれない。ふたつめはもっと説明がつきづらいが、作詞作曲家のグレーは英国人なのに米国チームに属している。みっつめは最も奇妙なことだが、どの文献に当たってもグレーの五輪の経歴については一切触れられていない。

クラークがふたりの写真を見比べるととてもよく似ていたが同一人物だという証拠がない。いいことを思いついた。誰かがきっとグレーの印税をもらっているに違いない。そこで彼は米国作曲家・作家・出版者協会を訪ねる。そこで遺族の連絡先を教えてもらうことはできなかったが、手紙を転送するくらいなら喜んで引き受けると言われた。それで彼は事情を説明する手紙を書いて投函した。

手紙は転送されてフロリダのリバービューに送られ、ジューン・シルバーに届けられた。彼女は旧姓がグレーで、グレーの長女だった。手紙を読んでからクラークに電話をかけた。「手紙をありがとう。でもあなたは人違いをしていると思うの」。彼女の知る限り、彼女の父はボブスレーには無縁だった。クラークはあきらめない。今度は写真を郵送した。彼女は開封して写真を見て、手元の写真と比べてみた。確かにすごく似ていると思う。彼女の夫のユージンは生前のグレーに会ったことはないが写真は以前から見ていた。その夫はクラークから送られてきた4人の男が一緒に並んだ写真の中から迷うことなく、グレーを選び出した。友人たちに話をして写真を見せてまわっても意見にばらつきはなかった。ボブスレーのわきに立っている男性は彼女の家の暖炉の上に飾ってある写真の男性と同一人物に違いない。

ジューンは妹のジルに連絡を取る。母が父と知り合って結婚する前に付き合っていた男性との間にできた女の子、つまりジューンにとっての義姉ドロシーがいたが、ドロシーはジューンとは一切口をきかない。ふたりはグレーの財産をめぐって決裂していた。ドロシーはグレーが死んだとき英国でグレーと同居していた。ジューンが疑っているところでは、ドロシーはグレーの財産の多くを勝手に売り払った。あげくに印税の問題があった。誰が彼の歌の印税を受け取るかだ。ごたごたが絶えなかった。

ドロシーはジルを通してメッセージを寄せる。1926年から1928年にかけて彼女はスイスのローザンヌにある花嫁学校にやられた。父が訪ねてきたのを覚えている。ということは、1928年五輪のときにサンモリッツの近くにいたかもしれない。さらにいいことにはドロシーは父が「ボブスレーを熱愛していた」のを思い出した。ぼんやりとではあるが父のチームメイト数名に会った記憶もある。これでいっきに問題が解決したようだった。ジューンはクラーク記者に返事を書く覚悟を決める。「親愛なるクラークさん、写真の人物がますます父のように思われます」

グレーは子供たちに自分が元五輪選手だとは一度も言っていない。自分の家族にさえ秘密にするとは奇妙ではある。しかしジューンが記者宛の手紙で説明している通り、それほどおかしくはないかも知れない。「父はとても謙虚で優しくて物静かな人でした。けっして自慢などしませんでした」。父が並外れた才能の持ち主だったのをジューンとジルの姉妹が知ったのも父の死後だった。ドロシーが売り払ったものの中にはグレーのパスポート類も含まれていたので、父がかつて高名なバイオリニストのエフレム・ティムバリストとロシアや中国に演奏旅行に行った事実を知ったのもつい最近だった。五輪の記念品もドロシーが勝手に処分したのだとジューンは思った。真実のところ、自分たちは両親について何も知らなかったとジューンは記す。「両親は頻繁に旅に出ていました」とジューンは説明する。「わたしは12歳になるまでに19回大西洋を渡りましたが、両親と一緒だったことはただの一度もありません。英国の子供たちは米国の子供たちほど親のことをよく知っているとは限りません」。その頃の彼女は知りたいとも思わなかった。人生わが道を行くと決めていた。だが年をとるにつれて、父のことをあまりにも知らなかったと悔いる気持ちがつのってきた。そしていま大きな謎のひとつが解けた。記者への手紙をこう締めくくる。「関心を持っていただいたことに感謝します。とても興奮します。写真を父と同一人物でないと疑うことは困難です」。追伸に記す。「心から感謝申し上げます」

クラーク記者は確信を深める。英国の作詞作曲家クリフォード・グレーは自身の家族にさえ知らせていないがボブスレー米国五輪代表選手だった。どこにも証拠がないが、証拠がないのにはないだけの理由がある。彼は秘密を隠しておかなければならなかった。もし明るみに出ると彼も彼のチームメイトも失格する恐れがあった。1928年の五輪にさいして、米国の五輪委員会は自国のアイスホッケー代表チームの参加を認めなかった。なぜなら選手全員がドイツのアウグスブルク大学から選ばれていたが、その中にカナダ生まれのハンソン5兄弟が含まれていたからだ。「推挙されたアイスホッケー・チームとは代表チームとは見なされない」と五輪委員会は宣言する。「したがって認可は非とされる」。英国で生まれ育ったグレーはもし見つかれば同じ運命にあっただろう。

クラークの記事は1980年2月発売の雑誌「ヤンキー」に載った。レークプラシッドで二回目となる冬季五輪の開会式と同じ月であり、クリーンヒットだった。そしてクリフォード・グレーの二重の人生の暴露は後年にいたるまで波紋を広げることになる。スポーツ、音楽、劇場関係の歴史研究者も相次いでこの問題を取り上げた。

クリフォード・グレーは1887年英国のバーミンガムで生まれた。本当の名前はパーシヴァル・デービスといい、平凡な中流階級の出だった。父のジョージ・デービスは、むちの製造業者で、息子を大学にやる余裕はなかったが、少なくとも17歳まで学校に通うことはゆるしてくれた。「父にしてみれば大変な譲歩だった」とグレーは記す。「父は苛酷なヴィクトリア時代の伝統のもとで育てられ、9歳にして働き始めることを余儀なくされたのだから」

グレーは成績優秀な子供だった。語学に才があり、ラテン語と英語の作文で賞をもらった。しかし職にありつくのには苦労した。職を転々とした後、地元の水道局で事務の仕事を得、「生活が安定し、やがては年金がもらえるいい仕事」と思ったが、ある日受けた2本の電話を取り違える失敗をやらかしたのがきっかけで、若者らしい冒険への渇望に目覚め、水道局をやめた。地元の楽団に入り、まったく新しい自分を切り開く覚悟で改名して、クリフォード・グレーと名乗る。20歳だった。

楽団では限られた役しか回ってこず、いつも決まった歌をいくつか歌うだけだったが、多忙ではあった。やがて自作もするようになり、自分でも笑いのひとつやふたつを取れると気づいたというがそれは謙遜であり、才能に恵まれ、コメディーに詞をつけるとすぐに引っ張りだこになり、どこに行ってももてはやされた。

旅先でドロシー・グールドと知り合い、恋に落ちたとき、彼は25歳で彼女は少し若く22歳だった。彼女にはすでに同名の娘がいて、1912年にロンドンで結婚するときに養子縁組した。1915年に最初のフル・レビューを出し、翌年ウェストエンドのプロデューサー、ジョージ・グロスミスのもとで大ブレークする。米国のラグタイムの作曲家ナット・エイヤーの新しいレビュー「ビング・ボーイズはここにいる」の曲に詞をつけると、大ヒットになり、ライセスター・スクエアのアルハンブラで378日間上演され、初日から千秋楽まで連日満員の記録を作る。7月にはメリー王女も特別のマチネに駆けつけた。グロスミスは結局パートナーたちと組んでシリーズ物の続編を手がけるが、シリーズ中で最も人気の高かった歌はエイヤーにグレーがコラボした「もしきみが世界でただひとりの少女なら」で、思いこがれる恋人同士が戦争によって引き裂かれるという内容の、甘く感傷的なポピュラー・ソングだった。グレーがこの詞を書いたのはツェッペリン空襲のさなかであり、電気が消えてろうそくの明かりのもとで書き上げたという。「このようなメロディーを渡されて幸運だった」と本人は言うが、彼の作詞がとりわけその時代を喚起させ、発表から何十年を経ても魅力は色あせず、21世紀になってからも映画「ゴスフォード・パーク」やテレビドラマ「ダウントン・アビー」のなかで歌われているほどだ。

　グレーはかくしてウェストエンドの若手売れっ子作家のひとりとなり、その評判は大西洋をこえてニューヨークに広まり、かの有名なブロードウェイのフォリーズの中心人物であるジークフェルトの耳に入った。１９２０年当時ジークフェルトは新しいスター、マリリン・ミラー（訳注　マリリン・モンローのマリリンはマリリン・ミラーから取ったとされる）を売り出す手段を模索していた。米国の大作曲家カーンが作った新しいミュージカルに英国の作詞作曲家ウォードハウスが詞をつけた。ジークフェルトは詞が気に入り、歌と筋書きとタイトルを変えていいという条件付きで権利を買った。タイトルを「サリー」にし、ウォードハウスが書いていない歌をあとふたつみっつ追加することにした。立腹して英国に帰ったウォードハウスは雑誌「バラエティー」を読んで、ジークフェルトとカーンがグレーを雇って作品を改変しようとしているのを知る。そこで彼は「ニューヨークじゅうに」手紙を書き、元の詞を返すように要求する。ウォードハウスはカーンにたいする自作の使用許可をすべて取り消し、その中には大事な鍵となる歌「角をまがった教会」も含まれた。カーンはカーンで訴訟も辞さないとやり返す。

ウォードハウスがカーンともめている間にグレーは機会をとらえる。「妻と私は米国を見てみようと心に決めた」とグレーは記す。「前年の冬は健康にむとんちゃくだったし、米国での休暇も悪くないと思った」。がこれはひとつの説明に過ぎず、同年グレーがロンドンの踊り子のひとりと関係をもったという噂が流れたことも関係があるかも知れない。いずれにせよブロードウェイでジークフェルトの仕事ができそうだと期待しつつ、夫婦は急いでニューヨークに移った。そこでの生活がより楽だったという訳ではけっしてない。ジークフェルトは米国の業界ではビッグ・ネームだったし、集客力も抜群だった。ある評者によればジークフェルトはとくに音楽的にすぐれているとは言えなかったが、なにもかもを黄金に変えてしまうギリシア神話のミダースのようなところがあった。「この化学反応が何を犠牲にして生じているのか、彼自身か、彼の部下たちか、支援者か、にわかには断定しがたい」。ともかくジークフェルトは一緒に仕事をしていて心の休まる相手ではなかった。

ジークフェルトの下で働いたひとりが言う。「われわれは小さな月のようなもので太陽である彼のまわりを回っていた。できることなら太陽の熱を避けたいと望みながら」。その太陽に平気で挑みかかるのは主演女優たちだった。「サリー」の主役に起用された21歳のマリリン・ミラーは短気と毒舌でならした。ジークフェルトの娘パトリシアの回想録によると、あるとき上演後に父に連れられて楽屋のミラーに会いに行った。

「よう、うるさいやつ」とミラー。

「まあまあ」とジークフェルト。「特別にきみに会わせたくて、ちいさな私の娘を連れてきたんだ。私が娘のパトリシアの話をするのをきみも聞いたことがあるよね？」

「あるわ。吐き気がするくらい何度もね」

何か困っていることがないかとジークフェルトが訊ねるとミラーが答える。

「なんで困ってるかくらいわかってるじゃない。衣装よ。1トンはあるわ。持ってって捨ててきてもらってもいいのよ」。この時点で父と娘は戸口に急ぐ。ミラーの投げつけたコールド・クリームの瓶が体に当たらないように素早くドアを閉める。

米国で初の仕事に取り掛かったグレーは早速、全方向をふさがれたような具合だった。ジークフェルト、ミラー、カーンの三者にはさまれたようだ。ウォードハウスが「いやなやつら」と漏らした三人だった。グレーにたいする要求として、ジークフェルトはあまりに英国的すぎたり、上品すぎるのは駄目だと言った。グレーは記す。「環境が変わって戸惑っているのを新しい友人たちが積極的に助けてくれた。そのおかげで計画通りに仕事がはかどった」。これまた謙遜だった。グレーはショーのなかの最も素晴らしい歌と踊りのシークエンスをうまく作り上げたのだった。大邸宅の皿洗いであるサリーがロングアイランドのパーティーに潜り込み、ロシアのバレリーナを装う。舞台上で脚を跳ね上げ、渦を巻くようにくるくる回り、「野ばら」を歌う。取り巻きの男性コーラスとふざけあう。

コーラス　きみは手なずけられない。きみは燃える炎のよう。きみの名前を知ってるよ。
サリー　名前なんてどうでもいい。わたしはただの野ばら。こぎれいでおとなしいばらじゃない。手なずけてみる？ わたしは誰にもあうばらよ。

ここでミラーが舞台の前方に走り出してきて観客にむかってウインクをしてみせる。男性の観客はもちろん全員が心の中で、彼女が自分にむけて歌っていると思う。

新聞各紙は下品だとか低級なパロディーと評したが、ジークフェルトが大衆が何を欲しているかを知っていることは評者も認めざるを得なかった。「サリー」は素晴らしい成功を収め、ニューヨークだけでも上演５７０回を数える。

グレーはいまや押しも押されぬ存在となる。夫妻はロングアイランドに家を買い、「テニスとドライブ」を始める。そしてニューヨークのラムズ倶楽部の常連となる。米国には5週間の滞在予定だったが結果的には12年間を過ごした。

最初の数年間、グレーは精力的に仕事に取り組み、時には短期だったが英国に戻り、ウェストエンドのレビューを手伝ったりもした。

現時点で見て、もっとも好奇心をかきたてられる作品は「デイジーに寄せて」だろう。実際にはパリでしばし享楽的な生活に耽ろうと旅に出たある金持ちの既婚男性が妻にはアルプス登山に挑んでいるかのように装う。故郷の妻にスイスでの冒険の模様をせっせと書いて送るが、それはすべて本物の登山家が書いた本から一字一句違わず書き写したものだった。夫の手に汗握る描写にすっかり感動した妻は、夫の手紙をまとめて本にして出版する。何も知らずのこのこと帰宅した夫は玄関口で仰天する。嘘つき野郎をこらしめようとやってきた登山家と鉢合わせするがたまたま妻は不在で、かわりに応対した妻の妹に登山家は一目ぼれしてしまう。一計を案じた登山家はニセ登山家を引き連れてふたりでアルプスに登る。ひとりは面目を保ち、もうひとりは恋が成就するハッピーエンド。

グレーがこの作品を書いたのは1928年の夏で、その年の10月8日がブロードウェイ初演となる。サンモリッツの冬季五輪から8か月後だった。たしかにこのストーリーは作者自身の冒険からヒントを得たように思える。

グレーはロングアイランドやブロードウェイでオブライエンを知っていたに違いない。ふたりの交際範囲も重なっていた。ともにジークフェルトやその仲間たちを知っていた。「コンラッド・グリーンとの一日」という短編小説の中で、作者のリング・ラードナーは「国際的に有名なポロの選手」で「美貌の妻がジークフェルトのフォリーズの仕事を続けるのを阻んだ」男を登場させている。これはオブライエンとメイ・マレーのことだろう。1920年代のはじめ、オブライエンがよく訪れたロングアイランドの友人宅の道路の向かいにはラードナーやF・スコット・フィッツジェラルドが住んでおり、その近くにグレーが滞在し、「サリー」制作に取り組んでいた。

1928年グレーはスイス旅行に出かけ、ローザンヌの花嫁学校に通う義理の娘を訪ねる。彼女は「父がボブスレーを熱愛していた」のを覚えている。ローザンヌからサンモリッツはそれほど遠くない。友人であるオブライエンはきっと彼をビリーにも会わせたに違いない。彼らは五輪のためにソリに乗る要員を必要とした。グレーは英国人なのでチームに加わる資格がなかったが、彼はどうしてもソリに乗りたかった。そこで伝記作家のロス・ムーア言うところの「大変な力技で、グレーは米国人〝ティッピー・グレイ〟を作りあげた」。この名前によってはじめて彼は競技参加の書面にサインすることができたのだ。

秘密は半世紀ものあいだ隠されたままだった。グレーはけっして口外しなかった。彼の家族がはじめてその秘密に触れたのはクラーク記者が1979年に娘のジューンに接触したときだった。その時点でグレーが世を去って38年が経過していた。妻のドロシーはもっと前に他界した。グレーは1941年9月に滞在先のイプスウィッチで喘息の発作を起こして死んだ。二週間前にドイツ軍の空襲があった時に吸い込んだ煙により状態が悪化していたのだった。訃報が英国と米国の新聞各紙に載った。大概の記事は彼を「過去30年間でもっとも知られた作詞家のひとり」とし、バーミンガムでの出生、エイヤーとのヒット、ウェストエンドでのグロスミスのもとでの作品、ブロードウェイでのジークフェルトのもとでの作品については全紙が言及した。五輪についての記述はどこにもなかった。

グレーはイプスウィッチの旧墓地に埋葬された。質素な墓石には「クリフォード・グレーの幸せな思い出に」とあった。永遠の眠りを誰からも妨げられることなく、あまり顧みられることもなく56年が過ぎた1997年になり、イプスウィッチに住む郷土史家のデイヴィッド・ルースがある古本屋で「ミュージカルの百科事典」なる書物を手に入れる。ぱらぱらと頁をめくっているうちにグレーの項目に行き当たり、グレーが地元イプスウィッチに埋葬されていると知って驚くとともに興味を覚え、少し調べてみようと思った。協力してくれたのは友人のノーマン・カーターで、自身ミュージック・ホールの歌手だった。グレーの有名な歌「もしきみが世界でただひとりの少女なら」「偉大な世界が回り続けるように」「ちいさな幸せを広げて」をふたりとも知っており、グレーが五輪選手だったとのムーアの記述も読んでいた。地元のラジオ局のＤＪのキース・スキューズに話を持ち込むとスキューズは「どうしてそんな有名人が誰にも気づかれずにイプスウィッチの墓地に眠っているんだろう？」と言った。３人で話し合い、グレーの生涯を記念するために何かをしなくてはということになり、２００２年に墓の前で小さなセレモニーをおこなった。

それは地元の新聞にさえ大きく取り上げられることはなかったが、バーミンガム在住のケン・バーレルの目に留まった。バーレルはグレーの通った学校キャンプヒルの同窓会会長で、やはりグレーの生涯を調べていた。伝えられるところでは、２０００年にエリザベス王太后の１００歳の誕生日を祝う昼食会がロンドン市長の主催で開かれた折り、王太后が退室すべく立ち上がった時に部屋の後方にいたある男性が「もしきみが世界でただひとりの少女なら」を歌いだし、それにつられて全員の大合唱になった。その場にいあわせたバーレルは後日、バーミンガム・ポストの記者に語る。「王太后にむけて歌われるとは名誉なことでした。あの歌をつくった彼はバーミンガムの人間です。彼の名はバーミンガムの歴史の本にも載っていないし、誰も彼のことを知りません。ガーシュウィンのようなソングライターなら誰でも知っているのにグレーは忘れられているのです」。バーレルはムーアから連絡を受けた。ムーアは依然グレーの生涯を解き明かそうと執念を燃やしていた。ムーアはグレーの孫娘であり唯一の血のつながった子孫であるヴィッキ・バーカスにも接触していた。彼女は子供のころから、伯母のジューンや母のジルから祖父がボブスレー乗りだったと聞かされていた。かくして一本の鎖が完成された。ルースからバーレルへ、ムーアへ、そしてバーカスへ。皆、グレーの生涯への関心でつながっていた。

ヴィッキ・バーカスにはいとこが3人いるが、全員がグレーの義理の娘のドロシーの子供たちであり、それぞれスコットランドやワシントン州に散り散りに暮らしていた。ルースがグレーの墓を再発見したと知り、4人の孫たちは費用を分担し合って新しい記念碑をつくることに決める。ルースがこまごました仕事のとりまとめを引き受け、墓の所有権を家族に移すように尽力した。そしてついに2005年、4人の孫たちがイプスウィッチの旧墓地に集い、セレモニーをおこなう。バーレル、ルース、カーター、スキューズも同席した。地元の市長夫妻を含む約30名が参列した。グレーの生涯についての短いスピーチの後、地元のバンドが彼の有名な歌をいくつか演奏した。夕闇が迫るころ、一同は墓のまわりに集まり、新しい大理石の銘板が元の墓碑のそばに置かれた。

「ちいさな幸せをひろげて」
クリフォード・グレー
作詞家
「もしきみが世界でただひとりの少女なら」
「偉大な世界が回り続けるように」
「天使とデートした」

オリンピック金メダリスト
4人乗りボブスレー1928年&1932年(米国)
生　バーミンガム1887年1月5日
没　イプスウィッチ　1941年9月25日
家族と友人たちにより2005年に再建立

1928年にビリー・フィスクとともにソリに乗って77年後、世を去って64年後、そしてクラーク記者に秘密を暴かれて25年後、クリフォード・グレーはついにその隠された業績を認められたのだ。

だが、ひとつだけ問題がある。クリフォード・グレーは米国チームに属してもいなければ、五輪にも行っていない。

当初から「グレイ」が実はグレーだったという話に懐疑的だった人たちがおり、国際五輪歴史家協会長のデヴィッド・ウォルチンスキーもそのひとりだった。最初は彼もその話を受け入れたが、だんだん疑問が膨らんだ。主な理由は合衆国五輪委員会がクリフォード・グレイを1892年シカゴ生まれとしていることだった。メイン州のボードイン大学のジョン・クロスも同様に懐疑的だった。1928年のサンモリッツ五輪に参加したメイソンがボードインの卒業生であり、メイソンの回想録によるとグレイは実業家であり、コーネルの卒業だった。

決定的な証拠はどこにもなかった。この話がかくも長く続いたのは、つまるところ、それを真実だと信じたい人が多数いたからだった。ジューン・シルバーは写真の人物が父だと信じたかった。なぜなら彼女は父の人生をあまりに知らなさすぎたと悔いていたから。ジューンの姪のヴィッキは祖父が五輪選手としての秘密の過去を持っていてほしかった。それは彼女のロマンチックな気持ちに訴えるものだったから。クラーク記者はヤンキー誌のためにスクープ記事を書きたかったし、実際スクープに成功したと信じていた。ムーアは研究課題の詳細を明らかにしたいという伝記作家の欲求に駆られていたが、あまりにもこの話にのめりこんでしまい、詳細が真実かどうかが見えなくなった。かくしてクラーク記者のおかしたエラーがヤンキー誌からバーミンガムの地元紙へ、そして英国と米国の全国紙へとまるで森林火災のごとく広がってしまった。それが誤りだと証明する反駁する余地のない証拠が見つからないまま今日に至ったのだ。

サラソタ・ヘラルド・トリビューンの旧版の11頁にベンディックス洗濯機とヘネス・スエードニット・シャツの広告にはさまれるようにして、ボブスレー王者クリフォード・〝ティッピー〟・グレイのプロフィールが載っている。見出しは「ボブスレー王者、生活のために音楽を書く」。紙面の上端にある印刷日付は１９４８年3月9日。英国の作詞作曲家クリフォード・グレーが世を去って7年後に、クリフォード・グレイは存命で健康だった。そのとき彼は１９４８年のサンモリッツ冬季五輪の帰途でヴェニスで休暇中だった。グレイは記者に少し年をごまかし自分が47歳だと答えた。彼は体調が最高だとも語ったが、これは彼のユーモアそのものだ。若い時分から彼はけっして体を鍛え上げるようなタイプではなかった。だがソリをまだ続けていて翌年の世界選手権にむけて米国チームの指導を助けたいとのことだった。

同じ時期に生きたふたりの男が似たような名前を持ち、外見もよく似ていたのはとても奇妙なことだ。クラーク記者が最初に間違いをおかしたのは、ふたりの経歴がたまたま重なり合っていたのが原因だろう。ヘラルド・トリビューンによれば「競技者であるグレイは見ただけでは信じられない別の顔を持つ。外見からはフットボールのコーチのようだが実際の職業は音楽なのだ」。グレイもグレーと同様、作詞作曲家だった。もっともグレーと比べれば成功の程度ははるかに低かった。1948年にインタビューを受けたとき、グレイは米国音楽社と契約し、映画のバックグラウンド・ミュージックを作っていた。これがまた混乱のもとになる。なぜならグレーもハリウッドで3年間映画音楽を制作していたのだ。ふたりともソングライターで、ブロードウェイやハリウッドで仕事をして、同じ人々と知り合いで、同じ酒場に出入りした。しかもおかしなことに、ふたりが同じ時期に同じ場所に居合わせた様子はない。グレーが英国で働いていた頃、グレイはハリウッドで映画を作っていた。グレーがニューヨークに来たとき、グレイは英国に渡り、さらにパリにむかった。そしてグレイが米国に戻るころにはグレーはすでに英国の家にいた。これでは生前にさえ多少の取り違えがあったかも知れない。死後、時を経るにつれてグレイは次第に忘れられていく。しかも、生前のグレイの友人たちにさえ、グレイはミステリアスな男だったという。グレイの友人のひとりにマッキンタイヤという有名なゴシップ記者がいた。1920年代、彼のゴシップ記事はよく読まれ、アメリア・イヤハートがどんな髪型だとか、アーネスト・ヘミングウェイが下町のバーで喧嘩した相手が誰かとか、そういった類の記事を書く第一人者だった。その彼にしてからがグレイを「人間疑問符」と呼んだ。マッキンタイヤが記す。「(グレイは) 煙のように宿なしで、いつも漂うばかり」

クリフォード・グレイは英国人の父と米国人の母の息子として1892年にシカゴで生まれた。コーネルに進んだとされるが学籍は残っていない。1910年にはニューヨークにいて無声映画の字幕を書いていたがそこから飛躍して彼自身、映画俳優となり、1917年にははじめて主役を張る。1920年時点で彼は仕事仲間でもあったオーウェン・ムーアやピクフォード夫妻とヨーロッパに滞在している。ピクフォードの妻のオライブ・トーマスは元はジークフェルトのフォリーズの踊り子のひとりだった。ある晩、パリでトーマスが瓶入りの塩化第二水銀を飲む事件が発生する。それは噂によるとピクフォードが梅毒の治療に処方されたものだった。ロイヤル・スイートの部屋に倒れているのを翌朝ホテル従業員に発見されたとき彼女のクロテンのオペラガウンの下は裸だった。米国人向けの病院に搬送された彼女をムーア、グレイ、ピクフォードが見守るが5日後に死亡。ニューヨーク・タイムズは「明け方まで続いたコカイン・パーティーの噂」を報じ、巷では夫のために妻がヘロインを探しに出たが見つからずに夫と喧嘩になったと噂された。夫との口論の末の自殺との疑惑が拭えなかったが、検死官は偶然の事故と断じる。葬儀はロンドンでおこなわれた。

グレイは英国にとどまり、米国に帰ったピクフォードはまもまくマリリン・ミラーと結婚する。マリリンはその前年にクリフォード・グレーたちと一緒に仕事をして上演した「サリー」

の花形女優だった。グレイが英国にとどまったのはアイヴォ・ノヴェロと組んで映画「カーニバル」を制作するためだったが、ノヴェロは少し前にグレーとの仕事を終えたばかりだった。１９２２年、グレイはロンドンで阿片のパイプとコルト自動拳銃所持容疑で逮捕される。警察の聴取にたいして、拳銃は米国に旅立ったばかりの友人からもらったもので、パイプはシガレット・ホルダーに使っているだけと弁明するも、これ以降、映画の制作や出演はなく、ロンドンを離れて各地を漂うことになる。マッキンタイヤは記す。「最も首尾一貫した遊び人であり、世界を股にかけて遊び歩いている。興奮があるところならどこへでもティッピーは喜んで馳せ参じ、陽気な姿を見せたかと思うと突然いなくなるのだ」

　グレイはもちろんオブライエンの友人だった。オブライエンの二番目の妻のアイリーン・フェンヴィックとはハリウッドで仕事をしていた頃からの旧友だった。グレイとオブライエンはともにパリのハリーズ・バーの常連客で、そこではコニャック、コアントロー、レモンジュースからなるサイドカー・カクテルをともに好んだ。グレイは定住地がないとはいえ、どこがホームかといえばそれはパリだった。あるときマッキンタイヤがグレイの職業は「霧のごとく不明瞭」とコラム記事に書いて一か月後、彼のもとに一通の封書が届いた。パリの消印で、中には名刺が一枚入っているだけだった。

クリフォード・グレイ

音楽作者
ムーランルージュ・ミュージックホール
パリ

１９２０年代半ば、グレイはムーランルージュで仕事を手掛けており、フランスの有名な歌手でダンサーでもあるミスティングエットのためにレビューの歌を書いていた。彼女は初の米国ツアーから帰ったばかりで、ジャズ・ナンバーをいくつかレパートリーに加えたくてグレイの協力を仰いだのだった。

グレイは結婚は一度だけしたことがある。１９２９年、相手は一代で財をなした実業家の次女で、結婚披露宴はパリの地元紙に「近年まれに見る手の込んだ社会的催しのひとつ」と書かれた。短い結婚の知らせに新郎は「シカゴからやってきたミュージカル・コメディー・プロデューサー」とあった。結婚とほとんど時を同じくして株の大暴落があり、新婦の実家は奈落の底に突き落とされる。新婦はほどなく神経衰弱を患い、病院で人生を終える。正式に離婚したのかどうかは定かでないが、グレイは再び世界をさまよう一匹狼となる。マッキンタイヤは記す。「グレイは人間パラドックスの名曲集みたいなものだ。人生を愛しつつ、彼は常にそれから逃げ去ろうとするかのようだ」。逃げ去るのにボブスレーよりも速いものはそうそうあるまい。それがトリビューン紙の選手募集の記事を読んでグレイが応募した理由でもあっただろう。

1928年1月、彼はサンモリッツにむけて出発する。そこにはハリーズ・バーの飲み仲間であるオブライエンが待っていた。オブライエンは早速彼をチームの一員に加える。結局のところ、彼は大きな男であり、ソリには重しが必要だった。

それではグレーは一体?彼は確かにその冬スイスにいたかも知れない。この奇妙な話の多くの偶然の一致のなかで、それはそれほど驚くべきことではないだろう。だが確かなことがひとつだけある。クリフォード・グレーは米国ボブスレーチームの一員ではなかったし、ビリー・フィスクとともにたたかったこともない。

C6

薄っぺらな封筒にはパリの郵便局の消印があった。ヘラルド・トリビューン紙の編集局からだろうとジェフ・メイソンは思った。2週間前、彼は同紙にあてて、冬季五輪米国ボブスレー・チームの手伝いを買って出たい旨、手紙を投函していたのだった。メイソンはボブスレーを見たことはなかったが大学時代はフットボールの選手で健康体だったし、なにより暇を持て余していた。ドイツのフライブルク大学で学ぶべく、前年の夏に妻とふたりの幼い娘を連れて米国からヨーロッパに渡ったメイソンはしばらく各地を旅したのち、スイス国境からほど近い町に新居を構えたが、新学期が始まるのは冬の終りごろだった。だから、新聞記事を読んだとき、これはと思い、すぐさま応募の手紙を書いたもののそれっきりすっかり忘れてしまっていた。

開封してみるとトリビューン紙のロバートソン記者経由とはなっていたが差出人にはジェイ・オブライエンとの署名があった。短い文面をメイソンは何度も読み返してしまった。

彼はチームの一員に選ばれていた。身体検査やソリに乗っての試走については一言もなく、ただ「できるかぎり早くサンモリッツに来られたし」とあるのみだった。1928年1月下旬、冬季五輪の開会式があと2週間と少しに迫っていた。

メイソンはチューリッヒ行きの朝の汽車に乗り、同日の午後サンモリッツ行きの汽車に乗り換えた。到着は午後10時、雪の道をまっすぐパレス・ホテルにむかう。手紙にはそこにチームメイトたちが滞在していると書いてあった。彼の予算からはちょっと足が出そうだったが五輪のために安い部屋が1ポンド、スイートが3ポンドと固定されていた。満室だったので仕方なく他の安い施設をさがしていたらアイスホッケーのカナダ代表チームと同室になった。彼自身、身長は180センチを超え体重は90キログラムあったが、その部屋のなかで彼はけっして大きいほうではなかった。

翌朝、彼は再びパレス・ホテルにむかった。途中、アイスリンクでは大工の一団が観客席をこしらえていた。にぎやかな通りではまん幕や旗の飾りつけが進行中だった。パレス・ホテルで最初に会ったのはジェイ・オブライエンだった。細身で口ひげをたくわえ一見するといかめしかったが気さくな人物ですぐほかのメンバーたちを紹介してくれた。

新聞記事を読んで応募してきたふたり。ナイオン・タッカー、運動選手にはみえないメガネ男。そしてクリフォード・グレイ、誰もが「ティッピー」と呼ぶ頑強そうでユーモアのある男。続いて紹介されたビリー・フィスクはダントツに若かった。オブライエンとタッカーはともに40代、グレイはその少し下、メイソンは25歳だったがビリーはただの子供だった。にもかかわらずメイソンがビリーから受けた印象は強烈で、「非常に成熟した少年」で「大変思慮深く」「利口だが利口ぶらない」存在だと思った。それに、ほかのメンバーたちからは「一級品のボブスレー・パイロット」として全幅の信頼をあつめているということだった。

メイソンは疑いなくビリーが最高の競技者だと思ったがオブライエンはそうでもなかった。ビリーの父親と親友でもあったオブライエンはビリーが有能だとは感じていたがナンバーワンになるにはまだ若すぎると判断していた。オリンピック用に3チームの編成が予定されていた。米国1、米国2、そして控えのクルー。ヒートン兄弟、すなわちジェニソン、ジャックのいずれかを米国1に据えることをオブライエンは検討していた。ビリーとヒートン兄弟は仲良しでジェニソンはビリーの姉のペギーと交際していた。

結局、選手の人選はオリンピックが始まるちょうど1週間前にサンモリッツで開催されるダービーまで待つことになった。ビリーは前年ダービーにはじめて出場して優勝していた。オリンピック・シーズンの当季、ビリーの活躍は目覚ましかった。1月9日のオランダ・カップ、1月17日のアルゼンチン・カップに続き、同じ週にメイソンの目前で栄えあるゴールド・カップをも制した彼はいかにも最有力と思われたが、オブライエンはダービーの結果いかんだと言い張って譲らなかった。タイムズ紙によると「ダービーは例年なら最大のレースであり五輪にむけて最良の指針となろう。なぜならダービー出場選手のほとんどは五輪でも月桂冠をかけて火花を散らすのだから」。ダービーの米国1位と2位がそれぞれオリンピックでも米国1と2

のソリに乗り、3位は控えに回ることとなった。

ボブスレーをめぐってはいつもちょっとした賭けがおこなわれていた。毎晩バーや舞踏ホールが開くまで何もすることがない退屈した金持ち連中がサンモリッツにはわんさかいたし、実際サンモリッツ・ボブスレー倶楽部はレース結果をあてるクジの販売からあがる収益がおもな収入源だった。ただし1928年シーズンは少し事情が違った。人があふれかえっていたのだ。オリンピックを観戦しにやってきた旅行者たちが近くのチェルリナ、サメダン、ポントレジーナにあふれていた。以前からサンモリッツをひいきにしていた常連客たちにはたいそう迷惑だったが地元の人々、とりわけ賭け屋は彼らを歓迎した。ダービーの賭けではジャック・ヒートンに大金がつぎこまれた。二番人気はベルギーのエルネスト・〝ヘンリー〟・ランベルトで、ビリーはそれまでの好成績にもかかわらず四番手だった。所詮、彼はまだ16歳であり、大きな大会のプレッシャーに彼がどう立ち向かうのか誰も確信がもてなかったのだった。

レースの開催は木曜日だった。水曜日の夜、何者かがソリの保管室に侵入してランベルトのソリに細工をした。と、レース後にランベルトは言った。ランベルトはジャック・ヒートンの後塵を拝し2着だった。ビリーは最速記録を一本取ってオラヴェゴヤ・カップをもらったものの総合3位だった。ダービーは各自が四本すべり、その合計タイムで順位を競うのだった。

ランベルトによると当日の朝はランナーの再調整にかかりっきりだったがスタートしてみると調整がまだ不十分だと感じたという。ヒートンの優勝で2万2000スイスフラン儲けた客がいて、誰かがレース結果を仕組んだとの噂が巷に広まった。ジャック・ヒートンは宣言した。「おれのソリは今後カギをかけた部屋に保管する。悪さをしようとするやつはカギをこじあけたうえに数字の組み合わせを合わせなくてはいけない」。タイムズ紙はソリが「競走馬のように護られている」と報じた。「この国際イヴェントへの賭けが過熱した結果として」。ビリーは事態を深刻にうけとめた。その後の数日間ビリーがせまい仕切りのなかで毛布をかけたソリのかたわらで寝泊まりして五輪まで誰もソリに手を触れられないようにしていたのを姉のペギーは覚えていた。

ジェイ・オブライエンはといえば、ニューヨークでアーノルド・ロススタインと組んで競馬や野球に賭けていた頃から八百長についてはいささかの知識や見聞があったので特段驚きはしなかった。いまや五輪にむけて選手の人選は固まっていた。ジャック・ヒートンが米国1を操縦する。ビリー・フィスクが米国2。それに合わせて他のクルーも決めた。オブライエン自身は米国1のブレーカー。米国1の他の3人は運動能力と同様に社会的影響力をも加味して決めたようだ。米国綿実油社社長のライアン・ハインとニューヨーク証券取引所の席を14万3000ドルで購入したばかりのデイヴィッド・グラグナーのふたりはスポンサー（その後の運命は対照的だった。ハインは1930年にパリで自動車事故死、享年41。グラグナーはNYSEの席を76年続ける記録を達成し、90代になってもなお現役だった）。あとのひとりはトム・ドー・ジュニアといい弱冠15歳の運動好きな子で父親がイースタン空輸社の社長だった。米国2には新人が3名いた。ナイオン・タッカー、ジェフ・メイソン、クリフォード・グレイ。ブレーカーには古株のディック・パークがついた。オブライエンは本来はハリー・ヘイズ・モーガンもメンバーに起用する予定だった。モーガンは米国の外交官の息子でスイスで育ち、サンモリッツのコースを知り抜いていた。「練習中のある日に」とモーガンは後年ふりかえった。「おれがブレーカーとして乗っていたソリがゴール目前のカーブでミスをおかし、ひどい転倒をやらかしたのさ。おれは左足にけがして、それから先はもう試合に出られなくなった。でもオブライエンはおれをお払い箱にしないでチームの控え選手として残してくれたんだ」。モーガンはいつもそのことでオブライエンをほめた。

ビリーはいきなり不利な条件で戦うことを余儀なくされた。メンバーは新人ばかりでほとんどはサンモリッツに来るまでボブスレーに乗ったことがなかった。メイソンにいたっては五輪まで準備期間は二週間しかなかった。彼らは貧乏くじだった。16歳のパイロットにボブスレーを始めたばかりの三人。ところが彼らにとって経験不足が必ずしもハンディキャップになることはなかった。当時のうつ伏せになる乗り方だと屋根のかわらが重なっているようなもので、いくら左右に動こうとしてもおのずと限界があり、したがって、座る乗り方の場合ほどにはソリの勢いに劇的な影響を与えることはなく、それは意図的なものでも過失でも同じことだった。しかしながらよく訓練したクルーだとカーブの前でタイミングよくひょいと動き、カーブの中ではみんなと合わせて体を傾け、そうすることで貴重なタイムを数十分の一秒でも減らすのに貢献できたのだった。五人の中の真ん中の選手は後ろふたりの選手の動きを吸収する役割があり、ソリのレールに必死につかまることでロッキングをソリの推進力の一要素に変えることができた。これは米国2ではメイソンの役割であり、ビリーはメイソンを励まし、正確にできるように何度でも練習するようにと言った。ビリーは自分のなかに何か優れたものがあるとすればそれは努力だと思っていたし、チームの仲間たちにも同じようであってほしかった。彼らはサンモリッツのコースを幾度も幾度も滑りおり、しまいにはビリーが左右の指示を叫ぶのを待つことなく、各カーブで左や右に体を傾けるタイミングを覚えていた。五輪のボブスレー競技の日まであと1週間になったころ、グレイとパークが直線では一緒に動き、カーブの入口ではパークがひとりで動くようにとビリーが指示を出した。ビリーはメイソンには背中に乗りかかってくる後ろのふたりの衝撃を吸収してそのエネルギーをソリに伝達する術を教えた。2番目の席になるタッカーの役割はただ単にビリーをしっかりと支えて、操縦役と後ろの選手たちの緩衝剤として機能することだった。

ビリーは次第に仲間たちの仕事ぶりに自信を持てるようになっていた。だが試合での勝算を目論んでいたのは彼ひとりではなかった。ランベルトに大金が賭けられていた。英国の新聞各紙は自国代表である目下の世界チャンピオンのヘンリー・マルティノーとセシル・ピムのメダルの可能性について論じていた。ピムは練習中にサニー・コーナーの壁を飛び出して観客の一団のなかに突っ込んでしまったがすでに怪我から回復していた。前年、彼はここで8回も勝っていた。アルゼンチン代表のアルツロ・グラマヨは記者連中に五輪本番ではダービーでのヒートンの優勝タイムをおれが上回ってみせると豪語し、レース結果はアルファベット順になる、つまりアルゼンチンが金メダルと予想した。

2月11日の土曜日、オリンピックが開幕した。それまでの1週間の天気は快晴だったにもかかわらず当日の朝は寒気をともなう強風がマヨルカ峠を吹き抜け、大雪になった。開会式のはじめに選手団は吹雪のなかをスタジアムまで行進した。見応えのあるパレードになるはずだった行進を約5000人の観衆が見守ったが最後まで見届けたのはごく少数だった。気温は零下7度だった。「開会式には欠かせないおごそかな雰囲気があまりの寒さのために台無しになった」とタイムズ紙は報じた。たいがいの選手たちは長い毛皮のコートを羽織り、厚手のジャージを着こみ、羊毛のストッキングを履き、防寒対策をとっていたがIOCの役員たちは「その場にはまったくそぐわないスーツ姿で震えあがり、数がめっきり減った観客たちの笑いを誘っていた」。

ゴドフリー・デューイという名の役員が米国チームの先頭に立ち国旗を掲げて行進した。このときビリー・フィスクは彼のことをほとんど知らず、後年どれほどに彼を忌み嫌うことになるか知る由もなかった。グスタヴァス・カービーが彼に続き、スキー・ジャンプ団、スピードスケート、フィギアスケートの選手たち、そしてボブスレーのメンバーが後からやってきた。

総勢26名、選手24名に役員2名の構成だった。ニューヨーク・タイムズによれば「デューイが米国選手団を代表して宣誓をおこなおうとしたまさにそのときに吹雪がやみ、輝く太陽が雲間から姿を現した」。

だが開会式の翌日もそしてその次の日も天気はいっこうに好転しなかった。観客席に屋根のないアイスホッケーの試合会場では客はまばらだった。ファンたちはホテルにこもりっきりだったのだ。一部の選手たちもできればそうしていたいものだと思った。オリンピックの揺籃期にはいくつか奇妙な競技があった。その代表格がミリタリー・パトロールで1948年以降の五輪では除外されている。この競技は、競技者たちがチームを組み、ライフルや食料、その他野外装備を背負い32キロメートルのコースをスキーで駆けるもので、現役の軍人のみに参加資格があった。この競技はいわばノルウェーへのご機嫌取りだった。最初の頃、五輪はノルウェーが主催していたノルディック・ゲームズと競合するといってノルウェーは難色を示していたが、五輪種目のなかには彼らが得意とする競技が多く含まれていると知って態度を軟化させていた。ミリタリー・パトロールは彼らの独壇場だった。

火曜日、気温が上昇し雪解けが始まった。朝から雨が降っていた。街路の雪が茶褐色の雪泥にかわり、スケートリンクの氷が水びたしになった。コンディションが最悪で競技が中断され、これが五輪史上最初の大騒動を招くことになった。

スピードスケートの1万メートルが正午に始まっていた。ふたり一組に分かれて組ごとに滑走し、そのなかで最速だった選手が勝者となる個人競技で、本命はふたりのノルウェー人、ベルント・エヴェンセンとアルマンド・カールセンだった。前者はすでに500メートルで金、1500メートルで銀、5000メートルで銅メダルを獲得していたし、後者は2週間前の試合で17分17秒4の世界記録を達成していたのだった。

エヴェンセンは抽選で第一組のスタートとなり、対戦相手は米国のアーヴィン・ジャフィーに決まった。ジャフィーの出自は同郷のボブスレー選手たちとは随分違っていた。彼の家族はロシア系ユダヤ人であり、世紀の変わり目に米国に移住してきたのだった。ブロンクスで育った彼は高校を中退して、マンハッタンにあるゲイブレーズ・アイスリンクで掃除夫の仕事を得た。スケートに行きたいときに入場料が浮くからという計算だけではなかったがともかく彼はスケートが得意だった。1927年の全米5マイルレースで優勝したことからオリンピックチームに選抜され、ほかの選手たちとともにあくる1月5日に船出した。ジャフィーは19歳、ニューヨークを離れるのは生まれてはじめてだった。

ジャフィーの評価は悪くなかったが、第一組でやはり彼に勝ち目はなかった。当然のようにエヴェンセンがリードし、5000メートル通過時点でジャフィーとの差は3秒だった。ジャフィーはその差を広げられまいと必死で食らいついていた。最終ラップの入口でも、最後のホームストレッチにさしかかったときもなおエヴェンセンの背中を追っていたがそこからジャフィーは電光石火のスプリントを見せた。ゴールラインを切るときについにジャフィーはエヴェンセンをとらえた。スケート靴の先わずか3センチ、ジャフィーが前に出ていた。10分の1秒差でジャフィーが勝ったのだった。

第一組のレースがその日の最高のレースとは言い難かったが、結果的にはその日におこなわれた唯一のまともなレースだった。第二組のレースが進行中に気温が摂氏25度まで上がり、世界記録保持者のカールセンのタイムは20分56秒1で、自身のベストよりも4分近く遅れていた。もうひとりのノルウェー代表のロアルド・ラルセンはラップタイムがジャフィーより2分遅れているのを見た時点で試合を放棄してしまった。ペースがあまりにも遅く、氷は水びたしになり、第五組のレース中にレフリーは試合の取り消しを宣言した。

米国は抗議し、氷がより良い状態になるまで待つべきだと主張したがレフリーは譲らず、当日のそれまでの結果はすべて無になった。間違った決定だと多くの人が思った。タイムズ紙は「この驚くべき決定により米国は事実上金メダルを奪われた」と報じた。ニューヨーク・タイムズはそれが「口論と論争の一日を招いた」と書いた。グスタヴァス・カービーが不服申し立ての先頭に立ち、同夜ＩＯＣ実行委員会はジャフィーがオリンピック・チャンピオンとの裁定を下した。しかしこの裁定は国際スケート連盟により覆された。カービーの不服申し立てはレフリーの試合取り消し宣言から3時間以上経過してからなされており手続き上無効との理由だった。

国際スケート連盟の役員たちは週末の再レースを提案したが、ノルウェー選手団は翌朝にはサンモリッツを離れることになっていた。彼らは出発前にジャフィーの宿舎を訪ね、ジャフィーに祝福の言葉をかけた。たとえ記録に残らなくてもジャフィーが勝者だと彼らは思った。風邪をひいて寝込んでしまったカービーは病床から報道陣にあてて大会主催者への激烈な抗議の文書を発表した。ジャフィーはといえば、ただ単に「不運だったけど、おれはスケートでもスキーでも足で走るのでもまた出場するさ」と表面上は気骨のあるところを見せていたが内心はかなり落ち込んでいた。失意に沈むジャフィーの肩に手をかけて慰めたのは他ならぬビリーだった。ふたりは初対面だったが五輪が始まってからいつのまにか友情を築いていた。

ビリーとジャフィーは両極端だった。ジャフィーはブロンクスのユダヤ家庭の子で貧しくてスケート靴さえ買えなかった。後のジャフィーの言によるとビリーは「名家の子で、怖いもの知らずで、何でも挑戦し、いつも大金をもっていて、いつも賭け事をしていた。なんでふたりが仲良くなったのか、おれにはいまだにわからない」。

その夜ビリーはジャフィーをサンモリッツの小さなカジノに連れて行った。「おれは賭け事なんて一度もしたことがなかった」とジャフィーは回想する。「あいつはいきなりおれに100ドル紙幣を握らせようとしたんだ。当時100ドルは大金だった。おれの表情を見て、おれが意地悪をされていると思っていると気づいたんだろう。『おれがカネを持っててきみが持ってないことなんて、いま二人でギャンブルを楽しまない理由にならないぜ。どっちみち、おれはカネを失くすんだ。同じことだろう？』と言ってビリーはおれの手にカネを押し付けた。あいつの顔をのぞきこんだら、あいつは誠実そのものだった」

その後も暖かい日が続き、競技が実施できない場面が相次いだ。アイスホッケーのグループ・リーグでカナダはスウェーデンとの試合を拒否した。選手のひとりが言った。「おれたちはホッケーをやりに来たんだ。水球じゃなくてね」。タイムズ紙によるとフィギュアスケートの選手たちは「悲嘆にくれて彷徨っていた」。そしてこの大会で注目されていたふたつの競技、ボブスレーとスケルトンがそもそも実施できるのか重大な疑問が起こった。ボブスレーとスケルトンいずれもコース状態が不良だった。スケルトン競技がおこなわれるクレスタ走路では表面を固めるために一晩の霜が必要だった。ボブスレーのコースはより残念な状態だった。参加23チームの練習滑走のせいで、ヒューベルト・マルティノーの言葉を借りると「ひどく荒らされていた」。サニー・コーナーとホースシューの大きなバンクは、再び使用するためには少なくとも三日三晩の霜が必要だった。タイムズ紙は伝えた。「開会式の日に無意識のうちにその後の天気にこそふさわしいいでたちで現れたIOCの役員たちはいまや会期を延長するか、あるいはプログラムを一部省略するかの選択の問題に直面している」

当時12月のはじめから2月の中頃までだったシーズンの中でずいぶんと遅くに会期を設定したIOCにたいして同情の声はなく、逆に批判が殺到していた。IOCの役員たちは開催都市のホテル業者たちから、少しでも早い時期に開催されたら自分たちのいつもの冬季の商売の邪魔になりかねないといってプレッシャーをかけられていたのだった。気温の上昇につれて人々の気性もより激しくなっている、と同紙は指摘した。「競技が半分以上も実施済みだったのに試合を取り消してしまったスピードスケート1万メートルの奇怪な決定にたいして、ものすごい数のコメントおよびに不当とはいえない批判が寄せられている。寒気が戻って来ようが来まいが米国、そしてジャフィーが道義上の勝利者だ」

米国スピードスケートの選手団は金曜日にサンモリッツを離れた。各国の選手仲間たちが見送りにかけつけ、スイスの数人は「ジャフィー、1万メートルの覇者。米国万歳」との横断幕を掲げた。フィンランドのスケート選手たちはジャフィーにお別れの電報を打った。「おめでとう。よくやったね」。フランス・オリンピック委員会会長のクラリー伯爵はジャフィーを呼び寄せ、肩をたたいて言った。「フランスにしてみれば、きみこそがオリンピック・チャンピオンだよ」

その夜、霜がおりた。「完全な大失敗で終わるところだった五輪を霜が救った」とある報告は記した。「しかしIOCは非常に幸運だったと自覚しなくてはならない。いまでさえ観客が楽しんで試合を見るのを犠牲にした環境のなかで競技が続けられているのだから」

クレスタ走路でスケルトンが実施される見通しが立った。米国はジャックとジェニソンのヒートン兄弟が出場する予定だった。やがてはビリー・フィスクが偉大なクレスタ乗りとして名声を馳せることになるが、この時点では彼はまだ新人でコースの途中からのスタートしか経験がなく、五輪ではボブスレーに集中することになっていた。スケルトンの最有力は英国のロード・ノーゼスクで支持者たちからは楽勝の声も聞かれたが試合当日は明らかに調子が悪く、タイムズ紙は「銅メダルを取れたのはむしろ幸運だった」と書いた。レース結果はヒートン兄弟のジェニソンが金、ジャックが銀メダルに輝いた。

そして大会最終日の前日、組織委はついにボブスレー競技の実施を決めた。選手たちにとっては待ちに待った決定だった。競技はすでにずっと延期され、練習滑走も二日続きでできなかった。期待が欲求不満にかわり、それがやがて諦念になっていた。ところが二晩の霜と関係者がバンクを懸命に手当てしたおかげでコースがどうにか使えるようになったのだ。ジャック・ヒートンはクレスタの最終滑走で負傷していたので、オブライエンは彼を控えにまわし、かわりにジェニソンを米国1のパイロットにすえた。米国2のビリーは変わらずだった。閉会式まで時間がなかったのでなにもかもが大急ぎだった。組織委は滑走回数を各チーム4回から2回に減らした。選手たちには不評だった。主要な大会では、ダービーのようにいつも4回滑走だったのだ。「滑走回数が減らされたため、レースがどこかのマイナーな大会のレベルにまでおとしめられたような雰囲気が漂った」とタイムズ紙は報じた。「これは国際競技大会、世界アマチュア選手権大会の尊厳にまったく似つかわしくない」。いっそのこと競技を実施しないほうがマシとでも言いたげだった。

回数が4回から2回に減ったことで、いつも安定した滑りを見せるチームよりも最速のチームが有利になった。素晴らしい滑走が一回と平凡な滑走が一回の組み合わせで十分だった。4回滑走ならダントツの滑走一回だけで勝つのは難しい。裏を返せば、エラーできるマージンが減ったともいえる。1回目でやったしくじりを取り返すのにあと1回の滑走しかないのだ。だから、勝利を目指すならあらゆる雑念をしりぞけて、素晴らしい滑走を2回そろえるしかない。長かった待機の日々、サンモリッツの夜の生活、レフリーの決定への不満、そういったすべての雑念を追い払って競技に集中するのだ。ビリーは最速のパイロットだった。オラヴェゴヤ・カップを2年連続で制しているのは誰もが知っていた。ひとつのコースで彼は誰よりも速かった。だがトップクラスの競技会でずっと首位を守り続けるには彼はあまりにも若すぎた。

運という要素もある。滑走順がボブスレーでは重要だ。滑走順は抽選で決まるが滑走順が早いと氷が良い状態で滑れることになる。しかし雪を固めてつくられたサンモリッツのコースでは必ずしも早いスタート順が有利にはならない。普通の大会では1回目と2回目の滑走順が逆になるので誰にとっても運は同じになる。ところがIOCの組織委は2回の滑走ともに滑走前に抽選をすると決めた。

コースの状態は悪く1回目の滑走でルクセンブルクのソリが転倒した。ピムはサニー・コーナーで大きく横すべりした。タイムは総じて遅かった。1週間前のダービーでジャック・ヒートンが勝った時よりも。そしてトラック・レコードより約10秒も遅れていた。ジェニソンのソリは1分42秒3だった。マルティノーは1分41秒7、グラマヨは少し良く1分40秒3。1分40

秒を切ったのはヘンリー・ランベルトが最初だった。そして次に来たのがビリーたちだった。ゴールタイムは1分38秒9を計測し、ランベルトを10分の9秒リードしていた。1回目を終えてビリーのチームが首位で、2回目は翌朝おこなわれることになった。

当夜、ビリーは早く床についた。予想オッズが3対1まで下がったと聞かされていた。金メダルにむけて最有力候補として出走する。それはそれでまた違ったタイプのプレッシャーがかかるものだった。2回目の滑走は日曜日の朝8時開始。早めの朝食の席で選手たちは組織委のまた新たな愚かな決定を聞かされた。2回目の抽選を取りやめ、滑走順は通常の通り、つまり1回目と逆の順番とするという。決定はまっとうなものとも思われた。最初からそう決めておけばよかったのだ。しかし突然の変更に誰もがとまどい、選手たちは不満を訴えた。2回目でまた抽選があるのだからと思い1回目は軽く滑ったと主張する選手も現れた。

初日ビリーの滑走順は遅かったので今度は早い滑走順になった。ビリーの2回目は1分41秒6だった。合計タイムは3分20秒5。もはや何も失うものがない他の選手たちは強引に攻めてきた。マルティノーは激しく壁にぶつけた。どうにか立て直して転倒は免れたもののタイム・ロスが大きく1分44秒5でゴールし、合計では6秒遅れになった。

次から次へとソリが滑走し、ゴールエリアでそれぞれのタイムがアナウンスされるのをビリーはじっと聞いていた。そのときのビリーの心境を知るよしもないが、21世紀の米国の五輪金メダリスト、スティーブ・ホルコムは言う。「自分の滑走が終わってから他の選手たちが続々と滑ってくるのを見ている時によく考える。おれが勝った。おれが勝った。でも次のやつはどうかな。あいつは集中力もすごいし、実力通りの力を発揮する。いや、どうせ最後は自滅するさ。そんなのをいっぱい見てきたからな。とするとそこに次の選手が現れる。実力があるうえに冷静で落ち着いている。何が起きてもあいつは自滅するはずがない」。そんな時は指で十字をつくり、神頼みをするのだという。

前夜の2位、つまりビリー・フィスクの最大のライバルのランベルトは荒っぽいパイロットだった。転倒か勝つかどっちかだという態度で、父マルティノーから「計り知れない危険の源」とかつて評されたことがあった。マルティノーは当たっていた。ランベルトは3年後クレスタ走路で転倒した時に受けた負傷がもとで死亡したのだった。1928年2月のこの日も彼は攻めの一手で、ひどい横滑りをやらかし、タイムは1分44秒7だった。グラマヨはうまく滑ったがビリーの1回目はおろか2回目のタイムにも遠く及ばなかった。結局ハンス・キリアンだけがビリーを負かし、1秒4の差をつけたが、前日のタイム差から逆転するには至らなかった。

当日の滑走順の最後の時点でビリーはまだ首位をキープしていた。だが彼を負かし得る選手がまだひとり残っていた。ビリーの親友、ジェニソン・ヒートンだった。ヒートンがサニーをまわりホースシューに突っ込んでいったとき、観客席から「なんて図太い神経なんだ!」と叫ぶ声が上がったという。結果はその日の最速で1分38秒7だった。それでも合計でビリーに0・5秒届かず、2位。米国のワンツー・フィニッシュだった。

競技が終わってもその場ではなんのセレモニーもなく祝い事もなかった。選手たちは散り散りになり、当日午後遅く、閉会式にやってきた。そのころ会場はまるでコメディアンが出演しているかのようだった。大会主催者が手配したスイスのブラスバンドが元だった。国歌演奏がおかしく、とりわけフランスの代表団が気分を害していた。ラ・マルセイエーズが流れたとき会場は観客たちの笑いの渦で包まれていた。

「あなたたちはマルセイエーズをまともに演奏できないのか？」とフランス・オリンピック委員会の秘書がどなった。

「あなたがたがオリンピックの試合で最後に勝ってからずいぶん時間が経ったので、われわれはもう忘れちまったんですよ」とバンドの指揮者がやり返した。

式次第がごった返しているなかで、ビリーと仲間たちは個別にメダルを授与された。メイソンは人ごみの中からひとりの役員が近寄ってきて「メイソン、これがきみのメダルだよ」と言って小箱を手渡されたのを覚えていた。ビリーはこのやりかたが気に入っていた。彼は日記に書いた。「ヨーロッパでは誰かが重要なスポーツ大会で勝っても誰も気にしないし、話題にものぼらない。アメリカでは誰かが勝つとすぐさま地域共同体の名誉ある市民になる――新聞を通して」。彼は自分が16歳だと口を滑らせたりしなかったので翌日の新聞は一紙としてそのことに触れなかった。女子フィギュアスケートでノルウェーにメダルをもたらしたソニア・ヘニーがわずか15歳だと各紙ともに大きく報じてはいたが。冬季五輪での男子最年少金メダリストとしてのビリーの記録は結局、１９９２年のアルベール五輪でスキー・ジャンプのフィンランド代表選手トニー・ニエミネンが現れるまで64年間も破られることがなかった。

サンモリッツ五輪は成功した大会ではなかった。ニューヨーク・タイムズは、役員たちの決定にたいして選手たちがことごとく抗議したのが同大会の最大の特色だったと断じた。タイムズ紙も同様で「4年前のシャモニーであった善意のオリンピック精神がここサンモリッツでは顕著には見られない」と書いた。実際、同紙は五輪に未来があるかどうか疑いを投げかけた新聞のひとつだった。

ジェフ・メイソンに関していえば、カナダのアイスホッケー選手の奥方のひとりから閉会式後に米国旗をみやげに持ち帰ったらどうかと言われた。それで彼は国旗をバッグにしのばせてホテルに帰り、宿代を清算してから次の汽車でサンモリッツを後にした。その後の人生でボブスレーに一度も乗ることのなかった彼はやがて、ペンシルバニアでラテン語の教師になった。「たいがいの仕事では」と彼は後年ふりかえった。「成功は、山のふもとからスタートして出来る限り速やかに頂上まで登り詰めるべく努力することによって得られるものだ。ボブスレー競技は、とりわけ私の場合にあてはまるのだが、頂上からスタートして出来る限り速やかにふもとまで駆け下りるものなのだ」

C7

工事は1930年8月4日に始まった。最初に取り組んだのは真新しいカスケード通りから山頂までの道路の敷設だった。道路が開通すれば作業員たちのアクセスが確保できた。人夫は総勢数百名、つるはしやシャベル、のこを片手にやってきた。彼らははじめに松林に分け入り、木を切り倒し枝葉を払い落として小道を切り開いた。次にダイナマイトを仕掛けて岩石を吹き飛ばし、散らばった瓦礫を処分した。運び去られた瓦礫の量は合計3万6000トンに上った。現場にやってきたのは作業員たちばかりでなく地元の人々も好奇心旺盛だった。地元紙によると「秋のあいだ連日、人々はクルマで出掛けては工事の進捗状況を見守った」。そして人々がそこで見たのは2・4キロメートルの曲がりくねった未舗装のコースで幅が最も狭いところで1・8メートル、最も広いところが9メートルだった。次にやってきたのが大工の一団だった。彼らはカーブごとに木の桁を蜘蛛の巣状にめぐらせ、岩や小石を詰め込み、最も高いところで9メートルになる強固なバンクを成形し、バンクの頂には60センチの石壁をかぶせた。それから大工たちは最も大きなカーブであるシャディ―とホワイトフェイスの前に巨大な木組みの観覧席を設け、山頂にロッジを建てた。配管工たちは排水溝を敷き、氷を提供する水を運ぶパイプを引いた。新しい貯水設備からポンプ・ステーションを通り全長2400メートルになった。電気技師たちが電話線を引いた。12月の終りには工事が完成し、アディロンダックの小さな町レークプラシッドにヨーロッパ以外では世界初の人工ボブスレーコースが誕生した。

地元ではそのあたりはもともとサウス・メドウと呼ばれていたがアディロンダックの初期の開拓者への敬意をこめて、マウント・ヴァン・ホーヴェンバークと改名することになった。

マンハッタンの北480キロに位置するレークプラシッドは当時、そして今も主な通りはひとつしかない。主要道路はミラー湖の西岸を走り、冬には湖では子供たちが集まり、スケートやソリ遊び、ホッケーごっこに興じた。1930年の人口は約3000人であり、新しくできたマウント・ヴァン・ホーヴェンバークの観覧席に住民全員を座らせたとしてもまだ空席があった。ボブスレーコースの建設には22万7000ドルかかったが、これはニューヨーク州のこの小さな一角に冬季五輪を呼び寄せるのに費やされた200万ドルのうちの最大の単一の出費だった。それは大不況に見舞われる前の計画当初の時点でもすでに巨額と思われた。大部分は公費で賄われ、ほかは地域債の発行などによった。住民一人あたりでは60ドルになり、これはボブスレーコース建設作業にたずさわった人夫の3週間分の賃金に該当した。対照的に、同年のロサンゼルス夏季五輪では住民一人あたりでは1ドル未満だった。

もっともレークプラシッドの市民全員が一律に費用を負担したわけではなかった。小さな町といえども区分があり、1930年には町はメイン・ストリートにあったセントラル・スクールを境として、そこから南が下町、北が山の手とみなされた。ミラー湖のはずれの裕福な山の手地区の中心にデューイ一家の牙城である由緒あるレークプラシッド倶楽部があった。レークプラシッドになぜ米国初のボブスレーコースが誕生したのか、そしてなぜ同地が1932年と1980年の二度の冬季五輪の舞台となったのか、疑問を解くカギはすべてこのレークプラシッド倶楽部にあるといっても過言ではない。

1928年1月に米国五輪委員会（AOC）がレークプラシッドに1932年の冬季五輪を招致したいかどうかデューイに尋ねたとき、彼はけっして首を縦にふらなかった。レークプラシッドのみならず近隣の自治体や州全体からの協力がなくてはとても無理だと思ったのだ。にもかかわらずAOCはデューイに再考を促したうえに、2月のサンモリッツ冬季五輪の視察を目的とする6週間の欧州旅行に妻とふたりで出掛けるよう手配をした。さらに、米国スキー代表団のマネージャー役のポジションさえ与えてくれた。当年とって40歳、スポーツマンではあったが国を代表するレベルには程遠かったデューイには晴れがましい舞台だった。開会式では少なからずも選手宣誓の栄誉にあずかった彼はオブライエンに自分をボブスレー代表の控え組に入れてくれと頼みさえした。もちろん、ボブスレーの経験は一切なかった。

サンモリッツ滞在中、宿泊施設、競技施設、予算、組織委員会、安全確保などあらゆる課題についてデューイは精力的に調べてまわった。もちろんサンモリッツ五輪は悪天候に翻弄され、急ごしらえの組織委の場当たり運営のために失敗に終わったが、3月に帰国したときには彼はすっかり変心し、地元のお偉方たちを集めては「サンモリッツにできたことはレークプラシッドにもできる」と説いてまわった。レークプラシッドは五輪に立候補すべきだ、そして開催権を勝ち取らなくてはと彼は思った。ただ、ひとつの大きな障害が待ち受けていた。ボブスレーコースの新設がそれだった。

デューイが編んだ1932年大会公式報告書によれば「最初、人口4000にも満たないちっぽけなこの山岳リゾートが冬季スポーツの世界に参入できる可能性がほんの少しでもあると知っただけで地元民のほとんどはびっくり仰天してしまった。責任はあまりにも重大に思われた」。「しかし、サンモリッツがなしたこととレークプラシッドがなしうることについてのデューイの説明を聞くうちに是非やってみたいとの熱望が高まった」。4月3日にデューイは地元の商工会議所で演説した。記録的ともいえる139名が出席し、投票の結果、冬季五輪の招致が大多数の賛成により決まった。しかし「その負担は村単独で行動するにはあまりに重すぎた」。そこで彼は遊説の旅に出た。エセックス郡の近隣のノース・エルバからサラナックレイクまで彼の言を借りると「福音を広めた」。行く先々で「プロジェクトへの支持は明らかだった」。

次なる難問はデューイのヴィジョンをどうやって実現するかだった。彼の野望は五輪の開催にとどまらなかった。レークプラシッドはフランスやスイスにあるような冬のリゾート地になりうると彼は思っていた。オリンピックは目的ではなく手段であり、通過点に過ぎなかった。

目玉はスキーの滑降スロープではなくて北米初のボブスレーコースだと彼は確信していた。サンモリッツで見て以来、五輪開催の可否に関係なく、ボブスレーコースはレークプラシッドにとって必要不可欠なものと考えていた。建設費はざっと5万ドルくらいだろうと彼はそろばんを弾いた。しかしいったん施設ができあがり運用が始まれば好奇心にみちた観光客が世界中からやってくるだろう。そうなれば毎冬、１００万ドルから２００万ドルの追加収入が町にもたらされる。ゴドフリー・デューイはレークプラシッドが米国初の素晴らしい冬のリゾート地になると固く信じていたのだった。

ゴドフリー・デューイの父はその名をメルヴィル・デューイと言った。禁欲的なまでに敬虔な家庭で育てられ、メルヴィルは母親から「外見をほめることはあからさまな侮辱」と信じこまされた。プライドは罪だった。タバコも酒も同様だった。メルヴィルは酒やタバコを「熱狂的に憎悪」した。青年の頃、家業だった小売業の店先で販売していたタバコをすべて撤去するように父に迫り、結局、在庫をすべて仕入れ値で近隣のライバル店に引き取ってもらったのだった。メルヴィルのこだわりは、英語の綴りにまでおよんだ。自らの名 Melville の最後の二文字はいらないといって Melvil と称した。英語は複雑すぎるといい、音声にもとづく簡略化された綴りを生涯使い続けた。

綴りの単純化というと無学のように聞こえるが、彼は子供のころから本の虫で、わずか12歳にしてウェブスター辞典を最初の頁から最後まで読み通し、そのうえで英語という言語は改良されなくてはならないと意を固めたのだという。

学校時代、彼はそれほどに学業優秀ではなかったが勤勉さは際立っていた。酒やタバコをやらないのはもちろんのことパーティーに出かけることもなかった。卒業後、アムハースト図書館に職を得た。当時、アムハーストではほかの多くの図書館と同様に、蔵書はテーマ別ではなく納本された順に棚に置かれ、その後に整理し直すことはしなかった。もっと良いシステムはないものか、デューイは何か月間も考え続けた。そして、ある日曜日に教会で長ったらしい説教を聞いているときにふとひらめいた。そのひらめきは現在、世界中の図書館で用いられている分類法だ。9の大分類の下に9の中分類、さらにその下に小分類。たとえば大分類7が芸術とするとその下の中分類8が音楽、その下の小分類の何番目かが歌の本という具合だ。この十進法図書分類はメルヴィル・デューイの目覚ましい業績であり現在30の言語に訳され、135か国以上の20万以上の図書館で使われている。1884年、彼はコロンビア大学で司書長の職を得た。改革改良の熱意にもえる彼のカフスボタンにはRの文字が刻まれていた。RはReform（改善改革）のRだった。同僚たちは彼を横柄とみなし、ある者は「アカデミックな地位とは釣り合わないほどに自画自賛」と評した。ぶっきらぼうで傲慢で自己中心的との見方が多く、プライドについての母からの教えはとうに忘れられていた。

メルヴィルは1878年に結婚した。相手はアニーといい、やはり司書だった。ふたりは自己改良を目指し、志を同じくする者同士の固い絆で結ばれていた。月のはじめに当月の目標を書き出し、月末にはその達成度に評点をつける。メルヴィルの目標の典型例は「もっと忍耐強く」「話す前に再度考えよ」「身だしなみには更に気をつけよ」「早寝早起き、食事はゆっくり」であり、アニーのほうは一日の時間配分を考え「体操1時間、自己啓発1時間、歌唱15分」といった具合だった。ゴドフリー・デューイはこの両親のもとで1887年9月に生まれた。

メルヴィル夫妻は自分たちの提唱する生活を実践する共同体をつくるべく奔走し、毎年夏に候補地を探していたが1893年にレークプラシッドに決めた。アニーの姉が前から住んでいたし、メルヴィルもたいそう気に入ったのだった。彼はミラー湖の東岸に28ヘクタールの土地を買った。彼は協同休暇村のような構想を練り、友人たちに趣旨への賛同を募り、土地の購入を促した。

そのころには夫妻はコロンビアからオールバニに移り、そこでメルヴィルはニューヨーク州教育部門の評議会会長に就任した。「50トンある戦車のように」がむしゃらに突進した彼はついに1888年にニューヨーク州司書長に任命された。いまやメルヴィル・デューイはひとかどの富と影響力を兼ね備えた人物になったのだった。

1895年にレークプラシッド倶楽部は正式に発足した。メンバーの入会をめぐって厄介な問題があった。ユダヤ人の入会を認めるかどうかの問題だった。もともとアディロンダックには反ユダヤ主義の歴史があった。ホテルや下宿屋はユダヤ人可とユダヤ人不可の二種類に分かれ、ユダヤ人不可の宿の入口の窓には堂々とその旨の掲示があった。だがレークプラシッド倶楽部は山岳リゾートの旗艦的存在であり、人種的偏見から自由であらねばならず、差別反対派からの標的になり得たのだった。デューイにはヘンリー・ライプティガーという知り合いがあり、彼からの入会申し込みを幾度もろくな説明もせずに断っていた。ライプティガーは意を決してマンハッタンの有力なユダヤ人弁護士に相談した。その弁護士は評議会にデューイの州司書長としての職を解くように請願書を提出した。ニューヨーク州に75万人のユダヤ人納税者がいる時にいち公務員が反ユダヤ主義を標榜するビジネスを担うことはできない、彼ら全員が彼の俸給に貢献し、彼ら全員が彼の偏見に苦しめられているのだと弁護士は述べた。当初、メルヴィルは反撃に出、地元紙に自分の無実を訴える寄稿をし、請願書に同意の署名をした人すべてに対し同意を取り下げるように要請する手紙を書き、ついには評議会の席上「感情を傷つけられたユダヤ人全員にたいして心から謝罪したい」と発言した。彼はかろうじて職にとどまることを許されたがそれは彼の私的なビジネスが彼の公的な地位とは両立しないことを彼自身がじゅうぶん理解するという条件付きだった。要するに彼は倶楽部の代表をやめなければならなかった。そして、それは彼にはできない相談だった。1905年9月、評議会は彼に辞職をもとめた。彼はあまりにも多くの敵をつくっていた。

デューイの家族は一貫して彼の肩をもった。妻のアニーは夫がただ慣例にしたがわないだけだと信じていたし、息子のゴドフリーは父が「外見に無頓着」で「慣例無視で有名なだけ」と思っていた。公の場で恥をかかされる父を見て、息子は逆に父の事業承継への意欲をかきたてられるのだった。

一家はレークプラシッドに退却した。従業員のひとりはデューイが「裕福なユダヤ人が入会を切望し、かつ入会できない共同体」をつくろうとしていると思った。1909年にはレークプラシッド倶楽部（LPC）は2400ヘクタールの土地、225の建物、21の農場を擁する組織になっていた。これらすべては倶楽部のロッジから半径56キロのなかにあった。夏季には500人の従業員を雇い、年商50万ドルあったが融資に頼りすぎ、多額の負債を抱えていた。デューイは経営立て直しにはLPCの年間営業がよいと思った。レークプラシッドの冬季スポーツリゾート構想を狂気じみていると見る向きもあったが最初の頃、ごくわずかの冒険的気分をもつ人たちがアディロンダックの冬がどんなものかを体験しようと当地にとどまり、やがて毎冬ごとに滞在者数が増え、LPCではクロスカントリースキーのトレイルをひいたり、ミラー湖の岸にソリ遊びのコースをつくったりするようになった。冬季の売り上げが急増するとLPCはますます力をつけてきた。

メルヴィルはまるで書物にたいするように人々を分類した。5つに分け、Aが「倶楽部の理想にもっとも叶った人々」、Cが「普通の顧客」、Eが「ほかの人たちを守るために除外されるべき不適格者たち」だった。Eのなかには喫煙をする女性や、子供たちがチークダンスをするのを認める家庭がふくまれていた。「どのような流行で大目に見ていられようと飲酒・喫煙・

賭け事はこの倶楽部においては今後老いも若きもすべての女性に認められない」(おかしなことに、この頑なな態度は「華奢で、ちいさく、ひな鳥のような」ある若い女性を彼がプライベートの速記者として雇う妨げにはならなかった。ひと夏を彼のもとで働いてからその女性は彼を今でいうセクシャルハラスメントのかどで訴えた。彼は繰り返し彼女にキスを迫り、まとわりついたという。このとき、デューイ78歳だった。法廷外で2147ドルでケリがついた。)

この頃には息子のゴドフリーも成長し大人になっていた。父と同じで顎が角張っていたが父が太くてクマのような体形だったのにたいして息子はスリムであごひげをいつもきれいに剃って、小さなメガネを鼻の上に乗せていた。ハーバードを卒業後、教育学で修士号を取り、父からLPCの共同経営を持ち掛けられてレークプラシッドに帰ってきた彼は妻帯しており家族も一緒だった。父と子は早速、レークプラシッド倶楽部教育財団を設立した。その目的には綴り字の簡素化、火葬、禁酒、婦人参政権、優生学等の推進が掲げられた。LPCの資産の多くは財団に移された。ゴドフリーは当時世界最大規模だった長期滞在型リゾートクラブの副会長におさまったのだった。LPCには3000人収容の劇場、21のテニスコート、5つのゴルフコース、住民による交響楽団、チャペル、喫茶店、レストラン、映画館等があり、自前の農園や貯木場まであった。いつのまにか「レークプラシッド」がハリウッドやパームビーチ、モンテカルロのように地名とは別の二次的な意味をもつようになった。広告コピーで「レークプラシッド的なライフスタイル」という文面が現われたりもした。

ゴドフリーの母のアニー・デューイが１９２３年に死んだが、父メルヴィルは2年後の１９２５年に74歳にして再婚した。メルヴィルは再婚後すぐに体調を崩し、息子ゴドフリーの責任が重くなった。事業承継は簡単には行かなかった。ゴドフリーの妻にたいする舅メルヴィルの不適切な振る舞いにも問題があった。ゴドフリーは許容範囲と思ったが妻には不愉快で夫に不満を訴えるのだった。

父と息子の対立が決定的になったのは１９２６年にメルヴィルが再婚の妻をつれてフロリダに行き、そこに新たなレークプラシッド倶楽部を設立しようとしたときだった。冬でも温暖なフロリダは身体にはよかったが事業のストレスは半端ではなかった。メルヴィルはフロリダ高地に１２００ヘクタールの土地をもとめた。近くの町はレークステアンズといい、そこをレークプラシッドと改名してはどうかと地元の議員たちに提案した。すべて既存のレークプラシッドと同じ方式で運営するつもりだった。会員を募集するにあたっては「フロリダはほかの南部諸州より黒人の数が少ない」と宣伝した。だが、毎冬、招待客を除いた有料ゲストの数はメルヴィルが手の指を折って数えられるほどしかなかった。オフシーズンにはハリケーンに見舞われて施設を破壊され、またミバエの蔓延により作物が全滅し、あてこんでいた収入が得られなくなった。資産のほとんどを財団に移していたメルヴィルは息子ゴドフリーに助けをもとめたが元のレークプラシッド倶楽部で実権を握っていたゴドフリーは援助要請を拒んだ。フロリダ構想はばかげているし、義母が父を食い物にしているだけだと思ったのだった。

父の怒りは爆発した。創始者である自分を息子がレークプラシッド倶楽部から追い出そうとしていると非難し、息子が「カネのためだけに働いている」として「最後までたたかう」と宣言した。ゴドフリーは傷つき、父に謝罪を要求したが返事はなかった。かわりにメルヴィルはLPCの有力者たちに手紙を書き、主導権を息子から奪い返して妻にわたすべく画策した。息子は「浪費家であって供給者ではなく」、「ゴドフリーがリーダーの地位にとどまるならば現在のLPCの存続と安全は危機に瀕する」と説いた。倶楽部の役員たちの多くはメルヴィルが年老いており、フロリダ構想はばかげているとは思ったが、メルヴィルの話を聞いているうちにゴドフリーが父に匹敵するような存在ではなく会長職の跡を継ぐ器ではないと思うようになった。

メルヴィルは自らの健康状態にたいして日ごとに悲観的になり、もうひと冬は越せないと言い出した。ゴドフリーは事実上のトップとして組織に君臨してはいたが、父の死後に跡目を継ぐためにはさらに奮闘しなくてはならなかった。働き盛りのゴドフリーは脂の乗った人生をLPCに捧げてきてはいたが、ここで自らの地位を固めるには何か壮大なプロジェクトが必要だと思った。そこに手を差し伸べてきたのが米国五輪委員会（AOC）だった。

AOCは最初からレークプラシッドの自治体ではなくレークプラシッド倶楽部に五輪招致に名乗りを上げるように促した。LPCはレークプラシッド最大の雇用主であり、唯一の歳入源だった。地元住民の多くはデューイ一族を快く思っていなかったがその重要性は誰しもが認めていた。デューイ家は地域の大黒柱だった。だからこそ、五輪がどんなに費用がかかろうと地域経済にとって必ずプラスになるというゴドフリーの約束を信じたのだった。

1932年夏季五輪はロサンゼルスで決まりだった。他に立候補がなかったのだ。しかし、冬季五輪招致をめぐる争いは熾烈だった。立候補は9都市あった。そのうちの2つ、レークタホとヨセミテバレーはロサンゼルスと同じカリフォルニア州内に位置することが有利な材料と思われた。ノルウェーのオスロはノルディック・ゲームズを開催した経験を強調した。しかし下馬評がもっとも高かったのはカナダのモントリオールだった。米国の新聞は早々とモントリオール開催を報じ、AOCはその打ち消しに躍起になった。モントリオールには米国の候補地とくらべて誰の目にも明らかな利点があった。カナダには禁酒法がなかったのだ。だがレークプラシッドにも切り札があった。五輪のためにボブスレーコースを新設すると明言していた候補地はレークプラシッドをおいてほかになかった。デューイ自身、これがレークプラシッド招致の「かなめ石」と呼んでいた。

デューイの用意周到さと勤勉さはIOCの心を動かした。彼自らがスイスまでやってきて五輪招致の入札をしたのも印象的だったし、持参した4頁の計画書はとてもプロフェッショナルに思えた。ほかの米国の立候補地代表の具体性に欠ける発言とは対照的だった。

レークプラシッド開催が決まり、当地史上最大規模の祝宴が催されたがデューイには招致成功の喜びに浸る余裕はなかった。彼はすぐさま「不可能な」仕事に取り掛からなくてはならなかった。ボブスレーコースを建設するためにドイツ人設計技師ゼンツキーを雇った。ゼンツキーはそれまでヨーロッパでいくつかのボブスレーコースの設計を担当していた。レークプラシッドはマーシー、マッキンタイヤ、ヘイスタック、コールデン、そしてホワイトフェイスといったニューヨーク州の高山に囲まれている。ゼンツキーは3か所の建設可能地を見つけたがそのうち最良のスカーフェイス山とジョー山はともに公有地だった。レークプラシッドはアディロンダック森林保護区の心臓部にあり、町の周囲の土地は州法により「永久に原生林地として保たれねばならず」「いかなる組織や個人にたいしても賃貸・販売・交換が禁止され」、また「樹木の販売・撤去・破壊が禁止」されていた。デューイは同法を「リベラルに解釈するならば」「スポーツ・リクリエーション施設」の建設は可能だと論じたがその「リベラル」は環境保護ロビーには受け入れがたいものだった。アディロンダック保護協会（ＡｆＰＡ）は早速ボブスレーコース建設阻止のキャンペーンに乗り出した。デューイはそれから2年間、ＡｆＰＡを相手に裏でも表でもたたかうことを余儀なくされたが同時に政治家たちへのロビー活動に時間をさき、五輪にむけて州の予算を獲得することに奔走した。

紆余曲折はあったがデューイはとうとう名案を思いつき、これならボブスレーコースを州の土地に州の費用で建てられると思った。コースの建設により「人々が原生林地に足を運び自然を満喫する」機会が増えるが、これは「景観とリクリエーションのために原生林地を保全することに人々の関心を向けさせる」ことにつながり、それは森林保護法の目的にもかなっているという主張だった。議員たちはこのアイデアを買ってくれ、議会に法案として回したが、AfPAは納得しなかった。彼らは法案が憲法違反だとして州の裁判所に持ち込んだ。

デューイは憂慮した。五輪の1年前にはコースを完成させて試験運用を始めなくてはならないのに1929年も暮れが近づいてきた時点で工事はまだ着手されておらず、それどころかデューイの前には環境保護派の「深刻な障害物」が立ちはだかり、いたずらに交渉事に時間を費やすばかりだった。このままだと早晩IOCは開催地を再考することになる。工事が遅延すればするだけレークプラシッドから五輪が遠のいてしまう。

そこにブラック・チューズデーがやってきた。1929年10月29日株式市場が暴落し大恐慌が始まった。それはレークプラシッドを直撃した。地元で育ち「大恐慌の子」を自認するバーバラ・タイレル・ケリーは回想録に記している。「倶楽部（LPC）は雇用を供給するエンジンであり、1932年五輪に先立つ苦しい時代に多くの市民にとっての命綱だった。でもそれでも仕事は足りなかった。たいがいの家庭では庭で鶏を飼い、よぶんな部屋のある家は下宿を始めた。物々交換は当たり前だった」。ケリーは4人のいとことひとつのベッドを分け合って眠ったという。市民たちはオリンピックがもたらすであろう仕事を渇望した。しかし同時に彼らは気づいていた。デューイの言い分が正しくて五輪がレークプラシッドを米国有数の冬季スポーツリゾートに押し上げるのでなければ、潤いが短期に終わり、後に長期負債が残るだけだと。

五輪の費用概算が上昇するにつれて、人々の熱狂が醒めていった。デューイたちが資金調達に駆け回り、思うような成果が得られないなか、裁判所ではボブスレーコースを公有地に建てられるかどうかをめぐって審議が続いていた。下級裁判所でAfPA勝訴の判決が出た。デューイたちが希望する当該公有地にボブスレーコースを建設することは疑いなく「永久保全」法の違反となるとされた。デューイは時の司法長官の助けを借りてすぐさま反撃に出る。あやまった決定は「ニューヨーク州、そして米国での冬季五輪の返上を帰結するだろう」。しかし判事は、この決定によってレークプラシッドが五輪をあきらめなくてはならなくなっても致し方ない、法は往々にして生活の要請とぶつかるものだと語った。そして1930年3月18日に判決が確定する。AfPAは意気揚々だった。彼らが勝ち、デューイは敗れた。

しかしデューイはあきらめなかった。仮設コースを「できる限り安く」作れないものか、3年から4年もつ枯れ木でコースを構築して五輪後に撤去してはどうかとゼンツキーに持ち掛けた。奇策が一笑に付されると彼はレークプラシッドじゅうを歩きまわり新たな候補地をさがした。これまで考慮されなかった土地がまだあるかもしれなかった。町から2・4キロ離れたサウス・メドウ山の北側斜面に目がとまった。土地はLPCの所有であり何を建てようと彼の自由だ。問題は建設費だった。州の議員たちにコース建設費として12万5000ドルを計上するように説得するだけでも大変だった。それは当初見積もりの倍額だった。いまサウス・メドウでの見積もりはさらにその倍額に達するのだった。組織委は一文なしで、新たなコース図をひいてもらうようゼンツキーを欧州から再び呼び寄せる旅費を工面するのにデューイは借金をする始末だった。

デューイは州都オールバニに赴き、州の予算からあらたに37万5000ドルを獲得すべく政治家たちに掛け合った。2か月後、州の上院と下院はついに当該の資金計上を認めた。ところが知事のルーズベルトが拒否権を発動した。1932年の大統領選への立候補をもくろんでいたルーズベルトにしてみれば「1週間やそこら」しか使われない施設の建設にそれほどの大金をつぎこむのをおおっぴらに約束するのは気が進まなかった。デューイは激怒し、ルーズベルトの「誠意」を疑い、知事が「五輪開催を危機に陥れる人物」だと公言した。しかし、ルーズベルトから呼び出されたデューイはすぐに拳をあげる相手を間違えたと悟る。デューイは謝罪し、ルーズベルトはデューイをなだめた。結果的にデューイは公金でコースをつくるのを約束してもらったのだった。

ボブスレーコースの工事が始まって数週間後にスキャンダルが勃発した。9月25日にルーズベルトはジューイッシュ・トリビューンの編集者でユダヤ国家評議会幹部のデヴィッド・モーゼスゾーンから封書を受け取った。手紙の中でモーゼスゾーンは訊ねた。「レークプラシッド倶楽部の所有する土地に建設されるボブスレーコースに州の納税者のお金が使われるのはなぜでしょう?同倶楽部は人種的および宗教的憎悪を助長する点で非米的な組織です」。ニューヨークの200万人のユダヤ人コミュニティーがこの事態を座視しないとの警告もあった。モーゼスゾーンは弁護士を立て「州の資金の不正使用を阻止することと、法的根拠なくすでに使われた資金の取戻し」に乗り出した。この異議申し立てを知ったときゴドフリーの脳裏にはかつて父が公職から追放されたときの思い出がフラッシュバックとなってよみがえった。モーゼスゾーンは父のおかした罪で息子を罰しようとしているようだった。彼は新聞各紙に異議申し立ては「ナンセンス」であり、LPCを「困らせようとする計画」の一環だと述べた。「当倶楽部がユダヤ人の入会を認めないのはハーバード倶楽部がイェールの卒業生を受け入れないのと同じで、五輪とは何の関係もありません」

だが事実としてゴドフリーは父の人種的偏見を受け継いでいた。ただ父と違い、偏見や差別がどう見られるかについて注意を怠らなかった。彼は人種的偏見を優しい言葉の衣でつつむ偽善者だった。五輪の広報担当者には「宗教的ないし人種的偏見をもっているかのように見えるのはとても心が痛む」と語ったが仲間内では「今度のユダヤの攻撃はかえって絶好の宣伝材料になるさ。どうしてわれわれがやつらの入会を拒んでいるか、皆よくわかるだろう」とうそぶくのだった。

ニューヨーク・タイムズとヘラルド・トリビューンがジューイッシュ・トリビューンの記事を取り上げた。世論はゴドフリー・デューイに味方しなかった。

デューイはサウス・メドウの土地についてはボブスレーコースの建設にあたり州とLPCのあいだで地上使用権の契約が交わされているのだから、州は土地所有者のLPCから一切干渉されることなく施設を運営できるはずだと言ったが、モーゼスゾーンはそれこそが「明らかな逃げ口上」だと反論する。契約書にはもし州がコースを維持できなくなったらその所有権はLPC側に移転するとの条項があったのだ。モーゼスゾーンは予言した。五輪が終われば州はコースの維持に関心を失うだろう。そして所有権がLPCに移れば彼らは公費で建てた施設を保有するメリットを享受できるのだ。彼は五輪を阻止しようとしているのでもなければボブスレーコースの建設に反対しているのでもなかった。彼はただ「悪名高い反ユダヤ」倶楽部が州の費用で豊かになる事態を阻止したかったのだった。

モーゼスゾーンが依頼した弁護士アイゼナーは手打ちを考えていた。LPCがサウス・メドウの土地についてすべての権利を放棄すること、もし州が五輪後にコースを維持できなくなる事態が生じたならば施設の所有権を公園委員会に移転することをアイゼナーは提案した。同委員会はつまるところレークプラシッドの住民のものだからLPCを利することにはならない。この提案を受け入れるならユダヤ国家評議会は異議申し立てを撤回すると彼は言った。デューイはすっかり負かされてしまった。提案をのむ以外の選択肢はなかった。さもなければコース建設費が失われてしまう。モーゼスゾーンは意気軒昂だった。「これは、宗教観がたいそう侮辱されているニューヨーク州のユダヤ人、並びに、米国の国是たる信条への忠誠心が不当にも無視されている非ユダヤ市民の勝利である」

どうしようもない敗北に直面したときにかつて父がそうしたように、ゴドフリー・デューイは世界に背をむけて内側に向かい、自分でコントロールできると思う事柄に集中するようになった。そしてボブスレーコースにますます注目するようになった。五輪とリゾートの未来はボブスレーコースの人気にかかっていると彼は以前から思っていた。必死の思いでたたかいとったいま、今度はその成功をたしかなものにしようと頭を悩ませた。細部にいたるまで彼は首を突っ込み、検証した。レークプラシッドは彼のまわりで活気づいていた。アイスアリーナの工事現場では建設作業員たちが24時間シフトで働いていた。遠くから見守る親方には「群れをなしたアリがお互いにくっつきあってよじ登ろうとしている」かのようだった。最悪、食事以外は休憩なしで70時間ぶっ通しのシフトも組まれた。五輪準備に皆が追われているなかでデューイはボブスレーのことで頭がいっぱいだった。コース、付帯設備、ソリ自体、チームに思いをめぐらせた。より平べったいランナーとより機動性の高い操縦性をもつ新型ソリについても調べを進めた。そして、彼自身が自分のボブスレーコースでやる自分のオリンピックだと内心思っている本大会において誰が国を代表すべきかについても彼は確固たる考えをもっていた。それまで2年間にわたり、彼は米国五輪委員会（ＡＯＣ）とアマチュア競技連合（ＡＡＵ）の役員たちと連絡を取り合っていたがそこに鎮座していたのが御しがたい男、ジェイ・オブライエンだった。

ゴドフリー・デューイにとってオブライエンはサンモリッツ以来の知り合いだった。1928年にデューイはレークプラシッド五輪誘致への協力要請の手紙をオブライエンに書き送ったがオブライエンはとくに乗り気ではなかった。彼は1928年来AAUのボブスレー・プログラムを個人的関心から引き受けていたし、1931年の世界選手権の米国チームの費用を自分のポケットマネーで全額支払っていた。彼にしてみればデューイにはあまり干渉されたくなかったのだ。

ふたりのライバル関係が最大の緊張局面を迎えたのは1930年2月だった。当月、国際ボブスレー・トボガン連盟（FIBT）はパリで会合を開いた。議題には、選手たちがうつ伏せではなく着座する姿勢でコースを滑る新しい乗り方やレークプラシッド五輪で使われるソリの仕様などが予定されていた。細かなことではあったがソリの幅や競技の滑走順を決める規則の制定など重要なテーマも多かった。デューイはもちろんそれらについての確固たる意見をもち自分の考えを会議に反映させたかったが、レークプラシッド組織委員会はFIBTにたいして何の権限もなかった。「投票権、発言権どころか出席する権利すらない」とデューイは不平を言った。「これは明らかに不公平だ」。そこで彼はAAUに圧力をかけ、オブライエンにこまかな命令を出した。デューイがとりわけこだわったのはレークプラシッド五輪ではスケルトン競技が単独ではおこなわれないことの確約だった。ボブスレーコース建設の費用を捻出するだけで手がいっぱいなのに、これ以上また別のコースをつくることなど彼にとっては論外だった。オブライエンにしてみればデューイの使い走りになるのはまっぴら御免だった。オブライエンは指示にしたがわなかった。それどころか無視を決めこんだ。実際、会議の前半に彼は出席しなかった。ボブスレーのソリの規格についてあれこれ議論するよりも他にいいことがパリにはいくらもあるだろうと考えたかのようだった。

事実を知ったデューイは激怒し、AOCやAAUにあてオブライエンが「公的な義務を無視して、指示された目的が成就しないように謀り」「連絡や断りもなく故意に会議を欠席」したうえに「悪だくみの一環として」「会議に出席して指示を実行したかのような印象を与える電報をAAUに送った」と書き、「失礼で卑劣な、信頼関係への計画的な裏切り」と断じた。彼はFIBTの会長にも書簡を送った。

「まず最初に、米国から派遣されたジェイ・オブライエン氏の許すべからざる不誠実につきお詫び申し上げます。彼はAAUから電報および信書により指示された命令事項を故意に無視し、何の断りもなく会議を欠席したのであります。今後、彼がこのようなかたちで米国を代表するのを認められることはございませんのでどうぞご安心ください」

デューイは自分の言葉を信じて疑わなかった。「AAUは疑いなく、あいつを代表の座から放逐するだろう」と側近にも語った。だが彼は間違っていた。AAUはオブライエンを放逐せずに五輪ボブスレー委員会の委員長に据えたのだった。

オブライエンとデューイの反目は決定的となった。デューイはしかし、ひとつのことを確信していた。1932年に米国初開催の五輪ボブスレー競技でどこの国のどのチームが金メダルの栄誉に輝こうともその歓喜の輪のなかにオブライエンはいない。そうはさせないためにデューイは全力を尽くす覚悟だった。オブライエンはオブライエンでもちろん別の考えがあった。米国ボブスレーチームを率いるだけでなく競技メンバーの一員にもなるつもりだった。すでに47歳になり、これが金メダルをとる最後のチャンスだと思った。彼の頭の中ではもうメンバーの人選ができていた。米国1のパイロットはビリー・フィスク。二番目にはグレイを起用し、自分はブレーカーをやる。この頃にはボブスレーは5人乗りから4人乗りになっていたので米国1の空席は残りひとつ。そこには屈強でスタートの走りでパワーを生み出す選手が欲しかった。それに重たくて、かつクールなのがいい。

オブライエンはその選手を知っていた。

C8

エディー・イーガンは1898年4月26日にデンバーで生まれた。米国がスペインに宣戦布告した翌日だった。父のジョンはアイルランド系米国人で大男だった。技師だったが乗っていた列車が脱線転覆する事故に遭い、幼い子供たちを残して死んだ。母のクララはエディーら5兄弟を女手ひとつで育てることになった。彼女はアルザス地方からの移民だったのでドイツ語とフランス語の両方が話せた。お金をもらって外国語を教え、生徒がいないときはよその家の洗濯物を洗った。エディーも幼くして、使い走りや床掃除や新聞売り、廃品回収などをやらされた。本人いわく「当時の生活は食糧のためのたたかいだった」。やがてクララは子供たちを引き連れてデンバーから新興のロングモントに引っ越すが、そこも彼らが移り住む頃には「農業以外には何も人口を支えるものがなくなっていた」。牧場で雑用をするようになったエディーだったが、あるとき皆を手荒に扱って権威を保っていたボスがひとりの小柄ながに股のカウボーイにものの見事に殴り倒されるのを目撃して感銘を受ける。そのカウボーイはトビンといい、賞金稼ぎのボクシングを昔少しやっていたという噂があった。「その動きの中に優雅さ、リズム、科学、音楽を見出した」エディーはトビンにボクシングを教えてくれとしつこくせがみ、根負けしたトビンはふたりで素手のトレーニングを始める。トビンはけっして拳を使わず、エディーの顔面を開いた手のひらで叩くのみだった。

1912年9月、ロングモントを去ってメキシコに向かうトビンは別れ際に馬上からエディーに最後の助言をする。「エディー、おまえはいい戦士だ。だがプロになるなよ。来年高校に進学したら書物に集中して頭を鍛えろ。プロになればカネはすぐ入るがすぐに出ていく。いつでも、たたかうのはただ楽しむだけのためにしろ」

エディーはトビンの教えを忠実に守った。トビンが去った後、スパーリングの相手は街に家族で引っ越してきたばかりの少年、アール・ライスになる。アールの家はエディーの家よりは暮らし向きがよく、アールの親はボクシングのグローブを2セット買ってくれた。ふたりは街の廃屋にジムを手作りでつくりあげて練習に励んだ。エディーが人生ではじめてたたかった相手もアールで、地元のチャリティー・イヴェントで3ラウンド制で試合をした。2ラウンドが終わった時点で疲労困憊してとても次のラウンドに立てそうになかったが突然エディーの脳裏にトビンの言葉が浮かぶ。「試合中に疲れたら相手も同じように疲れていると思え。相手に微笑みかけるんだ。そしたら相手はおまえがまだ余力十分だと思うだろう」。その通りにやったのが功を奏して試合に勝てた。サンドイッチやドーナッツやコーヒーを景品にもらったのがとても嬉しかった。

生活苦が続く中で地元の缶詰工場に職を得た。豆を缶詰にする会社で経営者は羽振りが良かったが労働者は低賃金にあえぎ、不満が高まり、労働組合を結成する動きがあり、経営側と緊張が高まった。エディーによると、あるとき現場監督がヘルニアで苦しんでいる労働者を突き飛ばした。その現場監督は暴力でその地位まで上がってきた札付きだった。エディーが歩み寄るが、現場監督はエディーが日頃からろくに仕事もしないでしょっちゅうシャドウ・ボクシングをしていると思っていた。先に手を出したのは監督で、エディーを叩き、平手打ちにした。エディーの左ストレートがさく裂し、監督は床に崩れ落ちた。「スリル感が体中をかけめぐった」と後年エディーは回想する。工場は解雇されたが噂が街中に広まった。

エディーが缶詰工場の事実上のチャンピオンとなると、当然のように街のもうひとりの自称チャンピオンから挑戦を受ける。その男はロングモントのもうひとつの大工場、製糖工場で働いていた。ふたつの工場から数百人の従業員があつまり、缶詰と砂糖にわかれて応援する。リングに上がると相手はエディーより頭ひとつ背が高く、体も一回り大きかった。３ラウンドでエディーのアッパーカットが相手の腑をとらえた。

この勝利はデンバー・ポスト紙に「イーガンは相手を完璧に打ちのめした」と報道されるが、ここからエディーの快進撃が始まった。やがて地域で当時最強とみなされたミバーグと対戦し、ポイントで勝つが、すぐさまミバークから再戦の申し込みを受ける。ちょうどその頃、エディーはデンバー大学の奨学金を勝ち取るべく勉学に励んでいたのですぐさま試合に応じるわけにはいかなかったが、戦うのを恐れていると新聞に書かれ、放ってはおけなくなった。

エディーはミバーグの地元、クリプルクリークに列車でむかう。困ったことにはクリプルクリークは標高が海抜3000メートルほどあり、列車をおりるやいなや、エディーは息切れがして頭痛が始まった。待ち受けていた関係者はすぐさまエディーを酒場に案内し、ビールをおごる。宿舎に指定されたのは消防署で、当番の消防士たちと一緒の大部屋だった。火事があり未明に起こされたエディーは、燃えているのが試合会場のオペラハウスなら少し睡眠時間が稼げると思ったが、そのような幸運には恵まれなかった。

街を歩くとどこへ行っても人々のささやき声が聞こえた。「ただの子供じゃないか。殺されるぞ」「試合にはならない。殺人事件だ」。鉱夫であるミバーグは1890年代のコロラド最後のゴールド・ラッシュのおりにクリプルクリークにやってきた大勢のなかのひとりであり、年齢はエディーより8歳上で体もエディーより大きかった。強力なパワーの持ち主で得意の戦術は相手が自分のライトフックの範囲内に入るのを待つことで、エディーもそのライトフックは「手りゅう弾なみの威力がある」と認めていた。

敵地での試合は孤独だった。5ラウンドの終了間際にはそのライトフックを食らってしまった。「坊や、最終ラウンドではやり返すんだぞ！」。意外な一声に励まされた。誰か知らないが、ここでも自分を応援してくれる人がいる。実は声の主はエディーに2－1で賭けていたのだった。フットワークをいかして動き回るのがエディーの型だったがもはや余力はなかった。最終ラウンド、エディーの左フックが相手のあごに当たる。試合が終わり、レフリーはエディーの手を高く上げた。

選手控室に知らない男が訪ねてきた。さっきの声の主でレニハンと名乗り、プロへの転向を勧め、自分がマネージャーになってもいいと言った。エディーは誘惑にかられた。ここで成功すれば、母の苦労も手仕事も終わりになり、弟たちもいい学校に行ける。さんざん迷ったが、最後は再びトビンの言葉を思いだして勧誘を断った。

1918年の地元の選手権大会ではミドル級とヘビー級にエントリーする。ヘビー級の決勝戦が始まる前に、対戦相手のマネージャーから相談を持ち掛けられた。選手の父親が入院先のベッドを抜け出して息子の試合を見にきているという。「きみならパンチ一発で済むだろうけど、そうはしないでもらいたいんだ」。息子がノックアウトされる光景を見せると父の心臓に悪いので配慮してもらいたいという訳だった。選手の父は実は5年前に死んでいたが青二才のエディーは話を真に受けた。1ラウンドでクリンチした時に相手から「情けにもろい馬鹿者」と呼ばれて騙されたと気づいたエディーは烈火のごとく怒り狂った。ポスト紙は記す。エディーは「山猫のようにたたかった」。相手の体重は90キログラムを超えていたが、彼はあっさりノックアウトで片付けた。

これ以降、エディーはヒーローとして定着する。ポスト紙は彼を「もっとも垢抜けしていて、デンバーが誇る最高のスポーツマンのひとり」と持ち上げ、ボクシングについての連載記事の執筆を依頼した。読者にあててエディーは記す。「ボクシング人生の法則は労働の法則です。怠惰や放蕩や快楽の法則ではなく、ただ単に労働の法則です」。毎朝8キロメートル走り、午後はジムでスパーリングに励む。

同年の初夏、赤十字のチャリティーのためのエキシビジョン・マッチがあり、エディーはジャック・デンプシーと対戦する。やがてはヘビー級で史上最強のボクサーのひとりとみなされるようになるデンプシーだが、この頃はまだ有望な若手選手に過ぎなかった。デンバーの満員の会場でおこなわれた試合の最中に友情が芽生え、最後の3ラウンドはデンプシーが気遣い、エディーのジャブを黙認してくれた。試合終了後の控室でデンプシーがエディーに言った。「おまえはボクシングのやり方を知っているし、いいプロになれるけど、大学生なんだってな。それにこだわることだな。おまえのようなチャンスがおれにもあったらよかった。プロはもらえるカネは少しで、浴びるパンチは沢山だ」

この後、エディーは大学を中退して陸軍に入るが、砲兵学校を終えるころには戦争もとうに終わっており、まもなく除隊となる。軍隊生活は短かったが、そこでイェール大学で学んだ数名と知り合いになり、彼らの語るニューヘイブンの生活の模様に少年時代の夢を思い出し、イェール大学に志願書を提出する。最初は「ラテン語が弱すぎる」とはねられたが文武両道に理解のありそうな教官をどうにか説き伏せ、入学を認めてもらう。

イェールに入ると周囲の学生たちからまったく浮いていた。彼が粗野で多弁であるのに対して級友たちは頑なで抑制的だった。スーツを買えず、新入生の1学期は陸軍のときの制服で過ごした。肩のバッジを見せびらかしたいのだと周囲から思われたが、貧乏でスーツを買えないとは言いたくなかった。地元のYMCAでインストラクターの仕事を得て、そこの片隅で寝泊まりした。学業とボクシングの両立をなんとか軌道に乗せた。

1919年4月、彼は全米アマチュア選手権大会への出場を決意する。イェール大学代表と称するのは嫌だったので以前いたデンバー競技者倶楽部のメンバーとしてエントリーした。試合会場のボストンまで鉄道運賃を節約し、セコンドもサポートもなしで臨んだ。ライトヘビー級とヘビー級のふたつに申し込んだので、2日間のうちに4ラウンド制の試合を都合7試合たたかうことになった。このころには彼は自分の型を持っており、賢く抜け目なく、フットワークの良さを存分に生かしたし、攻めるのが好きでいつも前に出て、自分より大きい相手のリーチの範囲内でたたかおうとした。守勢に立ったときは彼自身はけっして認めないがコロラド時代に身につけたいくつかの汚いトリックを時々使った。ライトヘビー級の準決勝では、そのために判定負けになった。クリンチで相手に体をあずけてリングの外に追いやったのだ。デンバー・ポスト紙でさえ彼が「完全に負けた」と報じたが、彼は心中で自分が勝ったと思った。

ヘビー級の決勝は同日の夜だった。相手はニューヨークの警察官だった。取り巻きのセコンド連中が試合開始時間を予定よりも早くなるように仕向け、エディーは前の試合からの疲労を引きずったままリングに上がることになる。相手の息が酒臭く、ウイスキーを飲んでいるなと思った。相手の長い腕の届く範囲に入り込み、腹を執拗に攻める。クリンチになったときにエディーはささやいた。「おれは勝たなくちゃいけないんだ。聞こえるかい？おれは勝つんだ」。結果は判定勝ちだった。イェールに凱旋するときは、目は膨れてほとんど閉じたようになり、眉のあたりと唇はともに切れ、鼻はつぶれていたが、米国アマチュア王者になったニュースは瞬く間に広がり、エディーは一年生にしてキャンパスのヒーローになる。

この勝利により、エディーは翌月フランスに遠征する米国チームに招待で入れてもらう。パリのパレ・ド・グラスで開催された仏米ボクシングの夕べで腹一杯に舌平目、海老、牡蠣をたいらげたところで、同夜のミドル級の試合にひとつ空きがあるが出てみるかと言われた。試合に勝つには勝ったが、もっと真面目に練習に取り組まなくてはいけないと痛感した。早速カルチェ・ラタンの道を黙々と走っていると、「どの窓にも女性の顔が見え」ており、通りすがりに彼女たちから声をかけられた。「シェリ・ウアレヴ・レステイスィ（ねえ、どこに行くの、寄っててらっしゃいよ）」

1920年の春、彼は全米選手権のタイトルを失う。ヘビー級で判定負けしたのだ。ライトヘビー級の決勝でも同じようにジャック・バークに敗れる。ニューヨーク・タイムズはエディーが「イェールの名高いブルドッグ魂で」たたかったと認めた。バークをほとんど負かしていたが、バークには右のアッパーカットがあった。エディーは言う。「床からパチンコで飛ばされてきた岩石みたいだった」。なんとか耐えしのいだものの結果は判定負けだった。

この一年間でエディーは変わった。いまや誇り高きイェールの学生だった。全米選手権には友人のサム・プライオーが同行したが、彼は裕福な青年であり、後にパンナムの副社長になる。バークと対戦する日の午前、ふたりはボストン公共図書館に行ってジョン・シンガー・サージェントの壁画について勉強した。エディーは実際、負けてよかったと思った。「そのおかげでイェールに来た本来の目的を実現する方向に軌道修正できた」。イースター試験では優秀な成績を収めた。

同年の7月、エディーはリングに戻る。翌月のアントワープ五輪にむけた代表選考会のためにニューヨークに赴く。春にボストンの全米選手権で喫した2敗のリベンジをしたかったがバークはすでにプロに転向しており、五輪参加資格がなかった。エディー自身も何度もプロ転向の誘惑にかられたし、とりわけミドル級の世界王者をかけてダウドとたたかうなら1500ドルのギャラを保証すると言われたときはさんざん迷ったが、結局思いとどまった（そしてその決断が正しかったかどうか、後々なんども自問する）。カネのためにたたかうのでなければ、たたかうのは栄光のためだ。そしてもっとも輝かしい栄光は五輪のタイトルだろう。そう思ってエディーは覚悟を固めた。4試合を全勝してライトヘビー級の米国代表の座を射止める。

代表チームはプリンセス・マトイカ号で欧州に向かうが、この船はとんでもないポンコツで元が兵員輸送船だった。旅は悲惨で、劣悪な環境に選手たちの不満が噴出した。うだるように暑い船室に大勢が詰め込まれたうえに、船酔いが続出し、トレーニングの場がなく、誰もがコンディション調整に苦労したが、エディーは平気だった。デッキの片隅でもスパーリングはできるし、なんといっても子供の頃からもっとひどい環境を耐えしのいできたのだ。

五輪でタイトルを得るためには3試合を勝ち抜かなければならなかった。最初の試合は南アフリカ代表のホールドストックが相手で、互角の打ち合いが続いたが最終ラウンドでエディーの左フックが決まり、ノックアウト勝ちした。二戦目の相手は英国のハリー・フランクスで、賢くて素早い選手だった。攻めに出るエディーは自分がまるで闘牛士の赤い布に突進する牛のようだと思った。近づく度にフランクスは横にステップしてジャブを繰り出す。1ラウンドはエディーが1ポイント負けていた。

「おまえもタンゴを踊れることを見せてやれ」とエディーのコーチが言う。エディーは従った。前に左足を出す態勢をかえ、右足と右の拳を前面に出す。相手が戸惑う隙にアッパーカットを決める。結果は判定勝ち。試合終了後にフランクスがエディーに言う。「おまえがどっちで行くのか決めていたら、おれももっとやれたんだがなあ」

一般に、乱暴者とボクサーは違うとよく言われる。乱暴者は攻撃性と本能に頼り、ボクサーには技術が必須だ。エディーは両方を兼ね備えていた。コロラドの少年時代に攻撃性を育み、後に技術を会得した。ホールドストックを力で破り、フランクスには知恵でかわしたのだ。

決勝の前日は王立美術館に行ってルーベンスの絵画を鑑賞した。その夜は生まれて初めて羽毛のベッドで寝た。チームの喧騒を逃れてぐっすり眠れるように借りた部屋だった。決勝の相手はノルウェー代表でスヴェーレ・セルスダルといい、疲れを知らない巨人のようで、大理石から切り出されたような肉体の持ち主だった。最初の2ラウンドはエディーは慎重に行き、相手に攻めこませ、近づいてくるとブロックし、パンチを受け流した。3ラウンドでギアを変え、「体のなかのありったけの余力を総動員して」攻める。セルスダルのパンチを浴びたとしても気がつかないほどだった。終了のベルが鳴り、両者が抱擁する。好勝負だった。エディーは勝ち、五輪王者となる。

　近代五輪ではしばしば大会終了後のスランプが話題になる。莫大な時間とエネルギーと努力を費やして五輪に出場した後、選手たちは往々にして燃え尽きたような感覚にとらわれ、これからどうしたものか戸惑いを隠せなかったりする。エディーの人生はあまりにも濃くて充実していたので、そのような戸惑いとは無縁だったが、それでもいったんはリングから遠ざかろうと思った。大学に戻ってから学内ボクシング・チームのキャプテンになり、学級委員にも選ばれた。ニューヘイブンに来てから3年間の長い道のりだった。当初は一文無しで自分がここにいる価値があるかどうかも不安に思ったものだった。

　1921年夏、エディーは優秀な成績でイェールを卒業し、ハーバード・ロースクールに進む。学友3名と欧州に卒業旅行に出かけるが、友人たちは船客で、自分は船内でアルバイトをした。ノルウェー、スイス、スペインと回るなかでもっともエディーの印象に残ったのは英国のオックスフォードであり、ローズ奨学金（訳注　近年話題に上った著名な奨学生の一例として「ハーバード白熱教室」のマイケル・サンデル）に応募して是非ともそこで学びたいと思った。貨物船の一航海限りの甲板員の仕事をみつけて米国に戻ったエディーはニューヨークからハーバードに急いで取って返す。再びキャンパスでボクシングをやり、学内タイトルを獲得して、イェールとハーバードの両校の選手権大会を制する最初の人間となる。目標はあくまでもオックスフォード進学であり、ローズ奨学金の獲得だった。面接がデンバーであり、オックスフォード卒業生のグループからの意表をつく質問攻めにあう。数日後のデンバー・ポスト紙は記す。「ライトヘビー級ボクシングの世界アマチュア王者であり、運動競技と学問のデンバーのエースであるエディー・イーガンはコロラド州のローズ奨学金を授与された」

イェールがエディーにとって奇妙なところだったとすれば、オックスフォードはさらに進んで別世界だった。バルコニーに立って、道行く人にメガホンでT・S・エリオットの「荒地」を朗読する学友がいて、名をアクトンといった。アクトンら「芸術的な」連中の招待を受けて訪ねていくと、アクトンは手に花を持っていた。

「きみが来てくれておれたちは嬉しいよ」とアクトン。「百合をもって」

戸惑い気味のエディーがワンテンポ遅れて言う。

「それをおれはどうすればいいいんだろう?」

「なにも」とアクトン。「ただ見てごらん。きれいだろ?」

その場にいあわせた「芸術的な」連中のなかにはブライアン・ハワードという詩人もいた。エディーは記す。「彼は写真で見たバイロンみたいだった。ビロードのジャケット、開襟シャツに長髪だった」。ハワードにボクサーとしての武勇をほめられたので、エディーは自分のやったことはオックスフォードで詩の王者になるほどの栄光はないと丁寧に返し、冗談で特技を交換しないかと提案した。「きみがボクシングをやればいい。おれは詩を書くよ」。エディーは続ける。「白熱したたたかいのなかには詩があるんだ。たたかいのなかで感じたことをおれがもし書ければ叙事詩になる」。真剣そのもののハワードが聞き返す。「きみは本当にボクシングの物語詩を書くのか?」。まもなく英国茶を飲み終えたエディーは手に百合を持って暇乞いをした。翌日、ロンドンのある新聞の見出しに「ボクサーが詩人になる」とあり、エディーはとても心外だった。話が広まってデンバーにまで伝わると、「オックスフォードがボクサーを堕落させた」と騒がれるのではないかと心配だった。

結局のところ、エディーはアクトンやハワードたちを「風変わりな青年たち」だと思い、「彼らのような連中を長らく在学させる大学は米国にはきっとないだろう」と思った。オックスフォードのボクシング倶楽部の連中と一緒にいると気が休まった。五輪以降、ボクシングを振返ることはほとんどなかったが、ケンブリッジとの対抗戦に出てくれと頼まれると断る理由が見つからなかった。レベルがあまりにも違う相手とたたかうときにもっとも親切なやり方は、相手を素早く惨めさから解放してあげることだと思った。「ノックアウトが一番」とエディーは記す。オックスフォードの対ミリタリー・カレッジ戦では彼の親切がひときわ際立った。最初のラウンド開始から数秒で相手をノックアウトしたのだった。そのうちにメール紙のボクシング担当記者からロンドンで開催される英国アマチュア選手権に出場しないかと誘われた。その大会は誰にたいしても門戸を開けてあるのにいまだかつて米国人の優勝者はいないとのことだった。エディーにはそれで動機は十分だった。

観客の船乗りたちから「ヤンキーを殺しちまえ！」との野次が飛びかうなかでエディーは順調に勝ち進み、決勝戦は手こずったが、試合の途中で足の立ち位置を変える例のフェイントを用い、左フックで相手をカンバスに沈める。

エディーはいまや五輪王者に加えて英国王者だった。そして遠くない過去に米国王者だった。アマチュアのヘビー級では世界最強と言っても差し支えないだろう。当然のごとく以前にもましてプロ転向の誘いがかかり、とりわけ当時ドンと目されたプロモーターのテックス・リカードからのオファーは魅力的だった。リカードはすでにエディーの旧友デンプシーとフランスのカルペンティエールの試合を実現させており、それは世界初の百万ドルマッチだった。リカードは「ローズ奨学生」ボクサーをマディソン・スクエア・ガーデンの観客の前に披露すべく、そろばんを弾いていた。デイリー・メールは記す。「ローズ奨学生は大金を追い求めるのか？」。答えはノーだった。大金を追い求めるかわりに、オックスフォードに戻り、書物をひもといた。

やがて再び五輪の季節がめぐってきた。1924年夏季五輪の舞台はパリだった。五輪のタイトルを防衛しないかと言われ、エディーは期限ぎりぎりになって米国代表の一員に追加される。これは愚かな決断であり、後にエディーは悔やむ。準備不足だったうえに食中毒にやられ、一回戦で判定負けする。以前にあっさり打ち負かした相手に敗れたのだった。奇妙なことに、エディーはいかなるタイトルも防衛に成功したことがない。あまりに前を見ていて、新たな挑戦に心を奪われ、一度なしとげた偉業を繰り返すことには情熱を燃やせなかったのか？26歳時点のこの敗戦で、もう自分はプロには転向しないと決意する。

1925年の夏、エディーは願ってもない依頼を受ける。シカゴの実業家が息子ふたりの世界旅行に同行してほしいというのだった。司法試験は後回しでいいと思い、二つ返事で依頼を引き受けるが、英国を出る前にブライトンで旧友のデンプシーとエキシビジョン・マッチをおこなう。一通りパンチを応酬してからふたりで愚痴を言い合う。「おお、そうか」とデンプシー。「おれはおまえがうらやましいよ。おれは世界王者だけど世界旅行なんか行ったことないからな。目を見開いて強いやつらをさがしてくるんだな。でも、そいつらをおれに寄こすんじゃないぞ」

もちろん、エディーはボクシング・グローブを旅に持参するつもりだった。ボクシングは旅の途中で若者ふたりに教えるべき科目のひとつでもあった。だがエディーとしてはあわよくば旅先で何度か自分自身たたかってみたいとも思っていた。彼は日記に記す。「人は肉なしでは生きられない。戦士は喧嘩なしでは生きられない」

家庭教師であり引率者でもある世界旅行だったが、最初行ったイタリアのナポリでエディーはいきなり監獄送りとなる。ローマであった宝石強盗に関連して地元の警官から職務質問を受けたのだが、こともあろうに警官を殴り倒したのだった。米国領事館の助けでどうにか釈放してもらい早々とアフリカに向かうが、不運は続き、エジプトで重い食中毒にかかり入院を余儀なくされる。ナイロビではマラリアに罹患した。病が癒えて北ローデシアでは狩猟に挑む。ライオンやアンテロープは首尾よく仕留めたが、象を仕留め損なって平原を走って逃げた。象の大群に追われ、川に飛び込んで難をのがれた。

アフリカの次はインドだった。インドには有名なボクサーがいて、ボンベイやデリーなどインド各地でエキシビジョン・マッチをおこなうが、エディーには対戦相手よりも多種多彩な観客のほうが印象的だった。カルカッタではインドのヘビー級王者を負かした。ウダイプールのマハラジャはエディーの戦いぶりに感銘をうけ、エディーにボディーガードにならないかと言った。

オーストラリアでは強敵がシドニーで待ち構えていた。英国でのデンプシーとの対戦が当地では詳しく報道されていた。強敵の名はブランコートといい、1922年と23年のヘビー級全豪アマチュア王者だった。身長211センチ、体重114キロの巨漢だったが、エディーは持ち前の技術で相手をカンバスに沈めた。

次はサイゴン、香港と回り、いずれも地元のボクサーと一戦を交えたが、エディーがとりわけ心地よかったのはサイゴンでの勝利だった。相手はディオップといい、地元の商店主たちからみかじめ料を脅し取るヤクザだった。「よいたたかいをして乱暴者に教訓を与えることができるならば、それはたたかう動機のひとつになる」とエディーは記す。エディーに完膚なきまでに打ちのめされたディオップがボクシングからの引退を発表したと翌日の新聞は報じている。

そこからさらにマニラ、上海、北京、東京と旅を続け、太平洋を横断してブエノスアイレスに着き中南米を見て回った。1927年夏にロサンゼルスに入港した時点で世界旅行はほぼ2年になった。エディーは記す。「たいがいの若者がやりたいと願うことをすでにやってしまった。世界を探訪し、大洋をわたり、すべての土地で冒険もした」

ロサンゼルスから故郷のデンバーに向かい、母に再会した。母と会うのは5年ぶりだった。息子の元気な姿を見て母は喜んだ。息子は以前より頬が膨らみ、耳が厚くなり、鼻が中ほどで少しつぶれていたが母は息子が無事でいてくれさえすれば幸せだった。

旧友のタニーがデンプシーを破り、ヘビー級の世界王者になっていた。次のタイトル防衛戦では百万ドルを稼ぐという。大金に心が動き、エディーはまたしても昔からのジレンマに直面する。プロのボクサーになるべきかどうか。今度の助言者はタニーだった。頂点に登り詰めるまでの道のりの長さと苛酷さを説明してから言う。「もしおまえに他の才能が何もなければ、おれはプロ転向を勧めるばかりか、試合に出る便宜を図ってやってもいい。でも、おまえには法律の道があるじゃないか」

9月22日、シカゴでおこなわれたタニーのデンプシーとの再試合をエディーはリングサイドで観戦する。観客数は14万5千人で歴史に残る勝負だった。シカゴからの帰途、クリーブランドに立ち寄り、その夏につきあっていたペギー・コルゲートに会う。ふたりでアディロンダックの道をドライブし、10月1日にサラナックレイクで挙式する。当地にはコルゲート家の別荘があった。ペギーのきょうだいのギルバートとロバートはともにエディーと同じイェール・ボクシング・チームに属しており、父のシドニーはサミュエル・コルゲートの孫だった。シドニーはなおも化粧品会社を家族経営で続けていた。新聞はエディーたちが駆け落ちしたかのように報じたが、それは正しくはなく、彼らは結婚を仰々しく発表したくなかったのだった。ニューヨークの五番街の新居で暮らし始めてまもなく新聞記者たちの知るところとなった。

その後、生活は徐々に落ち着き始める。エディーは司法試験に合格して弁護士の人生を歩み始めた。仕事の都合がつけば時にはスパーリングもやった。最初の娘カロラインが1931年3月に生まれる。その頃、新たな冒険に踏み出したい気持ちが少しずつ芽生え、翌年の夏季五輪であらたなタイトルを獲得すべく再びリングに戻ることを考えていた矢先に電話が鳴った。

受話器を置いたエディーは妻のペギーに、旧友のジェイ・オブライエンと会って夕食を済ませてくると言い残してそそくさと出かけた。

「あの夜」とペギーは回想する。「エディーが急いで家に帰ってきて言ったの。〝あててごらん、なんだと思う?米国ボブスレーチームに入ったんだ、おれ〟。とてもおかしい感じがしたわ、ボブスレーなんて見たこともない人だったから」

C9

その冬のレークプラシッドは降雪が例年より遅れた。冬のはじめにいきなりドカ雪が降り、幸先がいいと思われたものの、12月がクリスマスになり、そして新年を迎え、次第に人々は不安な気持ちになった。翌朝起きたら窓の外は白一面かと期待したが毎朝、期待が裏切られるのだった。大地はまだ褐色と緑のまだら模様で、すっかり葉を落とした木々が立ち、上空には青空が広がり太陽が輝いていた。時折やってくる雲も雪を運んでくることはなく、雨を降らせるばかりだった。当地の誰もがこんな冬を経験したことがなかった。ニューヨーク州気象局は統計を取り始めてからの147年間で一番の暖冬だと発表した。

選手団が到着しはじめた。ニューヨークからハドソン峡谷まで列車、その先はオールバニまで川の船旅だった。レークプラシッド一番乗りはノルウェー選手団で日本がそれに続く。地元の人々は選手たちを歓迎した。大不況が深まり、多くの国は選手団の派遣を躊躇していた。英国選手団は総勢わずか4名で全員フィギュア・スケートの選手だった。アルゼンチンは派遣ゼロだった。苦戦を見越したゴドフリー・デューイは組織委のなかから特別使節団を選抜して、ヨーロッパに半年間も派遣して各国の五輪への熱気を盛り上げようとしたが、結果は芳しくなく、一部の国の五輪委員会からは経済が回復の兆しを見せるまで五輪開催を延期してはどうかとの声さえ聞かれた。

1931年秋、デューイはレークプラシッド倶楽部での人脈をつかい、北大西洋蒸気船会社には大西洋往復2割引き、ニューヨーク中央鉄道にはマンハッタンとレークプラシッドの往復を15ドルにするよう掛け合った。議会さえもが五輪の盛り上げに動員され、外国からの選手や役員たちには通常のビザ手続きや8ドルの入国税が免除されること、持ち込み荷物や装備品を無審査で通すことなどが矢継ぎ早に議決される。これらは驚くべき措置だったが、レークプラシッドで危険にさらされていた金額もまた驚くべき額だった。レークプラシッドは五輪への支出がかさみ、ルーズベルトと州議会からの50万ドルの提供をうけてもなお、半身不随も同然の状態になっていたのだ。ボブ・ラン建設に22万7000ドル、インドア・アリーナに22万ドル、スキー・ジャンプ台に5万ドル等々。「ちっぽけな村が米国の冬のスポーツの首都になろうとして賭けに出ている」とAP通信のエドワード・J・ニール記者。「あらゆる商人、あらゆる市民がなんらかのかたちでこの賭けにかかわっている」

1932年1月、街は準備を終える。デューイは記す。「街路は旗や有色のライト、常緑の小枝で色にあふれる。お祭りの装いだ。国旗はいたるところでたなびく。大規模ホテルやコテージ、個人住宅、商人宿までがまん幕に協力している。迫りくるものにむけて緊張した空気が漂う。夜明け前から列車、自動車、バス、航空機が大勢の乗客を吐き出し始めた。役員たちは事務所からスタジアムに急ぎ、最後の確認に余念がない。準備は万端だ」。ただひとつ彼らが準備できなかったもの、それは寒冷な天候だった。いや、それさえも対策は打った。組織委は実際、アディロンダックじゅうからトラック何台もの荷台に雪をかき集めてスキーのコースにまき散らした。この時点に至り、五輪延期も結局悪くない選択のように思われたが、今となっては遅かった。

ビリー・フィスクは1月6日にニューヨークに着く。英国からSSヨーロッパ号に乗ったが船賃は自腹だった。五輪準備に追われたデューイやレークプラシッドの住民にとってサンモリッツ以来の4年間は飛ぶように過ぎたが、若者の人生にとっては十分に長い時間だった。前回金メダルをとったときビリーは少年だった。いまでもまだ20歳だったが以前とは違っていた。前年の夏、トリニティ・カレッジで歴史学と経済学で学位を取得し、ケンブリッジ大学を卒業した。ビリーは自信に満ちていた。外国で暮らしたことで米国の見方が変わった。英国人の「ブルドッグ」魂を賞賛し、フランス人は「トップに立つとすぐうぬぼれる」ので「子ども」だと思った。それは「自給自足が英国の国民性の一部であるようにフランスの国民性の一部」だと思った。ニューヨークを嫌い、「疑いなく世界で最も物価が高く、カネを追い求めるだけの俗物が闊歩する。我慢できないやつら」と思った。奇妙なことに、ビリーを知る誰もが、ほんのわずかでもビリーが誰かの悪口を言ったことがないという。これは誰もが口をそろえるが皆間違っている。悪口はさんざん言った。人前では口にせず、日記に書きとめたのだ。ビリーは記す。「内向性は聡明な人間には自己完結のもととなり、愚か者には退屈の原因となる」

政治に関しては、ビリーは米国はもっとヨーロッパにたいして影響力を持つべきだと確信しており、ヨーロッパ各国は米国を「取り上げられるおもちゃをいくつも持つ弱い子供のように扱っている」と思った。米国は「スペインをヨーロッパの緩衝地帯に仕立てるべき」であり、「賢明な資本主義により12年やそこらで実現しうる」と考えた。父とは株の話もよくしており、父は息子がディロン・リード社に加わることを望んだが、息子には別の考えがあった。3年間の勉学で冒険がしたくなってもいた。

もっとも勉学といっても、講義や試験に毎日明け暮れていたわけではない。ベントレーで英国中を駆け回ることも多かった。学生は深夜には寮で眠っているべきものとされていたので、寮の見回りの「ブルドッグ」の目をしばしば盗まなくてはならなかった。困ったことにはビリーの豪華なベントレーはあまりにも目立った。とりわけ、ある「ブルドッグ」はロンドンに通じる道路のあい路にあたるメルボルンの小さな村で、ロンドンから帰ってくる学生をよく待ち伏せしていた。スーパーチャージャー付きのベントレーがここらでは一台しかいないことを「ブルドッグ」は知っており、ビリーはしょっちゅう捕まった。そこでビリーは一計を案じ、「ブルドッグ」が非番時によく姿を見せると聞いたパブに行って「犬」に会い、犬の鼻にかがせるジンとビールのカクテルをおごった。取り引きは成立し、以後ビリーが遅くなるときはグラモフォンのレコードを数枚買ってきて、この新しい友人に贈呈すればよいことになった。

門限を気にしなくてよくなったビリーはミルデンホールの王立ワーリントン・ゴルフコースで休日を過ごした。ゴルフの腕前はすぐれ、ハンディは4近くまで下がったが、レース走行のようにはしっくり来なかった。テンポが悪かった。友人のヘンリー・ロングハーストいわく、「怪物マシンで20分間時速100キロ超でぶっ飛ばしてここまでやってきて、どうして1・5メートルのパットであんなに苦しむんだろう？」。血中にアドレナリンがあふれかえっていたのか？ 英国アマチュア選手権大会出場も検討したが、実力が足りないと自分で判断した。ほかでは競馬場にもよく出かけた。賭けるのが好きで、「馬の尻を見極めるのが得意」と自認した。ロンドンの夜は舞踏に行くことが多かった。長い休暇の折には両親がいるパリに戻った。パリの夜は姉のペギーとふたりで吹奏楽団の演奏のある舞踏フロアに繰り出した。

この頃、ペギーはすでにジェニソン・ヒートンと結婚していた。ビリーはまだだった。酒とタバコはほどほどだった。「なにもかもほどほどに」とビリーは日記に記す。「バランスこそが良い生活のエッセンスだ」。ほどほどでないものも、もちろんあった。友だちのモーガンによるとビリーは「たいそう女好きだった」が、モーガンの言葉はたいそう控えめだと言わなくてはならない。ビリーにとって唯一のルールは、自分よりあまりにも背が高い女の子とデートするのはやめておくことだった。「ダンスに誘う前に女の子の身長をさっと測る名人になった」

とビリー自ら言った。

ビリーがニューヨークに着いた頃、オブライエンとグレイのふたりはすでにレークプラシッド入りしており、新人のエディー・イーガンも一緒だった。人物評価にかんして、ビリーは自分の直感を大事にした。「人の外見からうける第一印象が結果的にいつも正しいことに思い至るのだ」とビリーは記す。「賢い人間ならこのことを肝に銘じるべきであり、その後に関係が深まっても第一印象を忘れてしまってはいけない」。イーガンとはビリーは初対面から意気投合した。子供時代のふたりの境遇はこれ以上隔たりようがないほどに隔たっていたが、ふたりには強い絆があった。ふたりとも英国で教育をうけ、ふたりとも五輪王者でもあった。

イーガンは誰にもまして勇敢だった。ジャック・デムプシーと対戦したし、大物狩りもやった。だが、ビリーの操縦でマウント・ホーヴェンバークのコースをはじめて滑走したときの恐怖感はイーガンにとってはそれまでの人生で経験したものとはまったく別物だった。「あの滑走は」とイーガンは後に語る。「いつまでも記憶が鮮やかだ。たった2分ほどのことなのに10億年くらいに思えた。雪に覆われた大地がまるで映画みたいにどんどん過ぎ去り、おれは必死でつり革につかまった。手がすべったようだったが、それでもまだしがみついた。コーナーに来るたびに頭が右へ左へと振られた。とうとう、山のふもとまで来た。とうとう」。イーガンは滑走後、神経の昂りがおさまらず、じっとしているのは無理だった。その日は乗っていた4

人全員がソリの中にとどまり、トラクターの後部にソリを連結させて山上のスタート地点まで運んでもらう手筈だった。トラクターの運転手はクックという名の地元の農夫だった。「やつらのソリをスタート地点まで引っ張りあげるのがおれの仕事だった」と後日クックは語る。「そしたら、やつらのなかのひとりがソリのなかで立ち上がってシャドウ・ボクシングを始めたのさ。おれはトラクターを停めて、うしろに行き、座りな、と言った。そいつが口答えするものだから、もう一度座れと言って、必要とあらばおまえを殴り倒してやるぞとすごんで見せたんだ。そしたら、やっこさん、にっこり笑って大人しく座ったのさ。やつの仲間たちは皆ニヤニヤしてたな」。それから間もなくクックは自分が威圧した相手がボクシングの五輪王者だったと知って落ち着かなくなり、相手に詫びを入れることにした。イーガンはただ笑って済ませたが、ビリーが面白がり、しばらくの間、この件でイーガンをからかった。

いっぽう、ゴドフリー・デューイはビリーがけっして打ち解けることのない人物だった。ふたりはもちろん以前サンモリッツで会っていたが、ふたりとも別々の世界におり、ふたりの人生の道が交差することはなかった。しかし1932年、ビリーと仲間たちはレークプラシッド倶楽部、つまりデューイの牙城にいた。そこに滞在している間はデューイのルールに従うしかなかった。禁酒、禁煙、賭け事をしないこと、夜の10時半以降は音を立てないこと。最初から波乱含みだったが、デューイが「俗物」だとビリーが気づいてからはますますあやしくなった。俗物には我慢がならなかった。それに加えて、まったくの些事ではあるが、デューイの笑い声が甲高く、ビリーにはほとんどがまんの限界だった。それらを一切措くとしても、ビリーは直感でデューイは信頼できないと思った。そしてその直感は当たった。真実を言えば、デューイはビリー・フィスクに自分の牙城でやる五輪に来てほしくなかった。ジェイ・オブライエンもクリフォード・グレイも同様に招かれざる客だった。五輪への立候補を決めた日から「サンモリッツになしえたことはレークプラシッドにもできる」がデューイの信念であり、モットーだった。オブライエンたちは傲慢なよそ者であり、地元の栄華を盗みに来ている。デューイは過去2年にわたり、彼らを阻止する方策を企んでいた。

話は1930年にさかのぼる。前の章でも見たように、デューイはマウント・ヴァン・ホーヴェンバーク・ボブ・ランに多額の投資をしていた。そこを北米のボブスレーの中心基地にしたかったし、ボブ・ランをレークプラシッドの観光業の目玉商品にしたかった。ルーズベルトに頼み込んで建設資金を確保し、環境保護団体と掛け合って建設反対を取り下げてもらい、ユダヤの圧力団体の要求を呑んでコース運営の支障を取り除いた。結果的に当初に地元住民たちに提示していた額の4倍以上の建設費がかかり、五輪関連で最大の単一の出費となった。その中のたとえ1ドルの支出さえも彼はしっかり把握していた。そしてそのうえで、さらに莫大な費用をかけて宣伝広告に取り組んだ。パブリシティ専門の会社に依頼し5万ドルの予算を与えた。その会社はポスター1万5000枚、小冊子20万部、切手25万枚をヨーロッパに送った。すべて中身は新しいボブ・ランの告知だった。ニューヨーク・セントラル鉄道では9万枚のステッカーを乗客たちに配り、ニューヨーク、クリーブランド、ボストン、フィラデルフィア、モントリオールのデパートに営業マンを派遣して、ウィンドウ・ディスプレイのかたちでボブ・ランを広く知らしめた。アディロンダックの主要道路には青と白の道案内の広告看板が立った。「生涯またとないスリルはこの道で！」。これらすべての戦略のほかにもデューイにはまだひとつとっておきの決め手があった。五輪最大のイヴェントであるボブスレー4人乗りで地元のチームが優勝すること。金メダルはレークプラシッド及びその近郊の選手たちが取ること。地元に4人のヒーローが誕生すれば地元の投資への還元にもなるし、自分の新しい冬のスポーツ・リゾートの宣伝道具にもなるとデューイは考えた。

問題は、もちろん、1920年代後半の時点でボブスレー乗りとしていくらかでも経験を積んだ選手がレークプラシッドには誰ひとりとしていないことだった。古い米国のスタイルで雪の斜面をソリで滑り降りたことのある者はいたが、デューイ自身を除いて、サンモリッツのような本格的なトラックを滑ったことのある者は皆無だった。デューイには解決策があった。1929年にゼンツキー技師にレークプラシッドのまわりの土地の調査を依頼した折に、街のはずれのインターヴァルズというところに簡単な800メートルほどの長さのボブ・ランをつくるべく、図面を引いてもらった。

インターヴァルズは砂と木材を利用したカーブ7か所からなる練習用トラックに過ぎなかっ

たが、デューイは「米国初のボブ・ラン」と銘打った。目的が3つあり、ひとつはボブスレーの認知度と競技への関心を高めること。最初のソリ滑走の日から人々が詰めかけ、滑走を見たり、自ら滑ったりしたのでこれは成功だった。ふたつめはデューイが自ら設計した新しいソリの試験滑走をおこなうこと。後のひとつはこれが最も重要でもあるが、1932年の五輪参加をもくろむ地元チームの練習の場とすることだった。

目ぼしい選手はすぐ現れた。ポール、ヒューバート、レイモンド、カーティスからなるスティーブンス4兄弟。彼らは生粋のレークプラシッド出身であり、祖父母が1850年代のまさに当地の第1期の植民者だった。倶楽部がある側とは反対側になるミラー湖の対岸の丘の上でスティーブンス・ホテルを経営しており、皆スポーツマンだったがデューイの基準ではいささか乱暴だった。母が息子たちのソリ滑りの強引さに恐れをなして、兄弟4人が1台のソリに乗るのは駄目だときつく言った。いちどの事故で息子たち全員を失う事態はなんとしても避けたかったのだ。したがって兄弟4人で1チームを編成する可能性はなくなった。デューイがより期待したのは近くのサラナックレイクのヘンリー・〝ハンク〟・ホムバーガーだった。デューイの覚えが良く、ホムバーガーの若い友人がある奨学金を申請した際にはデューイ自ら便宜を図ってやったほどだった。ホムバーガーは正確にはブルーカラーではなかったが、ほかのどのボブスレー乗りたちよりもそれに近かった。彼はパーシー・ブライアントや花屋のエド・ホートンといったほかの地元連中と一緒に練習しており、時折スティーブンス家の長男のポールを入れて4人で組み、「サラナックレイクの赤い悪魔」と名乗った。

　ホムバーガーはすぐれたパイロットだった。１９３０年2月、インターヴァルズ・ランで米国とカナダにより北米初の国際ボブスレー大会が開催された時、最初は四番手で乗っていたがすぐにパイロットに抜擢される。同年12月の遅くにマウント・ヴァン・ホーヴェンバークのコースがオープンすると、彼は自分が当エリア随一のパイロットであることを証明してみせた。彼にはほかの誰にもない強みがあり、それは彼がボブ・ランをつくったことだった。ホムバーガーは職業が技師であり、デューイに雇われてコース建設の現場監督になった。当初はゼンツキーの下で働いたがゼンツキーがドイツに帰国すると、彼が責任者になった。工事期間中、彼は毎日コースを見て回り、夜はゼンツキーの図面を丹念に拾った。工事が完成するときには世界じゅうの他の誰よりも、設計図を書いた本人よりもコースを熟知し、どのカーブのどの地点も手に取るように分かり、もしこのコースの「完璧なライン」を誰かが知っているとすれば、それはハンク・ホムバーガーをおいてほかに考えられなかった。

　しかしながら、ジェイ・オブライエンはホムバーガーを歯牙にもかけなかった。ちっぽけな練習用コースで1年やそこら滑っただけの技師風情がサンモリッツで鍛えられたチームにとって真のライバルになり得るとは想像できなかった。１９３０年11月、マウント・ヴァン・ホーヴェンバークの工事が終わる頃、オブライエンはニューヨークにあるアマチュア競技連合（ＡＡＵ）の本部を訪ねる。ＡＡＵは米国五輪委員会（ＡＯＣ）と並び、五輪選手セレクションの任にあった。事務長のダン・フェリスがデューイの案をオブライエンに伝えてからオブライエンの意見を聞き、後にフェリスがデューイにオブライエンの反応を伝える。「外国勢に対抗できるようなチームをわれわれが当地で短期間のうちに準備できるという話を彼はたいそう疑問に思っていたよ。レース経験のあるパイロットとブレーカーをふたりずつサンモリッツから連れてくるしかないと彼は信じていたよ」。デューイは唇をかみ、辛辣に言い放つ。「少なくともふたり、もしくは3人の米国人が来たるべき冬のオリンピックに備えて当地のボブ・チームを鍛え上げる計画をしております」。ほかのおりにデューイはこうも付け加えた。「ジェイ・オブライエンが考えているほどには、われわれはサンモリッツ組に頼っておりません」

1か月後、デューイは態度を硬化させる。フェリスあての書簡で、FIBTにおけるオブライエンの米国代表としての地位に強い疑問を呈した。1930年2月のFIBT会議でのオブライエンの「甚だしい無礼」「意図的な無視」「明白な命令違反」をデューイはまたもや蒸し返したのだ。さらにそのうえで「もしサンモリッツのチームが第三回冬季五輪に米国を代表して出場したいのであれば、当地のオリンピック・ランにおいてその実力を示すことにより代表権を勝ち取らなくてはならない。このことを誤解の余地がまったくないほど明白にオブライエン氏にお伝え願いたい」と書いた。換言すれば、ビリー・フィスクが1928年の五輪で金メダルを取ったからといってビリーのチームが1932年の五輪にそのまま出られるとは限らない。デューイの考えるところでは、サンモリッツのコースの状態はマウント・ヴァン・ホーヴェンバークの近代的なランとはまったく違っているので、サンモリッツでの過去の実績は今度のセレクションでは考慮の対象にならないのだった。

彼の言い分は的を射たと言える。マウント・ヴァン・ホーヴェンバークは確かに違っていた。ゼンツキーは新しいタイプのランを設計したのだ。カーブの入口と出口の高低差がほかのどのトラックよりも大きくて勾配が急であり、カーブを回っている時でもソリが下方に落ちていくのだ。ヨーロッパのボブ・ランではその頃まではコーナーは水平につくられていた。この設計変更はマウント・ヴァン・ホーヴェンバークがそれまでに建設された中で疑いなく最速のランであることを意味する。

1931年2月7日、ついにグランド・オープニングの日がやってきた。こけら落としは第1回北米ボブスレー選手権大会だった。デューイはこの日のためにニューヨークから特別列車を仕立て、州の資金をコース建設費にまわす法案を議会に通すのに協力してくれた政治家たち50名あまりを招待した。デューイは二人乗り競技に自分自身、出場するつもりだった。彼はまだ自分がすぐれたパイロットになる希望を捨てていなかった。練習滑走のときにあるコーナーで転倒してくるぶしを骨折し、大会期間中はずっと足首にギブスをはめていた。彼の名誉のために付言するなら、彼はそれでも翌週の試合にはどうにか出場しようとした。疑いなく彼は勇敢だった。ただ、操縦技術がとてもともなわなかった。そこへ行くと、ホムバーガーはまさにエースだった。青と緋色の出で立ちの「赤い悪魔」は4回の滑走のいずれの回も首位を独走した。最終滑走は1分52秒で滑り終え、これはトラック・レコードであるばかりか、当日の前半彼ら自身が記録したタイムよりも4秒はやく、世界最高速度記録にもなった。サンモリッツであれどこであれ、この日のマウント・ヴァン・ホーヴェンバークでのホムバーガーよりも速く滑ったものはなかった。計時されたトップ・スピードは時速112キロメートルだった。二位とは8秒5の差がついた。どの競技でもこれは大差だが、ボブスレーでは1年間と言えるほどの時間差だった。ゴドフリー・デューイはついにヒーローに恵まれた。ホムバーガーは五輪の顔になる。顔写真を小冊子や看板広告に載せるのだ。

その年の12月、五輪の開幕の2か月前、ビリー・フィスクはSSヨーロッパ号の乗船券を予約した。旧友のジャック・ヒートンも一緒だった。オブライエンはふたりのそれぞれのソリをふたりと同じ船に乗せるように手配した。そうすれば持ち込み貨物同然で手元に置いておけるだろう。マウント・ヴァン・ホーヴェンバークのコースに合わせてつくられた新しいソリを出場者全員に提供するとデューイが約束したにもかかわらず、競技者たちの多くは、ビリーや当時の世界チャンピオンのヴェルナー・ツァーンがそうしたように、各自のソリを持参した。それより2年程前、デューイはツァーンにドイツからソリを数台送ってもらい、インターヴァルズのランでデューイがテストすることになった。テストの結果、ソリがブレーキをかけ続けることになる事実が判明する。それはコーナーでソリがコントロールできなくなり、ひどく下方に落ち込む恐れがあるからだった。そこでデューイは「以前とは根本的に異なる」ソリを企画する。彼言うところの「ランによりくっつき、最低限の横滑りで済み、これまでに乗ったどのボブよりもスムーズに操縦できる」ソリだったが、ツァーンはまったく意に介さなかった。ソリはそれほど問題ではない、とツァーンは言った。レースに勝つのは人間なのだから。

ビリーとジャック・ヒートンが船で大西洋を渡っていた頃、デューイはその人間の問題でも憂慮を深め、ＡＡＵの五輪ボブスレー委員会にあてて何通もの書簡を送った。会長はジェイ・オブライエンその人だったが、オブライエンは外し、ほかのメンバー、すなわちグスタヴァス・カービー、ダン・フェリス、フィリップ・フレミング少佐の各名にあてて書いた。「オブライエンが事実上、あの両名に米国チームのふたつの椅子を約束しているのは間違いありません。トライアウトに姿を見せるかどうかにかかわらず、です。であるならば、こちらは如才なく対応せねばなりません。３チームが選ばれるものの実際に試合に出られるのは２チームである事実を見落としてはなりません」

オブライエンは１９３２年1月上旬にレークプラシッドにやってきた。五輪広報部門は彼を歓迎し、プレス・リリースで「国際的に有名なポロ選手でありスポーツマン」である彼の到着を告知した。デューイはまたしても何通もの書簡をしたためるが今度はカービーを標的にする。カービーは１９２８年の米国五輪委員会のサンモリッツ派遣団にいたが１９３２年のボブスレー委員会の任にもあったのだ。デューイは訴える。「ジェイ・オブライエン自身が米国五輪代表の座をめぐり競い合っているボブ・チームの一員なのであります。この状況にほかの競技者たちが強い疑問を抱くのはごく自然であり、まったく正当な疑問であります。もしかりに問題の人物が実際に代表に選ばれるにふさわしいと仮定しても、これは明白な汚点であり、不適切きわまりない状況と言わねばなりません」。正論だった。またしても彼は的を射た。オブライエンは確かに人選をする立場にいながら自分自身が選ばれようとしている。しかしそれを言うなら、どうにかこうにかチームを編成して米国に金メダルと銀メダルをもたらした1928年のサンモリッツ五輪でもオブライエンは今回と同じ立場にいたし、デューイ自身がマウント・ヴァン・ホーヴェンバークの米国選手権大会等ではまったく同じことをしている。それら一切を棚に上げて、デューイはきっぱりと主張した。「より公平を期するために」カービーは五輪ボブスレー委員会会長としてのオブライエンを更迭すべきである、と。AAUの事務長のダン・フェリスがすでにレークプラシッド入りしてオブライエンと人選の仕事に取り掛かっていたが、デューイは「彼は事実上ボブスレーのことを何も知りません」と見くびり、オブライエンの今の立場は「選手の質の面からも、そして最も重要な米国五輪チームのモラルの面からも緊急かつ深刻な問題になっております」と結んだ。もちろん、彼の本音はホムバーガーたちの「赤い悪魔」やレークプラシッドの地元の選手たちを五輪に出場させたい一心だった。

　カービーの返事は「何もしない」の一言に集約された。だが、デューイはすでに戦いのひとつに勝っていた。米国五輪チームの選抜はマウント・ヴァン・ホーヴェンバークでの一連のプレ五輪大会の結果に基づくこととすると決まったのだ。無用な空騒ぎがあったものの五輪の選手選抜は結局、簡単な話だった。五輪に出場したいチームは1月15日と16日に実施されるトライアウトにおいてトップ2に入らなければならない。そうなると地元の選手たち、とりわけホムバーガーが俄然有利になる。彼らは1年やそこらの経験しかなかったかも知れないが、ほとんどはそこのトラックで滑っていた。他方、ビリーやオブライエンなどのよそ者はレークプラシッドのコースを滑ったことはおろか、見たことすらなかった。そしてビリー自身はここ数か月ほとんどまともな練習ができなかった。秋に足首を痛め、松葉杖が取れたのはつい最近だった。その怪我のために1931年のサンモリッツ世界選手権大会には出場できず、同大会で優勝したのはドイツのヴェルナー・ツァーンだった。実際、ビリーはかれこれ丸一年ソリに乗っておらず、勘がにぶり、マウント・ヴァン・ホーヴェンバークのコースをオブライエンをブレーカーとして2人乗りソリではじめて滑ったさいには、最初のコーナーであっさり転倒した。バンクをのぼっているときに横滑りを起こしてひっくり返り、ビリーとオブライエンは氷のうえに投げ出されてしまった。「これが」とホムバーガーは思った。「偉大なるビリー・フィスクだ」。

それにしても、この時期にデューイがボブスレー委員会の人事という些事にかくも血眼になり、多大な時間を費やしたのは常軌を逸しているようにも見える。彼の社会的立場を考えるとなおさらその感を深くする。彼はあきらかに奇怪な男だった。五輪が始まる6週間前の12月26日、父のメルヴィル・デューイがついに息を引き取った。朝食時に心臓発作を起こしたのだった。亡骸は火葬され、遺灰がレークプラシッド倶楽部のチャペルの地下室に最初の妻のものと並べて置かれた。父と決定的な距離をとっていたゴドフリーは喪に服する感情もわかず、父の死を知らされたその日には友人たちと誰が父の跡を継ぐのかについて議論していた。その地位をかけて、彼は義母と争うことになろう。評議員たちは1月24日に会議を開くことになった。ボブスレーのトライアウトの8日後だ。ふたつの重要な決定を他人の手にゆだねるのはデューイには我慢がならなかった。自分の思惑通りに事が運ぶように、決定のカギを握る人々に自分が影響を及ぼせるように、彼は四方八方手を尽くした。

次の2週間、ビリーとオブライエンは官僚的なお役所仕事の前にがんじがらめになった。いまだもってデューイの仕業とは決めつけられないが、それがデューイの目的にかなったのは間違いない。1月11日、たまたまレークプラシッド倶楽部のスポーツ・ディレクターでもあった五輪トライアウトの審査員ジョージ・W・マーチンが「練習滑走は書面で正式にエントリーしたチーム、選手に限定する」と発表した。言うまでもなくオブライエンが書類をきちんと整えているはずもなく、オブライエンがあわててそれらを準備している間、彼のチームは練習ができなかった。貴重な時間をロスしたかに思われたが彼らはついていた。週末のトライアウトの日、気温が高すぎてトラックは使える状態ではなかった。氷が足りなかった。そこでトライアウトは延期になり、1月28日と29日の両日の全米選手権大会が五輪トライアウトを兼ねることになる。ビリーと彼のチームにしてみれば、レース役員たちが認めてくれれば、にはなるが滑走練習がどうしても2週間は必要だった。いっぽう、五輪の最終エントリーが1月21日だったので、オブライエンたちの委員会にとっては全米選手権の前に15名の選手を選ぶことになった。トライアウトは五輪に出場する8名と控えにまわる選手を決めるのに使われることになる。

デューイが手の内を見せたのは（といってもまだ半分は隠していたが）、まさにこのときだった。グスタヴァス・カービーにあて5ページからなる書簡を送る。「米国ボブ・チームの人選という差し迫った重要な問題について、私は熟慮を重ねてまいりました」と彼は切り出す。「最高のボブ・パイロットたち全員と協議したところ、その結論が驚くべき全員一致を見たのであります。フィスク、オブライエン、グレイ、イーガン、彼らはチームに選抜されるべきではありません。先だっての彼らの滑走練習を見たすべてのパイロットの絶対的完全一致の判断によると、最終選抜チームに彼らが残るチャンスはわずかばかりもありません」。デューイによると、地元のパイロットのひとり（それが誰かは明かさない）はビリーたちがトライアウトでトップ3に入らないことに5000ドルを賭けると言い出した。当時の平均的な米国家庭の半年分の収入にあたったが、その5000ドルは難なく集まったという。「人々の心にサンモリッツでの輝かしい勝利の記憶が焼きついている名選手たちをトライアウトもせずに除外することが実行不可能であるのは、私も重々承知しております」と彼は続ける。「ビリー・フィスクがサンモリッツの激烈なたたかいで勝利をおさめたのは最大限の称賛に値します。当地での今度の大会で予想されるほどには激烈なたたかいではなかったにしても、です。しかしながら現在の状況はまったく以前とは異なっているのです」。確かに、5人乗りが4人乗りになり、うつ伏せ姿勢が座る姿勢になり、古いヨーロッパのソリがデューイの設計した新しいソリにとってかわられるかも知れなかった。速度と操縦の難易度も以前とは比較できないだろう。「最大の善意をもってしても、当地の経験を積んだパイロットの誰ひとりとして、今年のいかなる大会にも外部のものにチャンスがあるとは考えられないのです」。結論として彼は、第一にハンク・ホムバーガーを推す。「彼の世界記録を考えると何の説明も必要ないでしょう」。次にヒューバート・スティーブンス。「今日の世界で最速のボブとなるように洗練された際立った特質をすべて有する五輪仕様のボブを特注して、満を持しております」

危険にさらされているのはボブスレー競技のメダルだけではないともデューイは訴えた。国別最終メダル獲得表における米国の全体順位が問題だ。「北欧諸国のスキー競技における絶対的優位に鑑みれば、米国が第三回冬季五輪を制し得るかどうかはボブ競技でいかにポイントを稼ぐかにかかっていると痛切に感じるのであります」。「以上、大変な困惑のもととなる危険をおかしつつ、非常に率直に私見を述べる次第です。すべては新しき競技、ボブスレーへの私の深い関心と米国の勝利にむけていかなるかたちでも貢献したい私の望みから」

ボブスレー委員会は1月21日の朝に会合を開き、最終セレクションをすることにした。その日が期限ぎりぎりだった。会合が終わり次第、レークプラシッドに電報を打つ手筈になった。奇々怪々な最終書簡を提出してから、それは3日後になるが、ゴドフリー・デューイがオブライエンとビリーに最後の一撃を加えるには十分な時間があった。彼は再度、競技者であり、かつ選抜委員会の会長というオブライエンの「二重の立場」を非難し、「チーム全体のモラルに破滅的な影響をもたらす」とした。彼はさらにオブライエンのFIBT派遣員の資格を連盟規約の「セクション3のルール2」という細目を持ち出して問題視した。そこには「競技者は連盟のいかなる役務にも不適である」とあった。だからオブライエンは即刻役職を降りなくてはならない。ビリーに関しては、ビリーがオブライエン、グレイ、イーガンと組むと言っているのを責めたてた。もしボブスレー委員会がビリーを選抜するのであればビリーの友人たちも一緒に選ばなくてはならなくなるだろう。ほかのパイロットたちは選抜委員会に何の異議も唱えず、混成チームでも快く受け入れるだろうに。「もしフィスクがほかのすべてのパイロットたちが示していると同じスポーツマン精神を見せるならば」とデューイは申し立てる。「可能な限り最強の米国代表を選抜する道が開かれるのだ」

この頃にはカービー、フェリスをはじめ役員のみんながデューイの干渉にはほとほと嫌気がさしていた。1月21日の正午、レークプラシッドにあて、五輪に選ばれた15名の選手の名前を記した電報が送られた。ホムバーガーの名があり、「赤い悪魔」のほかの3名も全員選ばれていた。スティーブンス兄弟3名も入った。ビリー、オブライエン、グレイ、イーガンの名前もあった。デューイは戦いに敗れたが、デューイはまだ戦いをやめたわけではなかった。

全米選手権大会は高気温のために再び延期となった。しかしながら今度は五輪が間近に迫っていたので2日間しか日程をずらすことができなかった。29日の金曜日、つまり全米選手権の2日前、ジェイ・オブライエンはアマチュア競技協会（ＡＡＡ）のアディロンダック支部長のラルフ・Ｊ・ウリという男の事務所に呼ばれた。ウリは全米選手権の受付登録を担当していた。「残念だが」とウリがオブライエンに言う。「選手権大会にきみのチームが出るのを禁止しなくてはならんのだ」

書類手続き上の問題だった。ウリが指摘するところでは、オブライエンたち4名はＡＡＵの遠征許可を取得していない。この許可書をもって選手役員は旅費その他の遠征費用をＡＡＵの負担とすることができる。日曜日の試合開始前にウリにたいして許可書を提示することができなければ、彼らは競技に参加できない。そしてそうなれば五輪における彼らのポジションは自動的に決まる。控えにまわるのだ。

表向きはデューイはこの一件に憤ってみせた。「このような不当な処分がまかり通るのはとても残念だ」とニューヨーク・タイムズに語り、すぐさまニューヨークのダン・フェリスに掛け合うそぶりを見せる。彼は煙幕を張った。自分の評判を常に気にかけていたし、だからこそ例の書簡で「実行不可能」という語を慎重に選んだのだ。ウリはデューイの古くからの友であり、レークプラシッドのスポーツ運営を長年ともに切り盛りしてきた仲だ。ウリの部下はジョージ・Ｗ・マーチンでレークプラシッド倶楽部のスポーツ・ディレクターだった。ボストン・ヘラルドはデューイの芝居にまったく取り合わなかった。「すべての動きの背後には」とヘラルド紙は報じる。「米国ボブ・チームをどう選ぶかをめぐって地元のボブスレー乗りたちが狼狽を重ねている証拠が見て取れる」。ウェストブルック・ペグラー記者もコラムの中で同意する。「これはブルーカラー（肉体労働者）とブルーブラッド（貴族）の過酷な階級闘争なのだ」。AP通信のエドワード・ニールは「ボブスレー乗りたちが街中でたたかいを続けている様子を地元民たちが興味深く嗅ぎまわっている」と報じた。実際、「いくらかはこの地域から出た最良のチームが選考過程で見落とされている」と感じる地元の選手たちとビリーのチームの間には怒りや敵意が感じられた。結局、遠征許可書の件は駆け引き以外のなにものでもなく、それは失敗に終わる。AAU事務長のダン・フェリスは「コップの中の嵐」と一蹴し、正式な書類を同夜のうちに手配すると発表した。

エドワード・ニールは先を読める男だった。AP電の締めくくりに、許可書の問題はじきに「街から吹き飛ばされて消えるだろう」が、レークプラシッドのデューイやオブライエンら全員はより大きな悩みを抱えることになろう、と書いた。「天候が直ちに急変するのでなければ、全米選手権を次の木曜日に迫る五輪開幕の前に挟み込める見込みはほとんどない」。彼の言う通りになった。だが原因は違った。待ったをかけたのは天候ではなく、ドイツとスイスのチームだった。米国は全米選手権を五輪に近接した日程で開催して他国を欺こうとしている、どうしても開催するなら他国チームの参加を認めるべきだとの言い分だった。デューイはそれなら参加登録費を払うように、と言った。デューイの言い草にうんざりしたドイツは、小さな文字で印刷されたＩＯＣの規約集の中からこれまでほとんど誰の目にもとまらなかったようなルールを引っ張り出してきた。そこには、五輪開始予定日の８日前からボブ・ランにおいていかなるレースも開催することはゆるされない、とあった。全米選手権は再び延期となる。今度は五輪後になるのだからトライアウトはなくなった。となると、五輪で出走する２チームの決定はオブライエンとその委員会メンバーたちにゆだねられることになる。彼らはビリーを最終の15人のなかに入れたときにすでに、デューイの強い反対にもかかわらず、ビリーを本番で出走させる意向を明らかにしていた。そして代表者としてオブライエンに最終決定権があった。彼は臆することなく自己の最大利益にしたがって行動する方針であり、トライアウトが三度延期されたからには、ビリー、オブライエン、グレイ、イーガンを米国１のソリに選抜するのは疑う余地がなかった。米国２はハンク・ホムバーガーの「赤い悪魔」であり、レークプラシッドのランでの実績からこちらも疑問の余地がなかった。

ＡＯＣに宛てた最終報告書でオブライエンは、選手の選抜は「非常に困難な仕事」だったが「委員会メンバー全員がスポーツの世界で豊富な経験をもっていたために、最終選抜においてたぐいまれな優れた判断を示すことができた」とした。「フレミング少佐、グスタヴァス・カービー、フェリスの各氏の〝揺るぎなき支持〟には心から感謝申し上げたい。〝揺るぎなき支持〟は単なる常套句ではなく、今回、実際に大変重要な役割を果たした。なぜならば、セレクションの過程において当委員会は、ボブスレー競技が何たるかを知らない外部の勢力からの数々の忠告や提案により、絶えず悩まされてきたからだ」

最終セレクションの決定がなされたとまさに同じ週、レークプラシッド倶楽部財団の14名の評議員が集まり、誰がメルヴィル・デューイの跡を継ぐかについて話し合った。協議の結果、最終選挙を五輪が終了してから十分な期間が経過する7月に実施することになり、それまでの間の暫定的な会長を選ぶこととした。ゴドフリー・デューイは候補者だったので退室し、残りの評議員たちが審議を継続した。ゴドフリー・デューイの義母にあたるエミリー・デューイがまずすぐに弾かれた。評議員たちは次にゴドフリー・デューイについて採決に移った。彼に賛成票を投じたのはわずか1名で、12名が反対だった。結局、一族以外の人物が選ばれた。デューイが倶楽部と街のためにやってきたことを思えばあまりにも恩知らずとも言えるが、彼の高飛車な態度がいかに同僚たちに不人気であったかの証左とも言えた。

再び敗北を喫したかたちになったが、彼はまだ望みを捨てない。後継者の最終決定は倶楽部の年次総会の開かれる7月だ。評議員たちの判断は彼には厳しいが、もし五輪が成功に終われば状況も変わってくるだろう。今一番欲しいものは、寒気団の到来だった。そして1月30日、ついにデューイはそれを手に入れる。朝起きると、外は吹雪だった。嵐が迫っていた。

C10

時速100キロメートルを超え、さらに加速しながら山を滑り降りる。フレームがきしみ、前後2対のランナーが氷を削る鋭く耳障りな音が発生するが風に流され、ソリに乗る4人の選手の耳には届かない。操縦輪を握るパイロットはやや前屈みの姿勢で、早朝の霧にもやった前方に目をこらす。3カーブ先までも意識しつつ、正しいラインに乗るようソリを操作する。ほとんど余裕はない。この速度ではコーナーが見えたと思ったら、即コーナーに入る。問題を感じたときはすでに手遅れだ。ソリがパイロットの思い通りに進み、後方の3人は金属フレームにつけた皮のストラップに必死につかまっている。パイロットのすぐ後ろの選手はなるべく直立するように座っている。全員に強いGがかかり、頭が足元に押さえつけられる。ソリが各コーナーの大きな白いバンクに入るたびに、練習した通りに身体をいっせいに傾ける。次から次へとカーブがやってくる。カーブはいつも数える。1、2、3、4、犬の足のようによじれたカーブで頭が左から右に振られる。続いて5、6、7、8、9。次はホワイトフェイス。圧倒的なヘアピンであり、高さ9メートルの雪の壁であり、トラック最大のカーブだ。最初の観覧席前を通過。そこから11、12、13、続いてクリフサイド、山の岩壁にむかってコースが上る。15、16、17、そして120メートルの直線。松の木が過ぎ去る。時速100キロ、105キロ、110キロ。エンジンなしでこれ以上速い乗り物はない。そしてシャディー。8・5メートルのほとんど垂直のバンクであり、くぼんだカーブであり、45メートルのうちにボブが160度ほどもスピンする可能性のあるところ。そのソリはまさにそこで事故を起こした。ソリが横滑りで上方にもっていかれ、壁に当たるほどになった。乗り手たちは皆内側に体をあずけ、パイロットは自分のラインにこだわり、前のランナーをまっすぐ前方にむけてソリを保持しようとした。間違いだった。時すでに遅かった。ソリはコース上方を飛び出し、丸1秒ほども宙を舞い、木の枝にぶつかり、谷あいの岩だらけの場所に突っ込んだ。

その時、エドワード・ニール記者はゴール・ラインに近い、コースのふもとにいてAP通信のために取材をしているところだった。レークプラシッドで1932年冬季五輪が開幕する2日前であり、ボブスレー乗りたちは街の格好の話題になった。特集記事のために彼自身が同乗滑走を体験した直後だった。この1週間新聞各紙のヘッドラインを独占し続けた奇妙な新しい競技、ボブスレーに編集長が注目し、記者に直の体験報告を書かせたら読者にうけるだろうと思ったのだった。地元出身で世界最速のボブ・パイロットのひとりでもあるヘンリー・〝ハンク〟・ホムバーガーが操縦役を務め、ニール記者は乗客だった。最初から最後までずっとブレーキをかけっぱなしでゆっくりと滑り降り、後でブレーカーが「銃を買っとけばよかった。コース途中でうさぎを見かけたけど、撃てば楽に命中させられたよ」と言ったほどだったが、ニール記者には十分すぎるほどの速さだった。「思い出すだけで生涯ずっと続くスリル」を味わい、たかぶった神経を鎮めるためにもらったコーヒーがカップからこぼれ出て靴に落ちるのを見て、ニール記者は自分の手が震えているのにはじめて気づいたという。

ニールたちが事故現場に急行すると、ソリの残骸が雪の斜面の高い松のそばに横たわっていた。雪は粉雪で、幹のまわりの雪が赤く染まっていた。ソリの外に投げ出された4人のうち3人は動かない。フリッツ・グラウ、ヘルムート・ホプマン、ルドルフ・クロッキー、アルベルト・ブレーメからなるドイツ2だった。ニールの脳裏に20分前のスタート地点の風景がよみがえる。次の滑走順だったグラウは不安げなニールに笑って握手をし、ニールがホムバーガーのソリに乗り込むと背中をぽんと叩いてくれたのだった。

救急車がコースに沿った道の上に停まるが現場までは90メートルあった。3人は完全に意識不明だった。ひとりクロッキーだけが意識があり、誰かにもたれかかれば歩くこともできた。彼はそもそもチームのマッサージ師を兼ねたメディカル・スタッフであり、ソリに乗るべき人間ではなく、たまたまチームのひとりが欠けていたので代役で乗ったのだ。ドイツチームのメンバーは他チームと同様、身を守るために皮のヘルメット、肘当て、膝当てなどの防具をつけていたがこの種の事故では役に立たなかった。パイロットのグラウは肩や腰を骨折し、内出血があり、皮膚裂傷、ひどい脳震盪が認められた。ブレーカーのブレーメは頭蓋骨骨折、脊椎の打撲、腕骨骨折。ホプマンはめちゃくちゃで、ふくらはぎの筋肉が右足から引き裂かれていた。ブレーメとグラウはこの後ほとんど1週間、小さな診療所で生死の境をさまようことになる。本当は設備の整った病院に搬送すべきだったが動かすのはあまりにも危険と医療スタッフが判断したのだ。

ボブ・トラックに残ったニール記者はそのような経過を知る由もなく、ただただ「突然訪れた死と破壊の情景」に恐れをなし、同じ運命が「わが身に降りかかるかもしれなかった」と思った。医療スタッフが救急車の扉を閉めると、ホムバーガーがニールに向き直り、ため息をついて言った。「ご覧の通りさ」

そこから1600メートルほど上の山頂で、電話が鳴った。けたたましいベルの音が冷気をつんざき、会話のざわめきや笑い声のなかに割って入る。ボブ・ランのスタート地点にある電話の受話器を係員が取り上げ、短い会話の後、係員は急いで赤旗を掲げた。スタートの順番を待っていた各国の選手たちが自国語で静かに話す。ドイツ語、イタリア語、フランス語、ルーマニア語で話が伝わる。

「転倒があった」

「グラウだって」

「シャディーのバンクを飛び出したんだ」

そして沈黙。言葉にならない息づかい。その週6度目の転倒だった。氷がツルツルでコースが速すぎた。リスクはあまりに大きい。皆それを知っていたが誰もあえて口にはしない。それは暗黙の了解だ。危険について議論はしない。それは以前からずっとあるし、いつも頭の中に入れている。

20分の後、再び電話が鳴る。救急車は去り、事故を起こしたソリはすでに片付けられた。赤旗が下ろされ、「トラック・クリアー！」に続き「位置について！」がコールされる。

次のクルーたちが各自、握手を交わす。厳粛な儀式であり、毎回繰り返されるものだ。ニール記者は記す。「彼らはあたかも互いに再び会えるとは思っていないかのように振舞う」。彼らは230キログラムほどの重さのソリを皆で持ちあげ、氷のコースの端まで運ぶ。パイロットと3番手が着席し、2番手と4番手がソリの両側に屈みこみ、ランニング・スタートに備える。続いて2番手と4番手がソリを前後に揺すり、かかとからつま先に重心を移動するとダッシュにうつる。ソリが動き出すと2対のランナーは氷に飛びかからんばかりだ。ソリはやがて弾丸となり、山の中のチューブを滑り降りる。

デイモン・ラニオンはそれを「自殺倶楽部」と呼んだ。メンバー数は52名だが、控え選手を入れると数はもっと多くなる。「結構な数だ」とラニオンは記す。「今回のセッションが終わる頃には大勢の価値ある若者たちがジョン・ブラウンの亡骸（訳注　19世紀の奴隷制度廃止運動家で絞首刑に処せられた。ヨドバシカメラのCMソングは「ジョン・ブラウンの亡骸」の替え歌）

の後を追っているかも知れないと思われるものだ。ブラウンの埋葬地も自殺倶楽部のたまり場、つまり当地のボブ・ランからそう遠くないことでもあるし」。だがレークプラシッドにはそのような該当者はいない。ビリーやオブライエンたちも自殺倶楽部からは程遠い。イタリアからはロッシ伯爵が参加していた。マルティニ&ロッシの富を継ぐ富豪であり、ニール記者によれば「そのベルモットはカクテル・アワーのあるところならどこでも有名だ」。ロッシはイタリアの全国パワーボート選手権の王者でもあった。ルーマニアからは曲芸飛行士のアレクサンドル・パパーニャ。航空ショーで演じる、目がくらむようなアクロバティック飛行で有名だった。ベルギーからはルイ・ヴァン・ヘーゲ。ACミランの花形ストライカーであり、1920年アントワープ五輪のサッカーでベルギーが優勝したときの金メダリストのひとりでもある。ドイツからはヴェルナー・ツァーン。第一次大戦の撃墜王のひとりであり、レッド・バロンことマンフレッド・フォン・リヒトホーフェンの僚機を務めたこともあった。ツァーンたちはゼンツキーがレークプラシッド滞在時に利用していたのと同じグレンウッド・インに宿をとった。宿の主の息子はツァーンたちの到着時の模様をはっきりと覚えていた。「とても印象的な光景」で、「長いオーバーコートを着た大男たちが一度にやってきて、おれの母親にお辞儀をして、ドイツ流のやり方でかかとを踏み鳴らし、母の手に接吻してからこう言ったんだ。〝ゼンツキー伯爵に敬意を表して〟」。バーバラ・タイレル・ケリー一家はスイス・チームを迎え入れた。スイス・チームのパイロットはレト・カパドルト（訳注　当時19歳でチューリッヒ大学の学生だった）といい、ラニオンによると「りりしい一寸法師」で「目元が笑い、黒髪があざやかだった」。この男は旅装を解いて幾日もしないうちに当家のゴッドマザー、ベティー・フードと懇ろになる。彼女は裕福な未亡人であり、その家族は1920年代から30年代にかけてタマニー・ホールを操っていた。カパドルトは報道陣に英語がしゃべれないと言ったが、それはインタビューに応じたくないからであり、少なくともベティーに言い寄る程度には英語がしゃべれたわけだ。ケリー家にはいまだに彼から彼女にむけた恋文の数々が保管されており、内容はエキゾチックで、一家のひとりによると「世界はわたしたちのためにあるようなものだ」。

自殺倶楽部がはじめて一堂に会したのは1月の最終日で、五輪開会式から4日前だった。ミラー湖がやっと凍結し、マウント・ヴァン・ホーヴェンバークの北側斜面ではボブ・ランの表面がより固く、より厚くなり、速くなった。1月のほとんど全期間を通してぬかるんでいたのが、いまやソリを遅くする雪の一片もなく、固く引き締まったまばゆいばかりの2400メートルの氷のコースができあがった。役員たちさえ怖さを感じ、氷が均一になり雪の層が表面をおおい、ランが使用可能になるまで少なくとも4日間の凍てつく天候が必要ではないかと議論した。しかし選手たちは午前午後の満足の行く練習ができた日がほとんどない一週間を経て、待つことにはうんざりしていた。米国の策略ではないかとの声も聞かれた。外国勢はランに慣れる機会を奪われていると感じたのだ。とりわけ、ドイツのヴェルナー・ツァーンとフリッツ

・グラウはそう感じた。デューイが「もっとも熱意のある競争の機会を与える」と言ったにもかかわらず、レークプラシッドに遅れて入った彼らはコースで練習滑走する機会がまだ一度もなかったのだ。

大会役員たちはただ単に4日間待つだけの余裕がなかったため、コース再開に同意した。観客の多さに役員たちは動揺した。全日滑走練習の初日、約6000人の観客が詰めかけたのだ。当日の直前になってもなおソリの滑走を認めるかどうか再考を要した。しかしボブスレー乗りたちは準備万端で、そわそわしていた。オブライエンはただ山頂付近で立って待っているだけのために当日の朝5時に起きたのではないと不平を言った。しかし役員たちに最終決定を促したのはドイツのツァーンだった。ツァーンは前年にサンモリッツで獲得した世界選手権大会でのタイトルに続けて五輪での金メダルを追加するためにレークプラシッドに来た。「われわれは勝つためにここに来た」と米国報道陣を前にニューヨークで下船直後に語ったツァーンは誇り高く、頑固一徹な人物だった。デューイに「勝つのはパイロットであり、ソリではない」と言ったのもツァーンだった。それは地元選手の経験不足への明らかな当てこすりでもあったがレークプラシッドに彼が持ち込んだソリのすごさを考えるといささか不誠実のそしりを免れない。それはフラムⅢと命名され、アムンゼンが南極探検に用いた船にちなみ、元のフラム号が南極の氷の上に浮くように設計されたのにたいしてツァーンのソリはランに浮くように設計されていた。ブルンスウィックで自ら営む製造会社の技師たちの協力を得てツァーン自身が作り上げたそのソリはそれまで誰もが見たことのないものだった。フラムⅢには流麗なカバーがつき、ノーズはパイロットの両足を覆うが弾丸状であり、ヒューバート・スティーブンスのソリが「今日の世界で最速のボブ」とのデューイの断言を冗談にしてしまうほどに斬新だった。1940年代後半から50年代にかけての空力デザインを先取りするフラムⅢは稲妻のように速く、ツァーンはそれをトラックに入れたくてうずうずしていた。そして今、役人どもが氷のコンディションが危険すぎると彼に忠告しようとしている。

ツァーンはあらゆるリスクを知り尽くしている。1928年の五輪では練習中の転倒事故でブレーカーのヴェルナー・シュローダーが死んだときに自分自身打ちひしがれて五輪本番の出走を取りやめた。だが彼はマンフレッド・フォン・リヒトホーフェンのフライング・サーカスの一員だった男なのだ。ボブスレーに1年の経験しかない民間の技師であるホムバーガーにコンディションへの対処ができて、世界王者である自分にはそれができないとみなすとは侮辱以外のなにものでもない。「われわれは子供のように扱われている」と彼は言う。「オリンピックを迎えてこのコースがかくも速いのならば、われわれはどうすべきなのか？米国人の優越性とやらも結局証明できないままに終わるのか？そいつらこそ、われわれが打ち破りたいものなのに」

議論が続けられている間、ビリー・フィスクは自分の考えを明かすこともなく、沈黙を保った。デューイがビリーのチーム編成をこそこそ妨害した事実を考えれば他の誰よりも気分を害する理由はあったが、ビリーはささいな口論に巻き込まれたくなかったのだ。しかし彼はコースがいかに危険で困難かもよく分かっていた。もし、彼がトライアウトのための練習の折に一度転倒していなかったら?議論の最後に彼は口を開き、妥協案を持ち出した。

「ヴェルナーさん」とビリー。

「当地のコースはわれわれがヨーロッパで滑っているのとはかなり違います。皆さん、僕の操縦で一度滑ってみてコースに慣れてはいかがでしょうか?」

「それはありがとう」とツァーン。

「しかし米国チームからわれわれが学ぶことは何もないのだよ」

ぞんざいそのものだが、それがツァーンだった。彼は傲慢な男であり、ビリーがどんなに善意であろうと、他人から恩を着せられることなど考えられなかったのだ。

「それではひとつだけ言わせてください」とビリーが続けた。

「シャディー・コーナーには時速110キロくらいで突っ込みます。パイロットは旋回中に1秒か2秒気を失います。出口近くでプレッシャーが緩むと意識は戻ります。でも、シャディーには早く入って、早く出ることをくれぐれもお忘れなく。そうすればジグザグにまっすぐ繋がります」

ツァーンは微笑んだ。

「ドイツには何の助けも要らないよ、フィスク君」

ドイツ・チームが早速フラムⅢをスタート地点に運んだ。メンバーがひとり欠けていた。3番手が病欠だった。代わりに滞在先の宿の息子のチャールズ・デバインを連れてきた。デバインは前年多少ボブスレーを経験しており、やがてはさらに経験を積むことになるし、実際1932年の米国選手権大会では優勝チームの一員となるが、ツァーンとのこの時の滑走を彼は生涯忘れない。「ツァーンは本当に頑固な男だった」と後年デバインは語る。「当時の世界王者だった事実をとても誇りにしていたんだ。最初の最初からコースを広く取ったし、全然手探りで行く感じじゃなかった。一度もブレーキを命じなかったしね」

怒りはスポーツ競技によっては適度の推進剤になるが、ボブスレーは違う。2010年の五輪王者、ホルコムが説明する。「最良のパイロットはスタート前はただそのへんに座っているだけさ。ストレスもなければパニックもない。そわそわ行ったり来たりしない。平静でリラックスしているものさ」。そしてそれから心のスイッチを入れなくてはならない。1932年はスプリント・スタートを始めた最初の五輪だった。当初は2番手と4番手のみのスプリントでありパイロットと3番手は着座だったが後に全員のスプリントとなる。スタートして怒濤の3秒間。全力で脚をまわし、ソリを押し、中に飛び込み、再び心のスイッチを切る。「スイッチを元に戻すんだ」とホルコムが言う。「落ち着け、3秒前の心の状態に戻すんだ。リラックスして、受け身になるんだ。なぜならそこにトラックがあるから」。Gと格闘してはならない。

それは無理だ。その代わりにGと共存するのだ。Gでソリを引き上げもすれば下ろしもする。ハンドルにずっと微妙な圧をかけ、こまかな調整を怠らない。完璧なラインを常に目指す。目前のコーナーだけを考えてはならない。それはあまりにも早くやってくる。そうではなく、さらにその先の展開を頭に入れる。ホルコムの忠告は現代のパイロットに向けられているが、着座スタートのパイロットでも冷静でいることの重要性は言うまでもない。

ツァーンは頭に血がのぼっていた。フラムⅢは雪を切り裂くように設計したがマウント・ヴァン・ホーヴェンバークには雪がなく、あるのは氷だけだ。デューイの設計したソリはランナーが長くて直線的でフレキシブルであり、ランナーの長さの分だけ氷の表面と接触するようにできていた。フラムⅢのブレードといえば、短くて弓形にカーブしており、氷と接触するのは真ん中の数センチだけだった。そのほうが摩擦が小さいから速いには速いが、同時にコントロールが効かない可能性も増大する。「あんなに荒れた滑走は経験したことがない」とデバイン。「最初の瞬間からもうこれはゴールできないと思ったんだ」

フラムⅢが滑走を始めると、アナウンサーが各地点でのスプリット・タイムを読み上げ、それはスピーカーを通して観覧席にも流された。クリフ・サイド通過時点では新記録。シャディーでも新記録を計時した。邪悪なシケインであるジグザグの手前では時速約120キロメートルが出ていた。ジグザグの最初のカーブに差し掛かるとフラムⅢの尾部が大きく揺れた。尾部が左右に振られ、後方の選手たちがバランスを崩しそうになる。ジグザグの後半のザグをツァーンが低く入ろうとすると、ソリは完全に上を向いた。「まっすぐ上がったんだ」とデバイン。「本当にまっすぐ上がって、梢よりも高く、空を飛行機みたいに飛んだんだ」。ソリは30メートルも宙を舞った。「着地の瞬間まで誰ひとりソリから振り落とされなかったのはすごいことだ」とデバインが振り返る。ソリは木にぶつかり全員がソリから放り出された。デバインは幸運だった。体重が135キロもある2番手のハインリッヒ・ロスネルの上に乗っかるかたちになった。「彼に救われたんだ。彼の巨体が衝撃をやわらげてくれたからね」。乗っかられたロスネルには青黒いあざができた。ツァーンは左腕を骨折した。

大会期間中、メイン・ストリートの高校の中に報道関係者のためのオフィスが特設され、ホールに置かれた細長いテーブルの上にタイプライターが並んでいた。そこでは放送設備を通して街で起こっていることをリアルタイムで聞けたし、若い女性たちが中心となったワイヤー・サービスもあった。マウント・ヴァン・ホーヴェンバークの事故の一報が読み上げられると記者たちは大挙してボブ・トラックに急行したが、ニール記者は違った。彼は山高帽を取り、ひとりレークプラシッド総合病院に向かった。どちらかというと、そこのほうが特ダネが拾えそうだという直感からだったが、それは当たりだった。当日の午後にデバインとブレーカーのハンス・メルホルンは医者から放免されたが、ツァーンはまだ手当を受けていた。ニール記者はなんとか彼に会おうとして病室の中に潜り込んだ。転倒事故のニュースはサンディエゴからシアトル、ボストンからビロクシーへと全米を駆け巡っており、ニール記者はインタビューに成功したただひとりの記者となる。メモ用紙に書きなぐったものを整理して配信した記事は「欧州のパイロットのエース格であり、米国チームにとって最も深刻な外国からの脅威」である選手がＡＰ通信の独占取材に応じた「転倒事故当事者の生々しい証言」だった。

「ジグザグ・ターンを突き破って33メートル近くも宙を舞ったのは私の競技人生の中で最高のスリルだった」。「ボブスレーを始めて20年になるが、これまで事故は5回やった。この競技にしてはけっして悪くはない。でもボブが飛行機になったのは初めてだ。死んで当然だった。人を33メートル放り投げて、そこから13メートル落として木や切り株や岩の茂みにぶつければ死んで当たり前だろう。猫に九生あり、の猫の気分だ」。「怪我は大したことはない。快方に向かい次第、ボブスレーに復帰するつもりだ。五輪期間にわれわれのチームがドイツにたいする責務を担えなくなる事実に比べれば取るに足りないことだ」。しばしの沈黙の後、ツァーンはこう続ける。「私のチームの誰もが一日も早く試合に復帰したがっている。この競技がそうさせるんだと思う。その何かをしっかりつかんで離さないし落とすこともない。少なくとも、自分がその何かに見離されて落とされるまでは」

いっぽう、山の上ではボブスレー競技が止まることはなかった。ツァーンの事故から2時間後に再開されたランは吹雪模様だった。ハンク・ホムバーガーとヒューバート・スティーブンスがそれぞれトップから滑った。トラックによく慣れている地元の選手でありながら、ふたりとも危なっかしい滑りになった。ふたりがレース役員に話したところでは、「何度も壁を乗り越えそうになった」し、「今の状態ではコースが速すぎた」。さらに抗議が続出した。たとえばオブライエンは地元レークプラシッドの連中が他チームの滑走練習の機会を奪うことでライバルを締め出そうとしている、その中には米国の他のチームも含まれていると言った。もし主催者側がいま他のチームの滑走練習を認めなければ、五輪での滑走がぶっつけ本番になるだろう、と。役員たちはしぶしぶその言い分を認め、各チーム1回ずつトップから滑走することを許可した。ブレーキを終始かけることが条件だった。条件付きでも一度も滑らないよりはマシだった。

全チームが滑走を終えると作業員たちがシャベルで雪をコース内に撒いた。ソリの速度を遅くして「事故の危険を最小化するため」だった。翌朝、つまり2月1日、山は報道陣で大賑わいだった。「目を見張る大ニュース」を予期してのことだったが、期待にたがわなかった。オーストリアの2人乗りがシャディーで転倒し、ふたりともトラックに投げ出された。パイロットはコースを転がり落ちたときの切り傷とすりむき傷だけで済んだが、ブレーカーのバプティスト・グデヌス伯爵はソリの下に巻き込まれて足を捻挫したようだった。伯爵の怪我も軽傷で済んだようだ。報道陣が見守る中、彼は治療を拒んだ。ニューヨーク・タイムズのダレイ記者によると「医師の姿を認めるやいなや、伯爵は夏季五輪の200メートル走で優勝したいかのように全力で駆け出し、見事に医師団から逃げおおせてしまった」。事故はもちろんこれだけにはとどまらない。カパドルトが操縦するスイス4人乗りのボブはコース途中でアクスルが折れた。カパドルトが最後まで操縦できたのは「奇跡的」とダレイ記者が記す。「運命のいたずらにより、折れたアクスルはソリ下部の支持本体にからまったままで、破損が発見されたのはゴール後だった。ベテランのボブスレー乗りたちは破損箇所を見て蒼ざめているし、スイス・チームが破滅的な事態に陥ることなくどうやってゴールできたのか考えられないと言っている」

二日間で2回の転倒の後、デューイはジレンマに直面する。彼は人々にボブスレーが「生涯またとないスリル」を提供すると約束した。その意味ではランは当たりだった。だが同時に彼は、ボブスレーを大衆参加型のスポーツとして確立する考えだった。冬のスポーツリゾートとしてのレークプラシッドの将来はボブ・ランがカギを握るという信念はまったく揺るぎなかった。五輪が「より大きく永続的な」遺産となり、ボブスレーを支える「広汎な土台」になってほしかった。彼はまさにその前提でトラックを売り出したのだった。五輪が終わればすぐに小中学生や新人のための競技会を始めるつもりでもあった。自分の娘のカサリンにボブスレーを始めないかと誘ってもいた。

ＡｆＰＡとの論争の最中に、デューイの反対派は「いかなる程度であれ、ボブスレーが人気を獲得する見込みはきわめて低い」と主張した。法廷の場でＡｆＰＡの代表者は大見得を切った。「一体どこの誰が、まともな訓練も受けずに、270キロもの重さのソリで、時速90キロメートルを超える速度で、1600メートル以上の曲がりくねったコースに挑むというのでしょう? 答えは明白です。誰もいません」。いまや、ＡｆＰＡの言い分が正しいような様相を呈してきた。トラックがあまりにも危険だった。

転倒事故が相次いだために、デューイは観客向けのチケットは難なく売ることができた。「選手たちに打撲や擦過傷あるいはそれ以上の怪我が見込まれる事実が観客のなかの猛禽類的な本能を大いに刺激した」とウェストブルック・ペグラーは記す。ボブスレーはいまや「五輪のほかのどの競技よりも多くの入場者数が見込まれ、ホテルの入りも期待がもてた」。だが誰もボブスレーに乗るチケットを買おうとはしなかった。そこでデューイは事態の改善に乗り出す。作業員たちにコースにさらに雪を積ませて滑走を遅くし、練習滑走の回数を制限して転倒を減らしたのだ。競技者たちをデューイが気遣ったわけではさらさらない。彼が記したところでは「転倒はたいへん残念だが、こういう事故の主な責任はパイロットにある。ボブにしろ、ラン自体にしろ助言を聞こうとしないから事故が起こるのだ」。彼が憂慮したのはランのイメージだった。「転倒事故が世間の耳目を集めた」とペグラーは記す。「ソリで小山を滑り降りることで子供時代の楽しかった気分を取り戻したいと思っている潜在顧客たちにボブ・ランが悪い印象を植えつけることを、レークプラシッドのビジネスマンたちは恐れている。彼らは多額の投資を危険にさらしているのだ」

デューイはまた４個の砂袋をソリに乗せてコースに送り出すという珍妙な案を思いついた。

報道陣に見せてランの安全性を証明したかったのだ。悪いのはパイロットでありランではない、と。ペグラーの記事によると砂袋はそれぞれ「イーニー、ミーニー、マイニー、モー」と名付けられた。ペグラー独特の辛辣さで「最後の砂袋の名前には異論が出て、北欧風の名前に改名すべきとの意見が寄せられた」とも書かれている。砂袋チームはランを難なく滑り降りた。ペグラーは記す。「五輪にやってきたボブスレー乗りたちにとって、これは不快極まりない出来事だった。まるで砂袋の〝技能〟と〝知性〟でボブスレーは十分対応できると示唆しているようなものだったから」

侮辱されたと思ったボブスレー乗りたちは公然と反抗する。かねてから沸点寸前だったオブライエンとデューイの互いへの怒りはとうとう沸騰した。オブライエンは他の選手たちの要望を聞いてまわったうえで、要求事項をデューイに突き付ける。ひとつ、コースの運営は国際競技連盟（ＩＦ）から派遣された２名の役員に委ねること。ふたつ、各チームは毎朝最低２回の滑走練習をゆるされること。要求が通らなければストライキに移行するとの脅しの前にデューイは折れるしかなかった。ボブスレー乗りたちの面目が保たれ、ランはより安全になることもより遅くなることもなかった。

その代わりに、デューイは報道陣を味方にすることに全力を注いだ。そこでニール記者を翌日ホムバーガーのソリに乗せることにしたのだが、結果は裏目に出た。ニール記者はこともあろうに今回最悪の事故になるグラウのシャディー逸脱事故の生々しい現場報告を書くことになったのだ。たった3日間の滑走練習で6人の男、全員ドイツ人、が病院送りになった。そのうちのふたり、グラウとブレーメは危篤状態だった。X線検査の結果、グラウは背中の脊椎2か所の骨折が判明した。ブレーメについては怪我があまりにも深刻で医師団は診断結果を公表することを拒んだ。頭蓋骨骨折は間違いなかった。ニューヨーク・タイムズが「彼の名は危篤者リストの中にある」と報じた。

ドイツはチームのほぼ半数を失い、五輪はまだ開幕すらしていなかった。彼らはIOCに掛け合い、選手をあらたに追加する特別許可をもらった。そこで自殺倶楽部のメンバーがその分増えたが、新入りのひとり「シャンパン王」ことヴァルター・フォン・ムーム男爵はまさしく自殺倶楽部の称号がふさわしい人物だったと言えるかもしれない。胸に4つの傷があり、いずれも弾丸によるものだった。最初のふたつは愛人からの別れの贈り物であり、彼が関係を清算しようと言った折に愛人が銃の引き金をひいたものだった。もうひとつは東部戦線での戦闘によるもので、最後のは最近の出来事で傷がまだ治り始めたばかりだった。ムームの友人たちが好んで言うところでは、彼が財産を大きく減らした4回それぞれにひとつずつの傷が対応している。最初のは戦時中にフランスが彼の家族のワイン畑を接収したこと。2回目はドイツ経済の崩壊で彼の投資が水泡と化したこと。3回目は禁酒法でムーム・ブランドの米国進出の試みが大失敗に終わったこと。そして4回目は彼の最後のなけなしの財産がウォール・ストリートの株の大暴落で消えたこと。1930年の時点で彼は寄宿舎に住んで月10ドルの家賃を払い、株の仲買人として働いていた。自分自身の境遇にひどく落ち込み自ら心臓を撃ち抜こうとしたが外れた。それが1931年10月のことで五輪の4か月前だった。レークプラシッドにはどうにか立ち直るべく、心機一転やってきた。ムームはボブスレー乗りというよりは飛行士で気球のレースに出た経験があった。しかしボブスレーも少しやったことがあったので母国からお呼びがかかり、喜んで駆けつけた次第だった。一緒に3人の仲間を引き連れてきたが、いずれもボブスレーの経験は皆無だった。ひとりは男爵で、もうひとりはビスマルクという男、ほかのひとりはニューヨークのドイツ領事でゲオルグ・ギスリングといい、ナチ党の党員証を持っていた。自殺倶楽部で彼が唯一のナチ党関係者というわけではなく、スイス・チームのパイロットのルネ・フォンジャレスもスイスにおけるナチ党宣伝団体の一員だった。

そのフォンジャレスが次の転倒事故の当事者になる。従弟のグスタフをブレーカーにして2人乗りで滑走中、ホワイトフェイスで転覆し、フォンジャレスはバンクの底で仰向けになったまま5分間意識不明になった。さらに事故は続き、シャディーの頂で転倒したカパドルトはバンク上部の長さ3メートルの氷のスラブをぶち壊した。こうなると、どうやらデューイが22万7千ドルをかけて死の罠を作り上げたような雰囲気が漂い始めた。ニール記者が記す。「要するに、ほかの競技の数百人の真剣な選手たちを押しのけて、ボブスレー乗りたちが人気をかっさらった訳だ。それはボブスレーの世界の非常に危険なカーブへの息が止まるほどの激突のせいだ。五輪の間、このスリルと恐怖が続くならば彼らは注目を浴び続けることになる。ほんの数週間前までほとんど知られていなかったボブ・ランニングが全五輪競技の中でもっともスリルあふれる王者的存在になった」

五輪は2月4日に開幕し、フランクリン・ルーズベルトが開会式でスピーチをすることになる。フーバー大統領が招待を断ったのだ。ルーズベルトは総合病院にツァーンを見舞った。「ルーズベルトさん」とツァーン。「片腕が骨折したままでも私はレースに出ますよ」ルーズベルトが報道陣に語る。「素晴らしい。ツァーンとやらは勇ましい野郎だ」「これだけ多数の競技者を病院送りにした」トラックを自分でも滑ってみたいと言ったツァーンの妻のエレノアはルーズベルトの印象にそれほど残らなかったようだ。デューイは良い宣伝になると思い、早速、彼女を乗せてホムバーガーの操縦でコースの最後の800メートルを滑らせるよう手配した。夫ツァーンの「心配ぶりがあまりに明らか」だったのでブレーキをずっとかけ続けさせることにした。

開会式の前日、ニール記者が五輪プレビューをしたためた。「雪と氷はふんだんにあふれ、水銀柱は公式のも非公式のも摂氏ゼロ付近に下がっている。通りには国旗がずらりと掲げられ、五輪用のユニフォーム姿でやってきた各国選手団で活気づいており、側道を地元民たちが馬やソリで行き交っている。経済的に明るい見通しが立っているにもかかわらず、ひとつだけ暗い側面がある。レークプラシッドの病院にはマウント・ヴァン・ホーヴェンバークの五輪用ボブ・ランでのふたつの残酷な事故の被害者たちが入院しており、その中には米国の優位を脅かした外国代表エースもいる。昨日の事故で一連のボブスレー大破事故はクライマックスに達し、ヨーロッパの雪のコースに合わせて設計された外国のソリを当地の五輪施設の稲妻のように速い氷のコースで使うことの是非に議論の焦点が移った。二人乗り21チーム、四人乗り15チームのほとんどのチームも滑走時に一度や二度の事故を起こしており、米国のエースであるホムバーガーと彼のライバルのスティーブンスだけが無事故という有様だ」

ビリーに関して言えば、誰も彼に大きなチャンスがあるとは思わなかった。4年前のサンモリッツでの偉業にもかかわらず、金メダルをとれるあたりにくると思わせるような滑りをレークプラシッドのトラックではまだ一度も見せていなかったのだ。世界王者のツァーンが欠場となっては金メダルはホムバーガーで決まりという意見で誰もが一致した。

C11

2月4日の木曜日は好天で寒い朝を迎えた。大概の人々は早起きし、なかには眠らなかった人たちもいた。作業員たちは夜通し開会式の準備に追われ、国旗を直したりスタジアム観覧席のまわりの常緑樹に手を入れたりした。スケート場では氷を固め、表面に傷ひとつないように整氷した。氷に陽ざしがあたると暗青灰色に輝いた。

ミラー湖の反対側のレークプラシッド倶楽部の客室でビリー・フィスクは目が覚めたままベッドに横になっていた。いろんな思いが頭をかけめぐった。米国五輪委員会のカービーから開会式のパレードで米国旗を持つように言われた。式にはあまり興味がなかったし、旗手の名誉は地元の人間に与えられるべきだというデューイに地団駄を踏ませるつもりもさらさらなかったが、あえて断る理由もないので引き受けた。部屋の隅の椅子にチームのユニフォームをかけてあった。赤のソックス、青いウールのズボン、セーターは同じ色相だが赤のポロ・ネックになっている。上着は赤いボタンのついた白いハドソン・ベイ・ブランケット・ジャケット。それに白い帽子。ビリーにはよく似合う。朝食はコーヒーと玉子で済ませた。もっともメニュー表にはデューイ式にcofiとegsとあった。

スタジアムは朝9時半には満員だった。開会式の入場券は五輪のなかで最も高値であり、グランドスタンド下の席が5ドル、屋根のかからない席が3ドル、立ち見が2ドルだった。定刻の5分前にはルーズベルト知事が姿を見せ、「星条旗よ永遠なれ」のバンド演奏で迎えられたが、ルーズベルトが公共の場に現れるときは体が不自由なのをなるべく気づかれないようにする配慮が関係者一同にもとめられており、所定の位置につくまではニュース映画のカメラマンたちも録画を始められなかった。10時にルーズベルトが着席し、入場行進が始まった。

最初は赤と白のオーストリア、次は青い上下のベルギー、続いて赤いメープルリーフが白いコートに映えるカナダ、チェコスロバキア、フィンランド、フランス、ドイツの順だった。ドイツ・チームの中ほどにはヴェルナー・ツァーンがいて、片腕を明るい白の三角巾で吊っていた。彼は旗手になるよう要請されたが退院間もない体では無理だった。その次は英国からの4人の女性フィギュア・スケート選手で全員が長い毛皮のコートを羽織っていた。ジョアン・ディクス、ミーガン・テイラー、モリー・フィリップス、セシリア・コレッジ。コレッジはまだ11歳で五輪最年少であり、先頭を歩くフィリップスは五輪開会式で旗手を務める最初の女性になる。行進はさらにイタリア、日本、ノルウェーと続く。ノルウェーはロイヤル・ブルーのユニフォームだったが、サンモリッツでの偉業ですでに有名だったフィギュア・スケートの女子選手ソニア・ヘニーだけは燃えるように明るいオレンジのコートを着ている。次は栗色のポーランド。続くスウェーデンとスイスはともに青と黄色。そしてしんがりの米国選手団96名の先頭にビリー・フィスクが現われる。行進の歩調の正確さで選手団の多くが軍隊経験者と知れた。航空機が頭上を通過して開会式の華やかさを盛り上げた。

ビリーはルーズベルトのボックスの前で国旗を下げ、その場にとどまった。デューイが彼特有の奇妙なキーキー声で演説を始める。

「4年前、レークプラシッドはサンモリッツにおいて第二回冬季五輪大会を見学しておりました。3年前、レークプラシッドは第三回冬季五輪大会の栄誉を得るためにアディロンダック全地域の町や村とともに州や郡に必要な協力を働きかけていました。1929年4月にIOCでレークプラシッド五輪開催が決まって以来、国内的にも国際的にも、そして近代五輪史上でも最も困難な状況の下で、この必要不可欠な協力がいたるところで見られたのであります。それは素晴らしいものでありました。今日、ニューヨーク州アディロンダックのレークプラシッドは全世界の冬季競技の最も優れた選手たちをお迎えするにふさわしい準備が完了しております」

ビリーは米国旗を持ったまま、デューイを凝視する。演説はビリーをいらつかせた。この男の何もかもにビリーは苛立つのだ。当地に来てほぼ4週間経つが、この間ビリーが五輪のタイトルを守るのを阻止するためにありとあらゆる妨害工作をデューイが仕掛けてきたようにビリーには思える。滑走練習をやめさせ、トライアウトに出るのを禁じ、ボブ委員会にビリーを選抜しないように幾度も警告した。ビリーは日記に記す。「アメリカ、スポーツマンの国！なんたる腐敗」

デューイはさらに演説を続けたが内容は自分の努力をほめたたえるばかりだった。次に演壇に立ったルーズベルトのスピーチは短く、デューイがルーズベルトを紹介するのに費やした時間よりも短いくらいだった。翌日のニューヨーク・タイムズはその短いスピーチ全文を掲載し、見出しには「ルーズベルトが五輪と平和の問題に言及」とあった。

開会式から30分もしないうちに最初の競技、５００ｍスピードスケート競走が始まるがこれは利口な日程といえた。なぜなら最有力は地元の青年のジャック・シアであり、親がメイン・ストリートで食料雑貨店をやっていた。シアは地元紙によれば「歩くのを覚えてまもなく」ミラー湖でスケートを始めた。43秒4での勝利は世界記録にわずかに及ばなかった。ビリーはリンクにとどまり、ふたつめの競技も見た。サンモリッツの頃からの旧友であるジャフィーが出場するからだった。ジャフィーにとって救いだったことに今回のスピードスケートは選手全員がいっせいにスタートして、時計ではなく他の選手たちを相手にたたかう米国スタイルで実施された。米国選手たちが4年前に当惑したように、ヨーロッパ諸国の選手たちは慣れないルールに不満だった。前回の五輪同様にジャフィーは最後のスプリントで勝った。最終コーナーで5位から仕掛け、ゴールを真っ先に駆け抜けた。今回は誰も彼の金メダルを奪わなかった。問題は大会初日の2個の金メダルに沸いた米国チームの選手や報道陣はお祝い気分だった。

どこで祝うかだった。レークプラシッド倶楽部は砂漠のように無味乾燥なところだ。オブライエンが一番近いオアシスを知っていた。街からちょっと出たところ、サラナック通りに大きくて古い3階建てのホテル・ベルモントがある。以前は夏のみの期間営業だったが、オーナーのジョン・シャーツが五輪用に大改造を施した。新しい目玉は地下につくらせたもぐり酒場だった。

ウェストブルック・ペグラーはそこを「地下競技者倶楽部」と名付ける。初日の夜からたいがいの選手がそこにいたのだ。だがビリーの姿はなかった。ビリーは飲む気分ではなかった。ヒューバート・スティーブンスの回想によると「ビリーはとても静かな男だった。パーティーもあまり好まなかった。毎日練習後はレークプラシッド倶楽部の自室にまっすぐ帰って行ったものだ」。しかしビリーがなぜ自分の殻に閉じこもったのかはスティーブンスにはわからなかった。実のところビリーは、ボブスレーをめぐる「大ぼら」で彼の人生を「完全なる地獄」にしてしまう報道陣に嫌気がさしていた。デューイにも辟易した。ハンク・ホムバーガーはじめ地元のパイロットたちは油断ならないと思った。ビリーがトップ3に入らない予想で地元の選手たちが5000ドルの賭けをしようとしている話も聞いた。自分の評価が低いのも知っていた。後年、友人のクリーバーが語る。「ボブは地元軍団の独壇場と思われていたから自分はレークプラシッドで人気がなかったんだとビリーが言っていた。それに地元のやつらには、ビリーたちが故国を離れたプレイボーイに見えて、恨んでもいたんだろう」。だがそういったことは別にして、ビリーは金メダルにこだわった。優勝して実力を地元の選手たちやデューイに示すこと、それが自分のやるべきことだろう。そのためにも早く寝よう。大会が終われば飲んだり騒いだりする時間はいくらでもある。いまは目標に向かって最大の努力をしよう。ビリーは日記に記す。「最後に笑う者は……」

だから夜の倶楽部でビリーは誰とも交わらなかった。といっても孤立していたわけではない。ニューヨーク市長のジミー・ウォーカーとはよく長時間話し込んだ。ウォーカーはロスタインと一緒にいろいろやっていたブロードウェイの頃からのオブライエンの友人のひとりであり、ともに古いアイルランド系米国人の仲間だった。ウォーカーはもっぱらプレイボーイとの評判で、シルクハットに燕尾服のいでたちで街なかを遊び歩いていると新聞でからかわれていた。かつてはソングライターでもあったが当時はニューヨーク・タイムズによれば「仕事を最小限にしてヤンキー・スタジアムで長い午後を過ごすのを好む公僕」だった。

ウォーカーはニューヨークのもぐり酒場で最も有名な21倶楽部の秘密の地下室に自分専用のブースを持っていた。同倶楽部には禁酒法の見回りの係官たちの急襲にそなえて、スイッチひとつで酒類をすべてシュートに流してしまえる「消失するバー」があった。ウォーカーはあるとき、上の階で係官たちが家宅捜索している間、地下に5時間も閉じ込められた。しびれを切らした彼は市警察に自ら電話して係官たちの車両すべてに切符をきらせ、レッカー移動させたのだった。

１９２６年に就任した頃は人気のある市長だったが、それはとりわけ彼がボクシングを合法化し、劇場を日曜日にも開けられるようにしたからだった。株の大暴落以降、彼は落ち目になる。ニューヨーク大司教は、大不況がウォーカーの不道徳な市政にたいする神の報いだと言った。ニューヨーク警察と裁判所の腐敗についても、彼はホフスタッター委員会から追及された。事情を知る女性のひとりが殺害されて死体が公園に捨てられる事件が発生すると世論が厳しさを増し、ルーズベルト知事はホフスタッター委員会のシーベリー裁判長にたいしてウォーカーが説明責任を負うと断じたのだった。

ビリーはウォーカーとすぐ打ち解けた。「彼のいいところは彼がたたかうアイルランド人であることだ」とビリーは記す。「魅力的で面白くて、そうは見つからないいい人だ」。もっともウォーカーと近しい関係になったことをビリーの家族が嫌悪しているのはビリー自身わかっていた。他の誰もが地下競技者倶楽部に出払った夜、ビリーとウォーカーはレークプラシッド倶楽部に戻り、ラジオから流れるシーベリーのスピーチを聞いた。シーベリーはウォーカーの腐敗を論じ、タマニー・ホールを問題視する。「ウォーカーはずっとコメントし続けた」とビリーは記す。「シーベリーは世界最大の馬鹿者だ、この調子でしゃべり続けたら最後は自分自身を非難することになるぞ、とウォーカーが言った」。ウォーカーはビリーに、１９３３年の民主党選挙に副大統領候補としての出馬を計画していると話した。「健康状態と状況」の条件付きだったが、実際にはこの半年内に市長の座を叩き落とされることになる。

ビリーは政治の話題に夢中になった。ウォーカーと話していると、世界にはボブスレー以外にもいろんなことがあるんだとつくづく思う。ランのことを考えているとこわくなってくる。夜更けにイメージの中でコースを滑走し、カーブそれぞれに対処し、荒れるラン滑走のいかなる時点でも自分のソリが通るべきラインを見失わないようにする。アイリー、ホワイトフェイス、クリフサイド、シャディー、ジグザグ。ビリーはふとある新聞記事に目を落とす。心の平安を保つためには読むべきではない内容だった。記事を書いたのはウェストブルック・ペグラーだった。「初期の自動車に熱を上げ、車を大破させては病院で療養生活を送った連中がいたが、ボブスレー乗りたちは彼らと同類である。初期の飛行機でもエンジン付きのボックス・キットを喜んで飛ばし、戦争になると空中戦を始めた人々がいた。彼らは恐怖を一切知らない珍しい類型に属しており、彼らが恐怖心に縁がないのは猫が忠誠心に縁がないのと同じようなものだ」。もう新聞など一生読むものかとビリーは思う。「愚か者め！」。もちろんビリーは恐怖を知っている。他の選手たちも同じだ。開会式後もボブ・トラックでの滑走練習は続き、土曜日にもあらたな転倒事故が発生した。ベルギーの4人乗りがホワイトフェイスで前部の右のランナーをカーブのヘリに当てた後転倒した。操縦者のマックス・ハウベンがソリをよじらせて、どうにかカーブの内側に戻したがそのままひっくり返ったのだった。ハウベンとブレーカーのルイ・ヴァン・ヘーゲが入院した。事故を受けてオブライエンが「安全に滑走するにはコースが高速すぎる」と言いだし、滑走練習が一日中止になった。ビリーは思う。恐怖を感じないと言うやつは馬鹿か嘘つきのどちらかだ。

最初のボブスレー競技は五輪最初の日曜日に組まれていたが当日の朝は吹雪で、雪が半日間ずっと降り続く空模様だった。こんな状況下で競技ができるのは、リンクに最近屋根がついたアイスホッケーと、どんな天気でも遠出する犬ぞりレースくらいのもので、自殺倶楽部は自動的に一日の休みとなる。正確に言えば、4人を除いて休みになった。ビリーはチームのメンバーたちを集めて山に上った。ビリーはデューイがあるひとつのことで正しいと気づいた。すなわち、4人全員が座る姿勢で滑るレークプラシッド方式は選手全員がうつ伏せで滑ったサンモリッツ方式とは随分違う。選手が座る姿勢だとソリの重心が高くなり、選手ひとりが体を傾ける方向やそのタイミグを間違えるといったミスを犯した場合、それがソリの速度を遅らせるばかりか、転倒にもつながりかねない。だから、後ろの3人の選手たちにもこれまで以上に練習してもらうしかない。

ここまで3週間の滑走で、ビリーのチームはいちども2分を切ることができなかった。ホムバーガーのコース・レコードは1分52秒であり、そのタイムに近づかないと金メダルのチャンスは遠のく。そこでビリーはサンモリッツでやった練習法を再び持ち出す。ソリを格納庫から運び出し、4個の大きな木製のボックスの上に置き、ビリーとグレイは着座し、イーガンとオブライエンは立つ。ストップウォッチを持つビリーの「スタート!」の掛け声でふたりはその場で駆け足の動作をしてからソリに飛び乗る。再びビリーが叫ぶ。「アイリー、左！」。皆がいっせいに左に体を傾ける。「ホワイトフェイス、右に激しく！」。直線に入ると皆がいっせいに仰向けになる。「クリフサイド、左！」「シャディー、右に激しく！」「ジグ、左！ザグ、右！」。「フィニッシュ」の声とともに計時を止める。2分だった。これでは駄目だ。再び、同じことを繰り返す。何度も繰り返し、ついに1分51秒になるがそれでもまだ練習を続ける。

午後に練習を終えて解散。オブライエンは妻のドリーとジミー・ウォーカーとともにアイスホッケーの試合を観に、街に繰り出す。ビリーも誘ったがビリーにはまだ仕事が残っていた。トラクターの運転手を雇い、ソリをトレーラーに載せて雪道をサラナック通りのアメス・ガレージに運ぶ。そこのメカニックのモリソンにアポを取ってあった。3人でソリを下ろして作業台に置いた。ビリーがとにかくもっとスピードを上げたいと言い、ビリーとモリソンはランナーが上向きにカーブするように、ランナー周りの接合部にそれぞれシムを入れる。ビリーは滑走中のフラムⅢを見て学んでいた。ランナー周りの接合部にくさびを入れて、ドイツのソリのようにしようと決めていたのだった。それから、氷のグリップをよくするために、トラックと接触するランナーの切れ目にV字形の刻みをほどこした。作業が終わるころには外は暗く、疲労困憊したビリーは倶楽部の自室に戻って当日のことを子細に振り返った。

イーガンやグレイにしてみれば、練習後にすることは特にない。レークプラシッドに着いて以来、「ティッピー」のあだ名で通っていたグレイは、デイモン・ラニオン記者によって正体が暴かれる。「ジェイ・オブライエンの米国ボブスレー軍団で重しの役割を果たす〝ティッピー〟・グレイはかつて映画俳優だったことが判明した。その事実を彼は隠そうとしていたのだ」。イーガンはコロラドでボクシングをしていた頃からラニオン記者とは知り合いであり、ラニオンを見るなり言った。

「デイモン」とイーガン。「きみを乗せてあげようと思うんだけど」

「乗せるって?」とラニオンが返す。

「ボブスレーにさ」

「記者は耳を疑った」と翌日の新聞にラニオンが書く。「この瞬間まで記者はイーガンを数々の偉業をなしとげた若者だと思って尊敬していた。コロラドで同郷でもある。ボブスレーへの挑戦も記者は好意的に見ていた。しかし今彼はその正体を現した。イーガンの無邪気な瞳のなかに人殺しの喜びが垣間見え、記者は直ちに踵を返すのだった」

当夜、ラニオン、イーガン、グレイの3名は地下倶楽部に集まる。「エールが飲めなければ夜のレークプラシッドにはすることがあまりない」とラニオンは書く。「眠りにつく以外は。そして当地の眠りは一級品と言わなくてはならない。カナダから来るエールについても同じことを聞く」

もぐり酒場について語ったのはラニオン記者ひとりではなかった。誰かが地元の禁酒法当局にしゃべり、5人の係官が地下を訪れ、オーナーのジョン・シャーツを夜空の下に連れだした。

ウェストブルック・ペグラーが記す。「彼らは従順な男たちだった。シャーツは疑いなく何かの配慮の見返りに地下酒場を開ける許可をもらっていたのだ。そしてその条件が合えば彼は営業を続けられるのだ」。ビール代金が夜通し1クォートあたり1ドルと決まっていたので、ペグラーは「配慮」が「過度ではない」と推測した。半時間後にはシャーツは酒場に舞い戻り、ボブスレー乗りたちは「再びエールのグラスで卓をたたくのだった」。

自殺倶楽部には奇妙な日々だった。嵐に翻弄され、競技は二日続けて延期になり、役員たちはトラックの状態を憂慮した。選手たちは退屈と神経の両方で苦しめられ始めた。そこで、その苦しみをバーで吹き飛ばすのだった。彼らは「エールを飲んで鍛えているようだ」とペグラーが記す。毎夜地下のバーに「多くの国からのボブスレー乗りたちが集い、飲酒し、大ぼらを吹き、そして歌った」。ヴェルナー・ツァーンもそこにいた。「自由がきくほうの腕で強いカナダのビールを持ちあげ、勇ましいドイツの歌に合わせてテーブルをがんがん叩いていた」。ツァーンは聞く耳を持つ相手には誰にでも事故の話をした。事故の原因は「一片の雪」だった。それが顔に当たり、「一瞬前が見えなくなった。カーブにむけてバンクを上るのが10分の1秒遅れ、下ろすのも10分の1秒遅れた。それで飛び出したんだ」。10分の1秒はマウント・ヴァン・ホーヴェンバークのランが許容するエラーの限界だった。他の選手たちは真に受けなかった。ある選手がペグラーに言った。「ツァーンは勝負師だけど優れたパイロットじゃない。転倒が多すぎる」

勝負師はボブスレー乗りの典型だった。彼らはともに背負うリスクや競技への愛情で固く結びついた兄弟のようだった。だが仲間意識と同様に真のライバル意識もあった。地元の元選手のひとり、ポール・デュプリーが回想する。「ボブスレー乗りたちは互いのことを普段あまりよく言わない猫の血統みたいだった。いつも何かのことで争っていた」。彼らは賭けを好んだ。ある晩、フィギュア・スケートで二個目の金メダルをとった直後のソニア・ヘニーが姿を見せると、彼らは早速、誰が彼女に甘く言い寄ってドリンク1杯を受け取らせられるか、賭けをした。選手の誰もが彼女の両親を言いくるめられなかった。両親は賢明にもシャペロン役で彼女についてきたのだった。

しかしその逸話もコラムニストのヘンリー・マクレモアのポール・スティーブンスとの一件に比べると取るに足りない。ポールはホムバーガーのソリに乗る「赤い悪魔」、スティーブンス兄弟のひとりだ。マクレモアによると、ポールは「狂ったスティーブンス兄弟のなかでも一番狂っている」。冗談でなしにポールは黒い熊をペットに飼っていた。子熊の頃から飼いならし、トビアスと呼んだ。いま、ポールのふたりの兄弟、ヒューバートとカーティスが2人乗りで米国代表になっていた。マクレモアは聞かなくていいものを、兄弟のなかで誰がボブスレー乗りとして最高かと訊ねた。「おれさ」とポール。五輪が終わるまで延期になった全米選手権大会にも自分がパイロットで出場予定だとポールは言った。この先は真偽のほどは別としてマクレモア自身の説明に依拠するほうがいいだろう。ただし、彼らふたりが倶楽部で夜通し「オレンジジュース」をがぶ飲みしていたことを読者は念頭に置かなくてはなるまい。

「そう、それで誰が一緒に乗るの?」とマクレモア。

「おれの熊さ」とポール。

「トビアスって言うんだ。おれが操縦して、トビアスがブレーカー兼バラストさ。難なくおれたちが勝てると思うね。ボブスレーで大事なのは重量なんだ。おれは110キロくらいだ、たぶん。トビアスは去年の12月に冬眠に入ってから何も食べようとしないがそれでも220キロはあるだろう」

「トビアスはブレーキをかけられるのかな?」

「トビアスがブレーキをかけられるかだって?あの熊は9歳で頭に脳みそが詰まってるんだ。かれこれ4年も家のまわりで重労働しているし、これまで壊したものといえばピアノだけだ。かりに頭はそれほどよくないとしてもブレーカーとしては十分さ。急いでどこかに行こうとしているときに誰がブレーキなんか要るんだい?それにブレーキ自体、安全なものじゃない。時速130キロで滑走しているときに誰かにブレーキをいじらせるなんてよくない考えだ」

　オリジナルはここまでだが、後年マクレモアは続きを語る。

「翌朝の夜明け前にトビアスを車に乗せてマウント・ヴァン・ホーヴェンバークに行き、ボブ・ランに侵入したんだ。フィニッシュ・ラインでストップウォッチを持って立っていると、山の頂上からポールの叫び声が聞こえ、ポールは熊を乗せて滑走を始めた。最初のカーブで熊はソリから落っこちた。ポールはブレーカーのいないソリをたくみに操り、滑り降りてきた。熊はえらい勢いで、途中ずっと吠えながら転げ落ちてきた。フィニッシュで計ったらスティーブンスは世界記録を10分の2秒破り、熊は背中の毛皮がすりむけていたが世界記録タイだった」

これだけ速く滑れるのなら、ポール・スティーブンスと熊のチームは開会式から5日後の2月9日の火曜日にようやく始まった2人乗り競技に出場できたかもしれない。

雪が降り積もり、ランはかつてないほど遅くなった。2人乗りのコース・レコードは2分03秒だったが、たいがいのチームが2分台から2分10秒台後半のタイムで滑った。スティーブンス兄弟ですら自身のベスト・タイムから10秒遅れた。コース・レコードに迫る滑りを見せた唯一の男はカパドルトで、ニューヨーク・タイムズから「五輪でもっとも向う見ずなパイロット」と評された。彼はリスクを取り、「いくつかの困難な局面」に直面したが同紙によると「彼はどうにか対処できた。2人乗りボブは4人乗りよりはるかに安全であり、ほんのわずかなスリップさえ重傷、あるいは死亡事故につながりかねない4人乗りと違い、向う見ずさが手ひどい結果を招くことは比較的少ない」。それは真実だった。当時ボブレットと呼ばれた2人乗りはより小さく、より遅く、より安全だった。2回の滑走を終えた時点でカパドルトは合計タイムが4分13秒09で、スティーブンス兄弟には4秒差をつけ、ビリーの旧友ジャック・ヒートンは遅れて3位だった。ニール記者はカパドルトを「愛らしい天使の顔と鋼鉄の神経を持ち合わせた細身のスイスの若者」と呼んだ。レース後、カパドルトは一切のインタビューを拒んだがニールは言う。「彼は英語でオッケーと言えるようになった」。もちろん、新しいガールフレンドであるベティー・フードの前では彼の英語の語彙はもっと豊富だったことだろう。

翌日が2人乗りの二日目であり最終日だった。この日の2回と合わせて合計4回のタイムが合計されて勝敗が決まるのだ。地元のチームがずる賢い作戦に出た。レース直前にガスバーナーを持ち込み、ランナーが白熱するまで熱を加えたのだ（訳注 戸外の日陰に吊るした当日の基準ランナーとの温度差が4度以内と定められている現在のルールでは失格になる）。雪が払われたコースはすでに高速だった。カパドルトが自己最高タイムを記録するが、燃えるようなランナーで疾走するスティーブンス兄弟はさらに速く、当日の1回目が1分59秒69、2回目が1分57秒68だった。2回目の滑走はコース・レコードとなり、世界最速記録ともなり、余裕をもって金メダルを獲得した。カパドルトは2秒差で銀メダル、ヒートンが銅メダルだった。

ゴドフリー・デューイは嬉しかった。自分の正しさが証明されたのだ。地元の選手たちは1928年の米国代表たちよりも速かった。ヒートンはスティーブンスの優勝タイムよりも15秒近く遅れている。4人乗りでも同様の結果になりそうだった。2人乗りが終了してすぐ、トラックでは4人乗りの滑走練習が始まる。コースの状態は過去6週間で最高で、各チームとも高速で疾走した。ツァーンとグラウが抜けたドイツを背負うハンス・キリアンは、「赤い悪魔」

のトラック・レコードより10分の7秒速い1分51秒3をマークするが、ビリー・フィスクのチームは1分48秒でゴール。「赤い悪魔」の記録とは4秒差がついた。練習中のタイムは公式記録には残らないが自慢のタネにはなる。ビリーの非公式記録も長くは続かなかった。「赤い悪魔」が1分47秒2の新たな非公式記録を打ち立てたのだ。ビリーは次の滑走でまた懸命にその差を埋めようとするが届かない。もう時間切れだった。翌日の朝のレース開始まで後18時間しかなかった。

レークプラシッドのどのホテルもほとんど満室だったが、翌朝にはニューヨークからの臨時急行列車で1200人が到着した。全員がボブスレー4人乗り競技の観戦客だった。ニール記者が記す。「いまやボブスレーは群衆を大挙して街に誘い込むルアー（擬似餌）になった」。がしかし折悪しく雨が降ってきた。11日の朝、レークプラシッドの街路は雨で洗われる。常緑樹の小枝や電飾で飾られたメイン・ストリートの氷柱は溶けてしぼみ、スキーのジャンプ台はウォーター・シュートになり、スケート場は浅い池になり、ボブ・ランは雪融け水の流れる川のようになった。木曜日の一日中、雨が降り続け、その間ボブスレー乗りたちは憂慮を深め、苛立ちをつのらせた。もうほとんど時間が残っていなかった。13日の土曜日は五輪9日目で最終日となる。閉会式は土曜日の夜に予定されている。すべてのカネ、すべての時間、すべての努力が無駄になろうとしていた。もし気温が再び氷点以下に下がればコースがかつてない高速になるのが分かりきっていただけに、選手たちのもどかしさはいや増すばかりだった。雨水はすべて氷になり、コースにはソリを遅くする一片の雪もなくなるだろう。ホムバーガーはニューヨーク・タイムズに、トラックが凍結すればタイムが1分40秒になるとの予測を伝えた。これは彼自身が数日前に出した記録よりも7秒縮まる計算だ。しかし凍結はやって来ず、金曜日も雨が降り続いた。土曜の朝、ランは大変ぬかるんでいた。前夜に雨があがったものの、気温は下がらなかったのだ。冬季五輪はその日の午後に閉幕する。

閉会式は簡素なもので、米国対カナダのアイスホッケー最終戦の後におこなわれた。試合は2対2の引き分けに終わったがトーナメントでの戦績により、カナダが優勝した。試合後、彼らは開会式がおこなわれた屋外アリーナでほかの競技の選手たちと合流する。メイン・グランドスタンドの前に表彰台が設置されており、名前を呼ばれた選手がひとりひとり進み出て、メダルを授与された。ソニア・ヘニーが金メダルをもらった。ヒューバートとカーティスのスティーブンス兄弟も同様だった。ジャック・ヒートンは銅メダルを受け取った。しかし、4人乗りのボブ王者はいなかった。

最後のメダルが手渡され、ド・バイレラトゥー伯爵が五輪の閉幕を宣言する頃、夜空から雪片がぽつりぽつりと舞い落ち、明るいスポットライトに輝いてみえた。選手たちが足を踏みならした。ぬかるみが凍結し始める。寒天が戻った。

ＩＯＣ規則は主催者に1日の猶予を与える。閉会式の後、まだ完了していない競技は最後までやりとげるべく24時間の時間を使えるのだ。ボブスレー委員会の決定に時間はかからなかった。レース実施。言葉はすぐ広まった。2月14日の日曜日の朝、全4回の滑走をいっきにおこなう。デューイはパニックになった。ずっと続いた雨の後でランはまばゆいばかりの氷になっており、安全であるためには高速すぎ、売り出すには危険すぎた。五輪が終わった今となっては、いまひとたびの転倒事故、ランの悪評は絶対に避けたかった。どうしてもレースをやると言うのなら彼の条件を呑んでもらうしかない。組織委は同夜、１５０名のボランティアを山に送り出す。彼らは徹夜でコース整備にあたる。ニール記者によると彼らは「雪をさがしもとめた。まるでウサギ狩りのようだった」。森に分け入っては雪をスコップで掻き出してトラックに積む。トラックはランに急行して雪を下ろし、ランにまき散らす。

その夜、地下競技者倶楽部の雰囲気はいつもと少し違い、張り詰めた空気が漂った。ボブスレー乗りたちがそれまで見せていた善良なる精神はどこかに消えていた。ウェストブルック・ペグラーはイーガンと一杯やりながら、イーガンの本音をさぐろうとした。ペグラーにはどうしても理解できなかった。成績優秀な「学位のコレクターであり、法廷弁護士でもある」男がなぜこのような競技に首を突っ込んで身を危険にさらすのか？「若きイーガンはイェール、ハーバード、オックスフォードに学び、名誉、財産、家族、地位に恵まれながらも過去数週間、滑走練習で危険をおかしてきた」。ペグラーは記す。「何のために？」

イーガンの答えは〝栄光〟だった。「おれたちのチームが今度のレースではきっと勝つ。レースが始まれば用心なんてものはない。ブレーキは忘れるし、触りもしない。どのターンでも全員一体になって体を傾ける。すべては操縦しだいだが、おれたちはビリー・フィスクを信頼している。人からは、かたわになるぞ、とも言われるが困難を乗り越えれば勝利が待っているし、挑戦するだけの価値はある」

「五輪スタイルのボブスレーが大衆参加型のスポーツになることはどこでもあり得ないだろう」とペグラーは書き、デューイの夢をわずか一行の文で串刺しにする（そして彼は正しかった）。「しかしながらボブ・ランに大金を投じたレークプラシッドの人々は他のどのアトラクションよりも大勢の観客を引き寄せたその人気をいまや嘆くのみだ」。そして彼は続ける。「ブレーキをずっとかけて、氷を削りながら滑走する、用心深いボブスレーという選択肢もあり得よう」。しかしその考えをイーガンは一笑に付す。「ブレーキをかけてボブスレーをする？それなら普通の車で街乗りするほうがマシだ」。その日曜の朝、マウント・ヴァン・ホーヴェンバークで始まろうとしていたのは何か別のことだった。デューイが躍起になって広めようとする安全第一スタイルとは違う、より本格的で極めつきの何か。ペグラーは記す。「ボブスレー乗りたちは巧妙で疾く危険な存在になろうとしていた。何もかもを忘れ、ブレーキも忘れるだろう」。

からかい半分のやり取りがあったにせよ、ペグラーもイーガンもリスクについては認識が一致した。「もし死んだら？」。イーガンが言う。「どっちにしてもやるしかない」。夜の終りをペグラーが締めくくる。「ボブスレー乗りたちは立ち上がった。誰も病んではいない。突然故国に呼び戻される者もいない。誰も寝過ごすこともない」

日曜の朝、マウント・ヴァン・ホーヴェンバークにはこれまで誰も目にしたことのない光景があった。山のふもとの駐車場は1000台を超える車であふれた。遅く来た者は1キロ以上も手前に車を停めて後は歩くしかなかったし、車がなかったり誰かの車に便乗できない人々は徒歩、バス、乗合馬車で駆けつけた。道は大渋滞を引き起こし、街中から山までの短い距離が2時間かかった。ボブスレーの最終戦は街で唯一の見せ物であり、誰もが見たがった。観客は2万5000人を優に超え、満員のグランドスタンドをはみだし、カーブを見下ろす小高い場所には人だかりができ、コースわきの道にはびっしりと人が並んだ。山のふもとから山頂にいたるまで観客が5本から6本の数珠をなし、コースの中に手や足を入れないようスピーカーが繰り返し注意を呼びかけた。

しかしそのような盛り上がりにもかかわらず、ラン自体はみじめな状態だった。氷が溶けてしまい、いくつかのバンクでは木製のボードがむきだしになった。エイリーでは出っ張りから水がしみだしてトラックの底が水たまりになった。ランのへりが雨水で浸食され、氷の壁がのこぎりの歯のように先端がギザギザになった。そして直線箇所では前夜デューイのボランティア隊があまりにも大量の雪を積み上げていたので、通過時にソリがほとんど止まりそうになった。ニューヨーク・タイムズは「あたかもブレーカーが目一杯にブレーキを引いたかのようだった」と報じた。このような状況下で一体誰がどこが最適なラインだとわかるのか?ランは流動的になり、この天候の下で形成されたランのかたちは誰よりもそれに詳しいはずのホムバーガーにさえ見慣れないものだった。パイロットはトラックのなかの特に遅くなるスポット、水たまりや雪だまりを感知して、それらを避けて通る必要がある。練習などないのだから、後は本能的な嗅覚が試されるだろう。

3週間前に五輪に13チームがエントリーしたが前夜までに5チームが撤退を余儀なくされた。そして当日の朝、ドナルド・ウンゲルのスイス・チームが辞退する。彼らは単にコースの安全性に確信が持てなかったのだ。それで残りは7チームのみとなる。「向う見ずで鋼鉄の神経を持つ7名のパイロットとその仲間たち」という訳だ。曲技飛行士のアレクサンドル・パパーニャ大尉率いるルーマニア。ロッシ伯爵のイタリア。カパドルトのスイス。2人乗り競技の雪辱を期すカパドルトは、操縦輪ではなく引き綱式の操縦になるソリを使いたいと強く主張しただひとりのパイロットであり、その意味では彼は最初からハンディを負っていた。そして最近になって競技を始めたばかりのヴァルター・フォン・ムームのチーム。彼らが大事故を起こさずにゴールできたら奇跡だというのが大半の見方だった。そして賭けの世界で最有力候補の3チーム。ハンス・キリアンのドイツ。ビリー・フィスクの米国1にハンク・ホムバーガーの米国2。

最初のソリが滑走を開始した瞬間からタイムが遅くなった。カパドルトは2分06秒、パパーニャとロッシはさらに遅れ、ムームは言うまでもなくさらにはるかに遅れ2分11秒。キリアンのチームは全員一丸となって奮闘したが2分03秒11を出すのがやっとだった。次の滑走は「赤い悪魔」だった。タイムズによると「ホムバーガーが各ポイントを通過するたびに群衆からどよめきが起こった」。「赤い悪魔」は顔全体を覆う奇怪なヘルメットを選手全員が着用しており、「まるでロボットがコースを滑り降りてくるように見えた」。途中のタイムはスピーカーを通して場内に放送されていて、ジグザグの出口では1分46秒だったが、厚い雪だまりに当たり、速度が大きく損なわれた。ゴールは2分01秒77でその日の最速だったが、ホムバーガーの基準では遅かった。ビリーのチームが最後のソリだった。ジグザグの出口ではホムバーガーに遅れをとったが、雪がもっとも厚く積もった箇所をうまくかわしてゴールは2分0秒52だった。首位に立った。

ソリを操縦している間、ビリーは頭の片隅にコースを作っていった。滑走は1回ではなくて4回あるのだ。1回目の滑走は情報収集にあてた。頭の中に水たまりや雪だまりの位置を思い描いて次の滑走の際の最適ルートを考える。その読みはずばり的中した。2回目の滑走でキリアンは2分02秒をわずかに切り、ホムバーガーは2分01秒少しのタイムだったが、ビリー組は2分の壁を破り、1分59秒16でゴールしたのだ。あと2回の滑走を残し、いまや彼らは「赤い悪魔」にたいして3秒の差をつけていた。

ビリーが2回目の滑走を終えたとき、ゴール付近に大勢の選手や役員たちの姿があった。本来なら最初のほうのチームの選手たちは次の滑走に備えてとっくに山頂に移動しているはずなので、何かあったんだなと思った。ビリーはソリをおりて歩み寄った。「赤い悪魔」たちが議論の輪の中心にいて組織委や国際競技連盟（ＩＦ）の役員たちと口論しており、直接関係のない第三者たちが周囲をぐるりと取り巻き、議論の成り行きを熱心に見守っていた。新聞記者たちはしきりにメモを取っている。叫ぶような大声が聞こえた。ポール・スティーブンスだった。ポールは当日のコース責任者のエルウィン・ハハマンにつかみかからんばかりだった。「こんなコンディションのなかでレースをどうしても続行すると言うのなら、おれたち抜きでやることだな。こんなの、ボブ・レースの茶番だ。スピードがあんまり遅かったから、シャディーではおれはいったんソリをおりてドリンクをとりに行ってこようかと思ったくらいだ」

ポールはストライキに打って出た。デューイに干渉されるのはもう沢山だった。トラックの管理は国際競技連盟（ＩＦ）のヨーロッパの役員たちに引き継がれていたが、彼らもまたデューイと同じく、トラックを遅くするのに熱心だった。というのは、そのほうがヨーロッパのパイロットたちに有利だったから。彼らの思い通りに仕上がったトラックだったが、米国の選手たちの目には低速コースがボブスレー競技への侮辱と映ったのだ。ヘンリー・マクレモアは事態を〝反乱〟ととらえる。最初、「赤い悪魔」の他の連中がポールに続き、それからハンス・キリアンが、コースの高速化をはかる何らかの措置が講じられなければ自分もレースから撤退すると宣言した。「大量の雪のためにコースが低速になり、子供でも楽に滑れるほどになった」とニール記者は記す。「ソリが高く積もった雪をかきわけて進み、いくつかの地点ではほとんど停止しそうになっている。2万5000名の観衆は、ボブスレーがスリルにあふれる競技だと言い出したのは一体どこの誰だったのかと疑い始めている」

ビリーとオブライエンはと言えば、彼らはとくに考えを口外することはなかった。結局のところ、彼らは首位に立っているのだ。しかしストライキ派が大勢を占めると、彼らもまたストライキに同意した。「赤い悪魔」の連中に言い訳や弁解の余地をたっぷり残させたまま試合に勝ってもあまり嬉しくない。いいだろう。低速トラックで2度勝っているのだ。高速トラックでもまた2度勝てばいいのだ。どっちでもあいつらの望み通りにしてあげて自分が勝てばいいとビリーは考える。

「役員たちは憤怒で足を踏み鳴らした」とマクレモアが記す。「役員たちはなだめつすかしつ、時には脅迫的言辞をちらつかせたが、ボブスレー乗りたちの結束は固かった」。一時間の議論の末、役員たちは降参する。当日のレース打ち切りと翌日の再開で決着。これはIOCの24時間猶予ルールに抵触するので役員たちは是が非でも避けたかったが、ほかに選択肢がなかった。当夜ボランティア軍団が再び召集され、前夜と逆の作業に取り掛かる。ランから雪を掻き出してはランにホースで水をまき、ランはついに月光が反射して輝くまでになる。選手たちはついに望み通りのトラックを手に入れたのだ。ニール記者が記す。「これこそが米国チームの速度に釣り合う、米国人のためのコースだ」

15日、月曜の早朝は自殺倶楽部が一堂に会する最後の機会になった。五輪は二日前にすでに閉幕していたが28名の競技者たちはまだ山上でやるべきことがあった。観客は散り散りになり多くはすでに街を離れ、ビリーの家族さえもういなかった。当日の観客数は約7000名でグランドスタンドにも空席があった。ひどく寒い朝だった。ランはニール記者いわく「ねじれ、銀色に輝く巨大な開かれた水道」であり、山にからみついた1本の長い氷のリボンのようだった。見るからに高速コースであり、実際その通りになる。カパドルトとパパーニャはともに2分ちょうど。キリアンは1分58秒19でゴールするが、これはホムバーガーの1分58秒56をしのぐ好タイムだ。そしてビリー・フィスク。またしても最速で都合3回ともトップになる。タイムは1分57秒41。最終回にむけて4秒33のリードができた。しかしホムバーガーの自己ベストは1分47秒であり、ビリーのたったいまのタイムより10秒も速い。ホムバーガーは必要とあらば1回の滑走で4秒や5秒の差を逆転することは十分可能と思っていた。そして今こそがその時だった。

ボブスレー乗りなら誰でも心に留めておくべきふたつのラインがある。ひとつは、これまでも見てきた最も速い軌跡であり、レース用のルートであり、あるカーブには高く入り、別のところでは低く出て、次は高く入るという具合だ。もうひとつのラインは心のなかに存在する、いわば限界線であり、それを越えたら転倒するものだ。そこまで行ったらソリが転倒し、フォンジャレスのようにトラックに投げ出されて意識不明になるかもしれないし、トラックを飛び出してツァーン、グラウ、ブレーメのように腕や背中や頭蓋骨を骨折して病院送りになるかもしれない。「世界最高のパイロットは」とホルコムが言う。「どこに限界があるかを正確に理解しているものだ」。ソリを思いっきり滑走させてランナーがきしみ、乗り手たちの胸の奥の声が絶叫する、そしてそこにとどまる。「限界を超えたら転倒さ」とホルコム。「でもそこから距離を取ったら勝負は負けだ。なぜなら、どこのどいつも目一杯踏ん張ってベストを尽くしているからだ。ちょうど限界のあたり。そこが狙いどころだし、こだわるべきところだ」。そしてビリーのこの日の2回目、つまり最終回の滑走はまさにそのラインを通っていた。グラウのソリが飛び出したシャディーではビリーのソリは壁を高く上って、高いままになり、へりに危険なまでに接近する。イーガンの目にランナーとへりが同時に見えた。ぎりぎりだった。その瞬間、彼の脳裏には「4人乗りの鋼鉄の彗星が宙を突っ切る画像」がくっきり浮かんだという。ゴール・タイムは1分56秒59になり、五輪最速だった。

しかしビリーの後にまだ1チーム残っていた。「赤い悪魔」たちだった。もしホムバーガーがここでビリーたちを負かして金メダルを狙うなら、前年の全米選手権で出した世界記録に近いタイムを出さなくてはならなかった。ビリー、イーガン、グレイ、オブライエンはソリをおり、ゴール・ラインのそばに立った。もう彼らにできることは何もない。待って、見て、場内放送で流されるホムバーガーのタイムを聞くだけだ。

「アイリー、29秒!」速い。ビリーより速い。

「ホワイトフェイス、50秒!」世界記録のペースだ。

「クリフサイド、1分05秒!」

ビリーが唇をかむ。山を駆け下りてくる轟きが聞こえる。群衆がどよめき、興奮して叫ぶ。ホムバーガーの快進撃だった。

「シャディー、1分24秒!」

関係者の予想に違わぬ滑りだった。「目を見張る奮闘だった」とニール記者が記す。「彼はカーブに高く入り、どの機会をもとらえた」

その先はジグザグだった。このシケインのいずれのバンクをも、彼がソリを高く持ってきたので、観客は一瞬ソリがコースを飛び出すのではないかと思った。転倒しそうになるソリをすんでのところで持ち直してトラックの中央に入れるが、これまでの他のソリの滑走で荒れてしまって轍や裂け目のできた氷を避けられず、その上にもろに乗ってしまう。ほとんど横向きになるほどにスリップしてスピードを落とす。ゴール・タイムは1分54秒28だった。合計2秒02の差でビリー・フィスクが五輪王者となる。

ビリーが仲間たち3人に向き直る。「みんな」とビリー。「おれはサナトリウムに行って体をチェックしてこようと思うんだ。自分へのご褒美にね」

ちょうど1928年と同様に、盛大なセレモニーはなかった。バンド演奏もなければ国旗掲揚もなく、表彰台すらなかった。選手たちがゴール付近に集まってきたが今度は役員に抗議するためではなく勝者を祝うためだった。ハンス・キリアンが銅、ハンク・ホムバーガーが銀、ビリーはもちろん金だった。マクレモアが記す。「彼は鋼鉄の神経を持っている。しかし、なんと謙虚な青年であることか。栄冠を得た彼がしたことは微笑んで肩をすくめる仕草のみだった」

メダルを渡すのはゴドフリー・デューイの役割だった。彼はビリー、イーガン、グレイ、オブライエンの名前を呼び、前に進み出るように言った。ビリーはデューイに向かい合い、しっかりと相手の目を見た。「二面性があり、知ったかぶりで、偽善的なデューイ博士」と当夜の日記にビリーは記す。「あの馬鹿げた試合にどうにか勝てたことを神に感謝だ。さもなければ、彼の下品で甲高い笑い声に墓場までつきまとわれたかも知れないのだから」

メダル授与の後は写真撮影で、ジミー・ウォーカーやまだ吊り包帯のとれないヴェルナー・ツァーンが加わった。ツァーンはマルティノー・トロフィーをビリーたちに贈呈した。それは前年秋の世界選手権で自ら勝ち取った上質な銀杯だった。ビリーたちはいまや世界最速なのだからその銀杯を持つにふさわしいとツァーンが言った。第一次大戦の戦闘機エースだったツァーンがビリーにトロフィーを手渡すかたわらでビリーの仲間たちがソリを囲んで姿勢を低くし、カメラにむかって微笑む写真が翌日の新聞各紙を賑わすことになった。エディー・イーガンはこれで夏季五輪と冬季五輪の両方で金メダルを獲得する史上初の競技者になった。48歳だったオブライエンは史上最年長の金メダリストになり、弱冠20歳のビリーは冬季五輪で2度の金メダルに輝く最年少の男性競技者となる。ビリーたち4人がその後一緒にソリに乗ることは一度もなかった。全米選手権大会が翌日に予定されており、海外からの数チームはゲスト参加を決めていたが、ビリーたちは招待を断った。彼らはすぐの列車でジミー・ウォーカーやジャック・ヒートンらとともにニューヨークに発った。一部の家族も合流してニューヨークで一週間骨休めをすることになった。ビリーは記す。「その週はニューヨークで全員が体をたたき壊した。ちょうどレークプラシッドにむけて体をつくりこんだのと逆だった」

二週間後、レークプラシッドがいつもの静けさを取り戻した頃、一通の手紙がレークプラシッド倶楽部のロッジに届いた。カービーからデューイ宛のものだった。カービーは職業が弁護士であり、オブライエンやビリーとかねてからの友人でもあった。

親愛なるゴドフリー・デューイ殿
ひとりの人間として小生はわれわれが第三回冬季五輪のボブスレー競技において勝利したことに深い満足を覚えずにはいられません。
ビリー・フィスクのチームの後塵を拝することは絶対にないと豪語した「当

地の経験豊富なパイロットたち」がよほど偏見でこり固まっていたかあるいは目がふし穴であったこと、そしてサンモリッツ組が上位3位以内に入らない賭けに5000ドルを募った連中が計画通りに現金が集まらなくて本当に良かったと祝賀すべきであること、これらを認めるのに貴殿もやぶさかではなかろうと小生は確信しております。

更に貴殿が引用されておりました「練習滑走を見た全員一致の意見として、フィスクやヒートンには代表に選出される見込みがまるでない」との当地パイロットの意見についてでありますが、彼らは自分が何を言っているのかまったく理解していなかったと言わねばなりません。

結局のところ、大事なのは試合であって練習ではなく、それはボブスレー委員会の拠って立つポジションであり、五輪での結果がわれわれの結論の正しさを証明してくれたわけです。

おそらくはいくらかの意地悪さをこめ、しかしにもかかわらず誠意をこめて

グスタヴァス・T・カービー

知られている限り、ゴドフリー・デューイが返信を出した形跡はない。

C12

船尾から見ると白く泡立つ航跡がずっとサンフランシスコまで続いているようだった。ビリーは胸一杯に海風を吸い込んで息をとめる。しばらくして吐き出すと、緊張もストレスも一緒に飛んで行った気がした。米国でのこの2か月がいかにこたえたことか、今さらながらにビリーは思い知る。

ニューヨークでのどんちゃん騒ぎの後、みんなは散り散りになった。オブライエンはパームビーチに行った。以前からそこにある一軒家に目をつけていたのだ。イーガンは仕事に戻るはずだったが、戻る先はリングだと大口をたたいた。レークプラシッドですっかりその気になり、その夏のロサンゼルス五輪でのヘビー級タイトルを狙おうかと考え始めていたのだ。グレイが次にどこに現れるかは神のみぞ知るだ。大西洋横断ヨットレースの乗組員になるとも言ったが確かではない。ビリーは?彼はただ遠ざかりたかった。レークプラシッドから、ボブスレー競技から、そしてゴドフリー・デューイから。ある日、ニューヨーク・タイムズのスポーツ面でハンク・ホムバーガーの写真を見た。「昨日北米ボブスレー選手権のタイトルを守ったサラナックの赤い悪魔たち」とキャプションにあった。自分のベッドわきのテーブルに置いてある金メダルのことをビリーは考える。北米タイトルだって？ホムバーガーにはお似合いだ。

ビリーはジャック・ヒートンと西海岸に急いだ。サンフランシスコ郊外の友人の牧場で息抜きをするつもりだった。しかし都会の誘惑に勝てなかった。「疑いなく全米一の魅力的な都市」とビリーは日記に記す。「古き開拓者のもてなしと善意がまだ残っている」。サンフランシスコ最後の夜はとても強烈だった。年老いたバスク人経営のもぐり酒場で飲んでいたら地元警察署のパーティーに招待すると言われた。冗談だと思ったら本当で警察署内で酒盛りが始まり、留置場にさえ案内してくれた。「酔っ払いと麻薬中毒でいっぱいだった」とビリーは記す。「少しやりすぎて囚われた不運な普通の人間たち」。死体安置所にも行ったが腐った魚のような悪臭にやられた。ビリーは記す。「われわれが死んだ後のことを神はあまり考えてないんだと思う」。酔いを醒ますには十分な体験だった。

いま船尾から船首へと甲板を歩きながらビリーは考える。「アメリカ、なんと膨れあがった国！そして法をよく守る」。再びゴドフリー・デューイが脳裏に浮かぶ。当夜の日記にビリーは記す。「この文明化された地上にあんな人間が存在するとは知らなかった。かくまでにゆがんだ人間をつくりだすのは過剰な文明のしわざに違いない」。もう済んだこと、終わったことではあった。ビリーはいま二度の五輪タイトルに輝く若者であり、ケンブリッジの学位を有し、年5000ドルの手当てがあり、南洋にむけて片道切符をもっていた。
　ビリーとジャックが乗った船はモノワイ号といい、乗組員からは「醜いアヒル」と呼ばれた。乗客は25人で、ビリーの言葉によると「にやけたやつら、将来のビジネスマン、特徴のないやつら、非常に醜い女の子ふたり」だった。航海中、ビリーは思いのありったけをサンフランシスコで見つけた中古品のタイプライターで打ち込んだ。定期的に手紙を書けば、息子の長旅を心配している両親の気休めくらいにはなるだろうと思った。姉のペギーには両親には言えないことを含めて、ざっくばらんにありのままを書いた。その姉にさえも伝えなかったのは最近取り組んでいる詩作だった。

~~背後にアメリカの薄明かり~~
~~前方に若者の夢~~
~~中間にたわごと~~

新題　青年の旅立ち

たそがれ
ものうく湿る冷えた霧が

ゆるやかに湾に舞い降り
一艘の船を包み込む

翌日のあけぼの
熱い太陽、貿易風、サファイアブルーの海
針路は南西南、遠くの島々へ
夢がかなったと言えるのか?

これを読んだジャックは、きみは多才だが詩作の才能だけはないようだとビリーに言った。消去法で行くと文学方面はまず将来の選択肢から外さねばなるまい。父はといえばもちろんビリーに銀行に来てディロンの下で働いてほしかった。しかしビリーは銀行の仕事が自分のスピード感に合うかどうか確信がもてなかった。これからの人生をどうするか考えてみるのに最適だといって、ビリーはこの旅を父に売り込んだのだった。船内にいた「将来のビジネスマン」のひとりはビリーに「耳を鍛えることでピアノを教える新システム」に投資しないかと言った。彼によると耳は音楽の魂の機械的な出口であり、各地に開設する予定の音楽学校で週に2回の授業を半年間続ければどんな耳の生徒でもかなりのレベルの演奏ができるようになるとのことだった。もうひとりはケニア・コーヒー貿易を熱心に勧めた。ビリーは両方ともパスした。旅の最初のうちで最も心に焼きついたのはモノワイ号がサンフランシスコ港外に停泊中の米国艦隊の間を通り抜けたときに自身が抱いた妄想だった。「きょう、多数の米国大西洋艦隊の戦艦のわきを通過。軍事演習に来ているのだろう」と当夜に記す。「壮観だ。空軍に入ってこいつらの上に爆弾を落としてやりたくなる」

3月26日に最初の寄港地タヒチのパペーテに着く。ビリーは青い空と海に白砂が広がるビーチを思い描いていたのに実際は「下品で今にも倒壊しそうな汚い港」だった。学校で習った「白人の地獄」というフレーズを思い出した。パペーテで暮らす白人たちはいずれもいわくつきの、それぞれが短編小説の材料になりそうなやからばかりだった。

「自分の弱点」である「誰も行っていないところに行き、誰もやっていないことをしてみたい」という欲求にかられて、ビリーとジャックはパペーテを離れ、少し南のピュナオイアに移り、そこで家を借りる。白砂のビーチ沿いで背後には山が迫り、目の前には珊瑚礁でふさがれたラグーンがあり、カヌーで外洋から出入りできるだけの隙間があった。タヒチに来る前に思っていたイメージ通りの場所だった。そこでダイビングをして魚を取る日々を送るが、この体験はボブスレーでは味わったことのない戦慄をビリーに与える。「珊瑚礁の内側で水深4メートル付近をもぐっていたら小魚の大群が珊瑚の背後から出てきたので銛を握って後を追うといきなり体長2メートル以上のメカジキがこっちにむかってきた。大急ぎで海の底から浮上してボートに飛び込む」

あるとき地元ガイドを伴いイノシシ狩りに出た。内陸部への探検だったが、そこでビリーは桃源郷をみつける。川からとってきたばかりの魚や海老で満腹になると「男たちがたき火を囲んで合唱を始めた。満月に近い月がアロヘナ山から昇り、日没の最後の輝きが西の空を紫に染め、刻一刻と星が明るさを増し、川の流れが大きな音を立て、ココナッツの木が3本まるで歩哨のように立っているのが夜空にくっきりと輪郭をあらわした。それらすべてから霊感をうけたのだろう、男たちの歌声が周囲の環境と完全に調和した。そのときだった。ニューヨーク・セントラルが2ポイント下がったといっては憂慮して生きているやつらがいかに多くのものを失っているかに思いをはせたのは」。

ビリーは山や海からの採取で生きる「魂の純粋なタヒチ人」に囲まれて幸せだった。町に暮らす現地人は別だった。彼らは「文明に汚染されている」と思った。田舎では「現地人の礼儀作法を見るのが楽しい。それは生まれながらの貴族のものだ」。彼はとりわけタヒチの女性たちに魅せられた。親密な関係になっていないとなかなか見られないであろうような記述もある。たとえば髪を洗う際に石鹸の泡が残っていても平気で髪をクシでとかす習慣など。「彼らは輝くばかりの黒髪に多大な誇りをもっている。通常それは腰の下まで伸びている。そして彼らの目!大きく長いまつ毛は陶器の上に塗られたよう。目でものを言う能力はきっと世界一。ご機嫌斜め、うっとり、いぶかる、傷心、恋してる、幸せ、涙あふれる。そう、タヒチ人の目は忘れられない。同じことが彼らの肌についてもあてはまる。もっとも素晴らしい絹のようであり、あまりに滑らかすぎて、引っ掻くのがこわくて触ることもできない」

ビリーが言う「彼ら」は実際には「彼女」だった。「よそ者の前では何日間でも完全に黙っているがいったん打ち解けるといつも快活であり、白人の女の子たちよりもはるかに知的な会話ができる。男たちの取り扱いにも著しく長けており、男に自分が主人なんだと感じさせるように常に気を配る」。「女の子があるパーティーである男を好きになったとする。そんなとき女の子は立ち上がり、注意を惹いておいてから男の性器に寄せる歌を歌いだすのだ！これは古くからのタヒチの習慣であり、歌われた男が当惑することはまったくない」

ビリーとジャックは4か月間滞在した。ビリーは身勝手と知りつつ、自分があまりにも相手を好きになる前に離れるのが信条だった。「場所や人から遠ざかるのを惜しむのが嫌いだ」。その原則を彼女とタヒチのために彼は破る。「旅立ちでかくも心を痛めたことはない。船上から夕闇迫る海岸線を見て心に誓う。いつの日か必ず帰ってくると。ほんの2時間前に涙の別れをかわした砂浜のあたりから突然大きなかがり火があがる。炎が高く天にむかう。別れのあいさつだろう。船は次第に遠ざかり、あたりは漆黒の闇につつまれる」

タヒチの次のクック諸島では失望する。ジャックはビリーに、心痛を克服するのに最善の方法は誰かに乗り換えることだと助言した。ふたりは「島じゅうをくまなく回ったが可愛い女の子がひとりも見当たらなかった」。最初、ビリーは運が悪いだけだと思った。島のとびきりの娘たちがある大きなダンス・パーティーに出ていると聞き、「靴を磨いて希望に胸を膨らませてパーティー会場にむかったが部屋に入るなりその気が失せた」。

それからニュージーランドのウェリントン、タスマニア海を渡りオーストラリアのシドニーへと旅が続く。シドニーではその年の3月に開通したばかりの「新しいハーバー・ブリッジ」をほめ、巨大サイズの「メカノのおもちゃ」だと思う。ジャックが文明を楽しむ生活に戻りたいと言うので、ローズ湾の倶楽部に滞在してゴルフやテニスをする。ビリーはあっさり以前のライフ・スタイルに戻る。「すごい美人や健康的な外見の女の子たちにいつも心を奪われる」とビリーは記す。「服装が少し派手で風変わりだけど、オーストラリア人は個性的なつもりらしい。でもたいていは水着で過ごすのだからどうでもいいのだ」。シドニーからブリスベンに北上して、ポンコツ船に乗り込む。ビリーはなおも詩作に取り組むが腕前が上向く兆しは見られない。

ラランガ、ウェリントン、シドニー
乗合自動車の旅のように聞こえるが
別離のタヒチより来れば
傷心に塗る癒しの香油にはなる

ブリスベン、ケアンズ、タウンズヴィル
意味するものはあまりなく
船は来て　船は行く
天気の回復は甚だ遅い

グレイト・バリアに木曜島
発見したのはクック
無事に航海せしも
持参せざるブック！

オーストラリア北岸のダーウィンを経てスラバヤ（今日ではインドネシア第2の都市）に至り、当地で賭け事に熱中する。ビリーはある中国人が「ポーカーの一手で製糖所5か所、新車6台、現金約10万ドルを失う」のを目撃する。「彼らは楽しむためのゲームを信じない。ギャンブルはビジネスだ。仕事が終わればある者は新車で帰り、他は歩いて帰る」。バリ島ではガムランの演奏と製糖所で働く美人たちに魅せられる。彼女たちの瞳がとりわけ気に入った。次のシンガポールではラッフルズ・ホテルに泊まり、さらにバンコク、マニラと旅を続ける。

マニラでは日記には記していないが友人たちには報告した出来事が起こる。ある友人によれば「ある外交官夫人を巻き込んだ出来事」であり、その外交官は母国に召還されたが「妻がビリーと親密になったと聞いて部下数名を急いでマニラに派遣した。ビリーとジャックは相談して予定を切り上げてマニラを出た」。

香港に着いた時点でビリーの旅のトランクは合計で180キログラムの重さになった。中身は家族や友人たちへのお土産だった。質店の薄明かりでは100万ドルの価値があるように見えた「ダイヤモンド」の指輪を買い、カルティエで売れば少なくとも10倍以上の利益が出るかと思ったが、太陽光の下ではすぐにガラクタだと分かった。

ビリーが親元に送った手紙類のなかでしょっちゅう言及したテーマのひとつが政治だった。ちょうどその頃、国際連盟からリットン報告書が出た。姉のペギーに宛てて、「アメリカの政治家たちの愚かさ」という彼のかねてからの持論を展開する。彼によれば「日本は米国資本に依存しているのだから、日本に満州をもたせておくのが米国の国益にかなうのだ」。ペギーは弟が政治の世界に入るつもりだと確信していた。実際、ビリーには政治への情熱があった。「弟はおカネよりも思想や理想に強い関心があった」とペギーは言う。「自分がなすべき〝正しい〟ことに対して鋭い意識をもっていた」。しかしながら、政治と同じくらいに情熱を傾けるものがあり、それは映画だった。上海滞在中に満州に言及したまさにその日の手紙の最後に「今日はここまで。中国アマチュア・ゴルフ選手権大会にダグラス・フェアバンクスと出るつもりだ。彼はまもなく当地にやってくる」とある。フェアバンクスはサンモリッツの頃から家族ぐるみの付き合いがあったが、そのころハワード・ハンクスの「暁の偵察」に主演するなどスター街道を歩んでいて、上海に来るのもゴルフだけが目的ではなかった。彼は野心的な映画製作のプランを携えていた。テーマは中国で封建時代から今日に至る大絵巻を国際共同制作で作ろうとしていた。このアイデアは結局実現しなかったが上海でフェアバンクスとビリーの映画談議は大いに盛り上がった。ビリーは映画産業への参入を決める。面白いことをやって大金を得るチャンスがある。なぜもっと早く思いつかなかったのか、むしろ遅きに失したくらいだとビリーは思う。

スクリーンランド・マガジン１９３４年５月号
裕福な青年が映画界に入る！

ここにまた映画の世界で何かをしたいとの抗しがたい思いを抱く米国の〝金の匙〟青年がいる！その名はウイリアム・フィスク3世といい、パリ在住の米国人銀行家の子息であり、尊父の跡を継ぐべく海外で育った。しかし彼は銀行業務ではなく映画の道を選んだ。
若きフィスクは「サトウキビ畑の大火」を制作したハワイから帰ってきたばかりだ。

彼は野外派の「ボブスレー」青年である。わが国ではあまり知られていないが、氷のコースを時速130キロで疾走するボブスレーは欧州ではハイカラな人々や裕福な海外在住米国人が冬のリゾートで好むスポーツであり、とてもサンモリッツ的だ！

若き映画プロデューサーであるフィスクは冬季五輪で二度もボブスレーで優勝しており、ゴルフが非常に得意でスケートやスキーもやり、世界のどこをも旅してきた。

幼少の頃より両親とニューヨークからパリへと旅をした彼は14歳からは一人旅をしており、共同経営者のカムパーニャ伯爵と世界中の面白い場所で映画を作りたいと望んでいる。

「真実の物語を作りたいのです」と彼は静かに、しかし目を輝かせて言う。「どの国にも実際にある時代を生きた素晴らしい人たちの史実に基づく物語や言い伝えがあります。今日でも文明の中心地では知られることなく、辺鄙な隔絶された国々で偉大な活動を展開している英雄的な人たちがいます。文明から遠く離れた不正の状況があり、それらはスクリーンによって世界の耳目を集めることができるかも知れません。ハリウッドで作られる映画は現実感という観点では物語の実際の場所で撮られた映画にはとてもかないません。少なくともわれわれはそう考えているし、それを身をもって証明したいと願っています」

映画制作会社は「セブン・シーズ・プロダクションズ」といい、持ち金のほとんどありったけを注ぎ込んだビリーが社長になり、会社の顔になった。スクリーンランド誌の記者がカムパーニャ伯爵よりもビリーのほうに強烈な印象を受けたのは明白だ。伯爵はフェアバンクスのイタリアの友人であり、「ゴルフのイタリア・アマチュア王者、大物ハンター」だった。フェアバンクスが33年夏にハリウッドに連れてきたところ伯爵は大いに気に入り、そのまま居座った。カクテル・パーティーに熱心で四つ足の大物よりも若い女優狩りに精を出した。ビリーとはたちまち意気投合した。彼らは最初、フィリピンのミンダナオ島でのロケを考えた。ビリーは部族紛争に巻き込まれたダツの王子の映画をつくるつもりで、「モロ」というタイトルまで用意したが、ほかの出資者たちから少なくとも最初の映画はよりリスクの少ないものを選ぶように説き伏せられた。そこでロケ地はハワイに落ち着き、ボドレロというシナリオ作家が現地の砂糖のプランテーションを舞台とするロマンスを書いた。ボドレロの祖父母がハワイに同じようなプランテーションを所有しており、ロケに協力してくれたが、これはビリーにとっては重要なことだった。スタジオではなくロケ地で撮る本物の映画作りが彼の信条だったのだから。

ボドレロのシナリオは勢いがあり、まずは合格点だったたし、テーマのいくつかはビリー自身の心に迫るものがあった。「サトウキビ畑の大火」は父親の経営する砂糖プランテーションの幹部であるウイリアムと結婚するサンフランシスコの上流家庭の娘ルシルの物語だ。「新婚のふたりはハワイに移り、夫ウイリアムはお手伝いのレイラニに恋をするがレイラニが原住民であるため一緒にはいられない。社交界から切り離されて家でひとりきりになりがちだったルシルは現地の青年と恋に落ちるが当時の因習にしばられてどうすることもできない。やがてルシルの昔の婚約者チャンドラーがハワイを訪れ、ルシルは誘惑に負け、事実を知った夫ウイリアムは激怒する。物語の終りでは、すっかり取り乱したルシルが作物に火を放ち、プランテーションが火に包まれるなかチャンドラーと手を取り合って逃げる。鎮火しようとしたウイリアムが落馬してまさに火に呑みこまれようとするときにレイラニが現われ、命がけでウイリアムを助け出す」。婚外恋愛はハリウッドおなじみのテーマだったが異なる人種間の情事、とりわけ白人女性と原住民の男の組み合わせが目新しかった。

最初の仕事は監督選びだったが、これはロイス・ウェバーに落ち着く。ウェバーはハリウッド初の偉大な女性映画監督で自ら脚本書きからプロデュース、主演まで手掛けて20年代初期には華々しく活躍したがここ数年はうまく行ってなかった。ビリーにとっては初の映画だったのでそれでよかった。手慣れた監督が気心の知れたスタッフを率いて仕事をしてくれるのが安心につながった。

次はキャスティングだった。最初、アルゼンチン人の女優モナ・マリスが議題に上がる。英語のアクセントが野卑なのが難ありだったがハワイのお手伝いレイラニを演じるのだから大丈夫と結論づける。最大のカギは誰をルシルに充てるかだった。結局のところ、これはルシルの映画なのだ。ビリーはチャーリー・チャップリンのヒット作「街の灯」で目の不自由な花売り娘を演じた20歳やそこらのブロンド美人ヴァージニア・チェリルに白羽の矢を立てる。チェリルが20世紀フォックスと契約しているにもかかわらず強引に引き抜いた。

チェリルは荷物を携えてハワイにやってくる。フィスク一家とはサンモリッツの頃から交友があったチャップリンはビリーに警告を発する。「街の灯」撮影時にチェリルをいちどキャストから外した経緯がある。理由は彼女が美容室に予約があるといってセットを無断で抜け出したからだ。実際、チャップリンは彼女を完全に追放して別の女優で一から撮り直すことも考えたが費用等の問題で断念したのだった。さらに悪いことには彼女には異常に嫉妬深い婚約者がいて、彼女が何か月もの間ハワイでビリーと仕事をすることに猛反対だった。その婚約者とはケーリー・グラント（訳注　後年ヒッチコック監督「北北西に進路を取れ」主演）だった。１９３３年の夏に「サトウキビ畑の大火」が制作されていた頃、グラントは不遇をかこち、「不思議の国のアリスのグロテスク版」と自ら蔑む仕事を終えたばかりだった。彼はその映画の撮影中ずっと亀の着ぐるみに入り、暑くて窒息しそうだった。いっぽうビリーは、友人の記すところでは「どこに行っても誰と会ってもその陽気さ、心の温かさ、機智で人気を博した。どんなスポーツをやっても図抜けてすぐれ、傲慢なところがまったくなく、ユーモアが絶えず、いろんな国のいろんな階層の人たちから賞賛されたし、愛されもした」。「ビリーは小柄で身長１７３センチだったが女性にとってはすごく魅力的だった」

チェリルは、ビリーとの間に何らかの関係があったとは一切認めていない。「暑さと埃まみれの撮影の一日が終わると私たちは疲労困憊だった」と彼女は伝記作家に語る。「わたしはお風呂にゆっくり浸かって、夕飯を済ませたら翌日に備えてすぐ部屋に戻ったわ。ビリーたちは翌日の撮影の打ち合わせに夜遅くまでかかりっきりだった」。これが彼女の説明であり、彼女は一歩も譲らない。「チェリルは映画製作の不快さとケーリーの嫉妬深さをよく覚えている」とグラントの伝記作者は記す。「彼女は来る日も来る日も砂糖のプランテーションに出向いて、強風に吹かれ紅塵にまみれていた。夜は寄宿舎に帰るとメードが彼女の髪や毛穴、爪から埃を取り除くのに懸命だった。フィスクはといえば、副プロデューサーと現地の売春宿にしけこんだ。監督は自室に引きあげ、チェリルは完全にひとり残された」

グラントは信用しなかった。「数週間に及ぶ撮影期間、自分が彼女を監視できないのが我慢ならなかった。直接彼女に電話をかけることもあれば、彼女の滞在先である日本人経営の宿舎の電話交換台に問い合わせて調べることもあった。電話がまだ初期の段階だった当時それは大変な骨折りだった。彼女が浮気をしているに違いないと根拠もなく信じ込み、彼は気が狂ったかのようだった」。グラントの猜疑心はクランクアップ後もおさまらず、チェリルがビバリーヒルズ・ホテルに移ってからはホテルの電話交換手たちに袖の下を握らせて、ビリーから彼女に電話があれば委細もらさず会話を盗聴するように頼んだほどだった。

ハワイでの日々が「紅塵にまみれていた」というチェリルの回想は他の関係者たちのそれとは必ずしも符合しない。他の誰もが覚えているのは、ロケがとても楽しかったことと仕事が少しもはかどらなかったことだ。撮影が遅延したのは、ビリーが思いついた遊びを真似して、撮影クルーの大多数が創傷、打撲、捻挫などの怪我に見舞われたからだ。ロケ地のプランテーションに小高い台地があり、そこでサトウキビ刈り入れ作業がおこなわれ、サトウキビはまとめて束にして二本の水路に流して下の平地まで運ばれる仕組みだった。水路と水路の間は30センチほどでずっと下まで同じ幅だった。ビリーはサトウキビの束をおさえて左右それぞれ足を乗せて水上スキーのように操ってスロープをくだった。「危険かつ難度の高い遊び」であり、ビリーは上手にできたが、他の者たちはそうは行かなかった。

「サトウキビ畑の大火」は「白熱（ホワイト・ヒート）」のタイトルで１９３４年6月にニューヨークで公開されたが評判は散々だった。監督のウェバーは「ヒット作にはならなかったが経済的な損失はないはずだ」と強弁したが、噂によるとビリーは40万ドルを投じて手元に返ったのは12万5千ドルだった。ともかくもフィリピン・ロケが予定された「モロ」は棚上げになり、ウェバー監督もそれっきりだった。

プロデューサーとしての未来は望み薄になったが、ビリーは依然ハリウッドで楽しく過ごした。ペギーが言うように、ビリーは金銭にはあまり構わなかった。友人とバーバンクで飛行訓練を受けたりもした。ハンフリー・ボガード（訳注　後に「カサブランカ」主演）という新人が主演するワーナー・ブラザーズの映画「チャイナ・クリッパー」を観て発奮したのだった。その作品は太平洋を横断できる飛行艇の建造にとりつかれた男の物語だった。

ビリーはハリウッドをあきらめたわけではなかったが、ハリウッドよりもずっと見返りの大きい投資案件がどこかにないものか探してみるようにもなった。

フリンによれば、それは1936年の早春にパサデナのカクテル・パーティーで始まった。コロラド州のアスペン出身の彼は近ごろロサンゼルスに引っ越したばかりだった。30年代のアスペンはさびれていた。鉱山ブームはとっくに去り、一時は1万2千あった人口がわずか30年間で7百まで落ち込んだ。大不況のなかでアスペンで手をこまねいていていいとは思わなかったが、かといってパーティーで持ちきりだったポロの話題にはとてもついていけず手持ち無沙汰だった。そこにあきらかにポロの話題には退屈した様子の若者がいてフリンに話しかけてきた。

「ポロ以外のスポーツに興味がおありですか？」とビリー。

「ええ」とフリンが応じる。「山での乗馬が好きです」

ビリーが目を輝かせて「どこの山で？」

「ロッキーです」とフリン。「そこで生まれ育ったもので」

「そこでスキーもできますか？」

「もちろんです」

それからビリーはフリンに矢継ぎ早にロッキーに関する質問を畳みかけてきた。

というのがフリンの好む説明だが、ビリーの友人のひとりであるライアンによれば話は少し違う。ロサンゼルスにやってきたフリンはコロラドの銀山に投資してくれる人物を必死で探していた。「彼はビリーにもしつこく売り込んだのだが、ビリーはまったく興味がなかった。電話攻勢が続いて、とうとうビリーも率直に言い返したんだと思う。〝鉱山には興味ありません。どうせなら銀じゃなくて金がいいです〟とね。フリンはそんなのお構いなしで鉱山の写真をビリーに送りつけたんだ。ビリーはそんな土地がアメリカにあるとは知らなかった。すぐさまフリンに電話してアスペンに投資してみたいと言ったら、フリンが喜んで言ったものさ。〝だからそうなるって言ったでしょ〟。そしたらビリーが〝鉱山じゃなくて山のほうに興味があるんです〟って」

その年の夏遅く、ビリーたちは有名な不動産開発業者のローワンを伴ってアスペンを訪れる。ビリーの義兄になったジェニソン・ヒートンが自家用の4人乗り小型飛行機で連れていってくれた。給油のためにグランド・ジャンクションに着陸して、アスペンの近くで着陸できそうなところはないかと聞いてみたら、グレンウッド・スプリングスのポロ場がいいかもと言われた。そのポロ場に着陸しようとしたが危うく墜落するところだった。上空を通り過ぎ、旋回し、ついにゴルフコースの片隅に着陸する。着陸を試みる前に4回は低空進入しなくてはとジェニソンが言うほど困難な着陸だった。トラックで来ていたフリンとすぐに落ち合い、鉱山を経てリッチモンド・ヒルに至る。頂上までの400メートルあまりをビリーは子供のように駆け足で上がる。周囲を見渡すと一部に残雪があり、ふたつの小川が合流し、まるでスイスの草原のようだった。ビリーが求めていたものがここにあった。結局、一行は3日間滞在して毎夜遅くまで計画を練る。まず会社を設立して支援者を募り、エキスパートを雇い土地の調査を始めねばならない。だがその前にアスペンを離れなくてはならなかった。ジェニソンの飛行機はまだゴルフコースに停めたままだったが、離陸が成功するとは誰にも思えなかった。送電線が前方にあり、ジェニソンは無事に送電線を飛び越えられるか自信がなかった。ビリーたちは荷物をいくらか投棄して後は手を合わせて祈るしかないと思ったが、ローワンは同意しなかった。彼はグレンウッドの電力会社に電話して、自分が誰で今どんな状況かを説明した。一時間後に電力会社の技師が現場に到着して、送電線を下げてくれた。

アスペン・タイムズ1936年11月26日付

冬のリゾート計画が判明

アスペンが全米きってのスノー・スポーツ・シティーに

アスペンの住民にとって今世紀最大のニュースがさる月曜日の夜ライオンズ倶楽部の定期会においてアスペンのT・J・フリン、ハリウッドのウイリアム・フィスク3世らによってもた

らされた。

彼らはアスペン一帯を全米きっての冬のスポーツ・リゾートとして開発しようとしており、計画が実現すると何十万ものスノー・スポーツ・ファンが趣味やレクリエーションのためにはるばる遠くの土地まで旅することなく、アスペンで冬を過ごすことになろう。

フィスク氏は過去15年を欧州のリゾート地で過ごし、米国の五輪ボブスレー王者でもある。彼は全世界を旅しており、冬のスポーツを各地で楽しんできた。その彼がアスペンの周囲の山々に比較しうるほどの景色を世界のどこでも見たことがないと認めている。

大規模で美しい山岳宿泊施設の建設工事はすでに始まっており、スキー場建設のための準備や調査も着々と進んでいる。１９３７年秋に工事が完成するならば、スノー・スポーツのファンたちが大挙してアスペンに押し寄せることになろう。冬のスポーツは現在、世界で急速に広がりつつあるレクリエーションであり、昨年だけでも8千とも言われる米国人が冬のスポーツをするためにわざわざ欧州まで出かけているのだから。

１８９０年代以来の経済ブームのチャンスが到来した。過去、巨万の富がアスペンから持ち出されたが今はそれらを取り戻すべき時であろう。

冬のスポーツは年を追うごとに隆盛を極めている。他のリゾート地はすでに予約で満杯になっている。人々は新しいものを欲している。バミューダや南方の温暖な地方への旅はすでに古くさく、冬のスポーツこそが新しいスリルに富むレクリエーションの需要にこたえるものだ。

この新しいリゾートのプロモーターたちは当地の住民に、ともに努力してくれるならば「ロッキーのクリスタル・シティー」と呼ばれたかつての栄光をアスペンが必ずや取り戻せると確約している。

新社名はハイランド・バヴァリアンだった。彼らの夢はひっそりとした田舎町アスペンを全米一の冬のスポーツ・リゾートに仕立てあげることだったが、それはかつてゴドフリー・デューイがレークプラシッドに抱いた構想とうり二つだった。おそらくビリーにすれば、彼らがデューイのリゾートと競い合うという構図が痛快に思えただろう。実際、ビリーは我を忘れて仕事に没頭した。後年、友人たちはビリーの存在がなければアスペンの今日の繁栄はあり得なかったと証言している。直接の投資もさることながら、ビリーの人脈も物を言った。友人のライアンによると「ビリーは本当に誰をも知っていた」。ビリーはロバート・ベンチレーをも口説く。ベンチレーは当時すでに消滅していたアルゴンキン・ラウンド・テーブルの中核メンバーだった人物であり、出版界に依然強い影響力があった。自身はアウトドアに縁がなかったがビリーに説得され、熱い思いで特集記事を書いてニューヨーカー誌の編集長に渡すと、編集長が驚いた。彼はアスペン出身でありながら、それまで地元振興への加勢には及び腰だったのだった。

ロッジの建築設計も友人が請け負った。ロッジの装飾を担当したのはあのボドレロだった。シナリオ作家をやめて絵を描いたり装飾を手掛けるようになったが、こちらのほうがよほど上手で、ウォルト・ディズニーの新しいスタジオではチーフ・アーティストのひとりになった。ロッジはちっぽけだったが、ビリーは強い印象を与えうる施設にしたかった。投資を検討している顧客を順繰りに連れてきて一週間滞在してもらうつもりだった。ポンプ室、スキー保管室、馬数頭や馬橇を収容できる納屋に干し草置場が付属し、二部屋ある寝室は「ボックス・スプリング・マットレスのベッド、ダウンの枕」を備え、「骨組みはフィリピンのマホガニー」だった。ロッジはエレガントかつファショナブルであり、顧客をアスペン駅で出迎え、リッチモンド・ヒルに案内し、そこからスキーでアスペンまで樹木の間を縫って滑り降りてもらうなどして、投資の勧誘につとめた。

しかしながら彼らが最も必要としたのは冬季スポーツの真のエキスパート、当地の気象を把握し、トレイルを決め、山を測量できる人材だった。すなわち、何もないスロープを第一級のスキー・リゾートに変貌させるために何をしなくてはならないかを熟知する男たちが欠けていたのだ。必要な条件を満たす人材は米国内では思い当らなかった。しかしどこで探せばいいか、ビリーは知っていた。スキー・リゾート建設の野望を彼がはじめて抱いたのと同じ場所、つまりサンモリッツだった。

ビリーがライアンと1936年2月にはじめて出会った舞台もそこだった。「一体どうして冬のスポーツができる場所がアメリカでは見つからなかったんだろう?」とライアンがビリーに問いかけた。ふたりは不思議でならなかった。「どうしておれたちは大西洋を苦労して渡り、カレーでアルプス方面行きの列車に乗り継がないと、まともなスキーにありつけないんだろう?」。そんな会話をライアンと交わしたビリーがフリンからの写真でアスペンを知ったのは冬のシーズンが終わり、米国に帰ってからだった。

ともあれ、ビリーはサンモリッツの友人たちに応援を頼む。ロッキー山中に購入した土地を測量するのに専門家ふたりを派遣してほしい。結果、彼はスイスの登山家アンドレ・ロッシュとイタリア人のギュンター・ランゲを雇う。ランゲはヨーロッパ最速の滑降ピステをマルモラーダでコース設計した男だった。

ビリーはアスペン計画にのめりこんでおり、ロッシュとランゲの月125ドルの報酬も彼自身の口座から振り込んだ。ふたりはログ・キャビンが完成次第、仕事に取り掛かる。米国東海岸におけるハイランド・バヴァリアン社の代表であるビリーとライアンが投資する見込みのありそうな客を連れてきてスキーの接待をするいっぽう、ロッシュとランゲは黙々とピステになりそうな山腹を測量してまわる。ロッシュはついにアスペン最初のスキー・トレイルを引き、ビリーの協力を得て現地の子供たち相手のスキー講習を始める。地元コミュニティーを事業に取り込む計画の一環として、アスペン・スキー倶楽部を設立する。古いT型フォードのエンジンを利用して小さなスキー・リフトさえ装備した。

やがてロッシュがビリーたちに打ち明ける。古い鉱山のまわりのアスペン山の土地は米国有数のスキー場のひとつになりうる。だがキャッスル・クリークから10キロ上ったアシュクロフトなら世界で最高のスキー場がつくれる。ハイランド・バヴァリアン社は、要するに、間違ったところにスキー場を建設していたのだ。時間も費用もまだまだ沢山かかるだろう。道半ばというより、道はまだ始まったばかりだった。スキー場構想は長期プロジェクトになろうとしていた。

C13

1936年冬季五輪の開幕まであと数週間に迫ったある日、ウッドワース・ビルディングの27階にある米国五輪委員会のオフィス前の通路には選手たちの行列ができていた。その日のニューヨーク・タイムズは「制服姿の五輪選手団でそこはまるでラッシュ・アワーの地下鉄タイムズスクエア駅さながらだった」と報じる。午前中ずっと混乱が続き、担当者のシムズはてんてこ舞いだった。アイスホッケーの選手たちが大西洋航路の乗船券をもとめ、スケート選手がビザの手配を頼み、スキー選手たちがAOC認証カードの発行を依頼しにやってくるという具合だった。そして当然のことながら、シムズが文書でこまかく指示を書いて通知しておいたにもかかわらず、たいがいの選手たちは正しい様式に沿って準備してはいなかった。パスポートを持って来ず、家に取りに帰るように言われる選手まで出る始末だった。選手団一行は翌日正午のSSマンハッタン号で出発する予定だったので遅くともその日の夕方までにはすべての手続きを終えねばならなかった。

午前中の対応は終えたものの、昼食は出前にしたほうがよさそうだとシムズが思った矢先、入口のドアがノックされた。また書類不備の若者が駆け込んでくるに違いないと思ったら、入ってきたのは禿げ頭の太った男だった。誰だろうと思う間もなく、オフォスの後方にいたシムズの同僚でボブスレー委員会の事務長でもあるガレンから声が上がる。

「ティッピー！」

そう、彼はクリフォード・グレイだ。ガレンから紹介されつつもシムズは頭の中に米国選手団一覧を思い浮かべる。確か彼はその中に入っていないはずだ。五輪委員会は彼の意思を確かめようと何週間も接触を試みたが所在がつかめなかった。とすると彼はここに何をしに来たのか？すぐに判明したところではグレイは提案を持ち込んだ。ＡＯＣが彼を公式にボブスレー選手名簿に追加してくれるなら自腹で五輪に行ってもいいという。前の晩に考えたことだった。ガレンは喜んだ。レークプラシッドのトライアルで選んだボブスレー選手たちはいずれも経験不足であり、なんらかのかたちで実際に五輪を経験しているのは主将のヒューバート・スティーブンスひとりだったのだ。ガレンは即決でグレイの追加を決め、シムズがその日のうちに終えねばならない仕事がまたひとつ増えた。緊急ビザと乗船券の手配だ。帰り際にグレイが言う。「エディーも喜んで参加したいそうだ。もちろん、同じ条件でね。きっとすぐに電話があると思うよ」。シムズがため息をつく。長い一日がさらに長くなる。

半時間後に電話が鳴った。エディー・イーガンからだった。ドイツ・アルプスのガルミッシュ・パルテンキルヘンで開催される冬季五輪に行きたいとガレンに言う。オフィスがとても小さかったので、聞く気がなくても同僚の話し声は全部聞こえた。受話器を置く間際にガレンが電話の相手にこう話すのをシムズは聞いた。「エディー、ついでにひとつ聞きたいんだけど、ビリーからは連絡があるかい？」

1935年初頭以来、AOCの誰もがビリー・フィスクとは音信不通だった。同年2月にレークプラシッドで五輪にむけてのトライアウトがあり、ビリーに参加希望の有無を尋ねたが、ビリーはゴドフリー・デューイの牙城に戻る気はなかった。ハンク・ホムバーガーが引退し、ビリーが欠けたトライアルを制したのはジョン・ドンナ・フォックスというブロンクスからやってきた葬儀屋だった。2位はヒューバート・スティーブンスで、3位がフランク・タイラーといい、レークプラシッドの警察官だった。デューイはある意味、ボブスレーを万人のスポーツにするという目的を達成したのだ。マウント・ヴァン・ホーヴェンバークのトラックは誰にたいしても開かれていた。週末のレクリエーションとしてボブスレーに乗りにくるブルーカラーの人々がいまや大勢いた。ボブスレーをやるのに金持ちである必要がなくなったのだ。しかしビリーは二度の五輪王者であり、彼が何をできるかをAOCは熟知していた。できることならビリーに手伝ってもらいたかった。

当時はまだオブライエンが選手決定の責任者であり、トライアウトに出た14名のほかに自分の判断でビリーを五輪参加者名簿に追加した。しかしその後すぐに職を辞した。1936年冬季五輪の準備をすすめるよりもパームスプリングスの社交界のほうがよかったのだろう。後任のガレンはレークプラシッド出身で、ビリーに関してはＡＯＣ会長のエイヴェリ・ブランデージ宛てのビリーの手紙を転送してもらっただけだった。手紙の中で、ビリーは彼単独で太平洋経由でカリフォルニアからドイツに行くつもりだと述べ、「現地でまた」と括られており、その手紙以降、なんの連絡もないのだった。

いまイーガンとグレイが出頭したので、ガレンは自動的にビリーを最終名簿に加える。五輪で実際に誰が滑るかは、フォックスやスティーブンスらと競ってから決めることになろう。シムズは時間内に首尾よく事務手続きを終えた。イーガンは出発を1週間後に延ばすがグレイは翌朝、時間きっかりに港に現れる。彼には逃げるべき必然性があった。実はその頃、彼はスキャンダルの渦中にあり、不本意ながら新聞にしばしば登場した。彼はルビー・ロックハートという女優（少なくとも、自称女優）と火遊びをし、ほんの弾みで結婚を口にした。彼にその気がないとわかると彼女は訴えてやると彼を脅しにかかり、彼女の弁護団は彼に慰謝料として1万ドルを要求した。グレイにはヨーロッパに逃げる潮時のように思われた。

グレイはマンハッタン号でフォックス、スティーブンス、タイラーらとともに出航する。当日は雨にもかかわらず数百名の見送りを受けた。ハンブルクに入港しても、列車でとうとうガルミッシュ・パルテンキルヘンに到着しても依然ビリーの所在はわからなかった。ニューヨーク・タイムズは1月15日と16日の両日、ビリーの消息不明を報じている。五輪まであと3週間だった。「五輪オフィスでは現在エディー・イーガンとビリー・フィスクと連絡が取れていない」。イーガンはまもなく出航するだろう。「だがフィスクは謎の男だ」

いっぽう無事に五輪開催地に着いたボブスレー選手たちも、彼らなりの問題を抱えていた。ガルミッシュ・パルテンキルヘンのトラックがまだ使えず、五輪前に滑走練習をするなら190キロメートルほど南西に位置するサンモリッツまで移動しなくてはならなかった。しかし、そうしようにも米国選手団には交通費の工面さえできなかった。チームのマネージャーはニューヨークのAOCオフィスに電報を送る。全員が三等車に乗り、宿は農家の納屋を借りるのでなんとか追加の出費を願いたい。願いが通じ、スイスに移動した選手団を誰が待ち受けていたか？「ビリー・フィスクの謎は解けた」と1月18日のタイムズ紙が報じる。「カリフォルニアにいると思われたフィスクはすでにサンモリッツ入りし、トレーニングの準備が整っており、当地で米国選手たちと合流することが昨日判明した」

ビリーにはサンモリッツはいつも故郷のように感じられた。最初に訪れてからほぼ10年が過ぎたが人々も街の景色も変わっておらず、変わったのは彼自身だった。成長し、いまや24歳になり、同年代のほとんど誰よりも世界を見ていた。彼をひときわ傑出した存在にさせたのはもちろん二度の五輪金メダルであり、そして成功にいたる彼の生き方そのものでもあった。「彼は実に紳士だった」と同時代の米国のボブスレー乗りのひとりであったポール・デュプリーが回想する。「なんて素晴らしいやつだ。苦もなく栄光を手に入れて、しかも閉鎖的な小集団だったヨーロッパの選手たちからもすごく尊敬されていた。チームの仲間からも尊敬を集めていたが、それはボブスレー乗りの世界では珍しいことだ」。しかしながら一部の役員連中は見方を異にした。デューイがレークプラシッド倶楽部を運営したのとほぼ同じような手口でAOCに君臨したブランデージはとりわけビリーを嫌った。余談になるがブランデージはデューイとことごとく反目した。さかのぼって1932年にはデューイのレークプラシッド五輪のための資金調達にたいして一切の協力を拒否した。彼らの気質はあまりにも似通っていてふたりが並び立つのは不可能だった。ふたりとも自分のやり方が絶対だった。ブランデージにしてみれば、ビリーがトライアウトを受けなかったことが我慢ならなかった。彼の苛立ちは当然、部下であるチーム・マネージャーたちにも影響を与えており、サンモリッツでビリーが合流してすぐに騒ぎが持ち上がる。

ビリーの主張は不変だった。AOCが彼を必要とするなら参加する意思はあるが、米国1のソリに乗ること、トライアウト免除、他のクルーを自分で選べることの三条件は譲れない。この三条件にAOCは猛反発する。米国1の座を得るためにはビリーは何度かの選考レースを勝ち抜かなくてはならないし、他の選手たちの手前、ビリーが勝手にチームを組むのを黙認することはできない。彼らはビリーの排除を決めるが、レークプラシッドのときのデューイと同様に用心深く巧妙だった。つまり、責任がビリーにあるように見せかけたのだ。AP電は報じる。

ビリーは「全権限をもつキャプテンに指名され、二人乗りと四人乗りの両方のパイロットをやらせてくれるなら参加すると役員たちに通知した。役員たちはこれを認めなかった」。ニューヨーク・タイムズでさえ伝聞と断りつつ、ビリーが以下のように言ったと報じる。「おれは金メダルを2個取ったし、ほかの選手権大会でも何度も勝っているのだから今度の五輪に出なくても何も失うものはない。出るのなら、おれは米国1で出るし、メンバーも自分で決める。ほかのやつらは米国2の座をめぐって勝手に競ってればいいさ。のるかそるか、それだけの話だ」。

1936年五輪に参加したチーム・メンバーのひとりであるジム・ビックフォードはビリーがそのような発言をしたとはまったく想像すらできないと言う。「ビリーは物静かでいつも冷静なタイプだったし、居丈高な姿など見たこともない」。「レークプラシッドで生まれ育ったおれでさえついて行けない政治的な駆け引きがうごめいていた」。AOCはビリーに控え組に入ることはできるが本戦に出場することはできないと告げる。なぜなら、ビリーはトライアウトに出走していないから。ビックフォードはこの言い分にも違和感を覚える。AOCは、ヨーロッパのトラックではヨーロッパ製のソリが米国製のソリよりも速いのかどうかテスト滑走するようにビリーに依頼した事実があった。ビリーがサンモリッツにいるのをAOCは把握していたのだ。そしてその時期にレークプラシッドでトライアウトを実施したのだった。ビリーにとってはレークプラシッド五輪直前の悪夢の再現のようなもので、ただちに不参加を決める。ビリーが降りるならとイーガン、グレイもともに降りる。グレイはサンモリッツにとどまり、イーガンはニューヨークを離れない。彼ら抜きで戦った米国代表は4人乗りの二チームともにメダルには届かなかった。

ビリーの不参加理由については旧友のジャフィーからの異論がある。「これが最後の五輪だから絶対に勝たなくてはとレークプラシッドでビリーが毎日のように言っていた。彼はヒトラーの面前でたたかいたくなかったのさ。AOCからトライアウトに出るように言われた時にちょうどいい口実が見つかったってわけだ」。しかし姉のペギーによると、ビリーがドイツのナチス政権に反対意見をもつようになったのはもっと遅く、1938年からだという。誇り高いユダヤ人であるジャフィーは早くから五輪不参加を決めていた。彼は米国がナチスの五輪をボイコットすべきであると考える大勢の人々のうちのひとりだった。

ブランデージは1934年8月にドイツに6日間の視察旅行に出かけ、五輪に反ユダヤの偏見はないといって満足した。現地滞在中ずっとふたりのナチ党員がつきっきりだった。「五輪は外部からの干渉、人種的宗教的政治的な妨害から自由でなくてはならない」とブランデージは言う。彼はユダヤ・ロビーが五輪運動を乗っ取ろうとしているとさえ言った。「一部のユダヤ人たちはナチスをボイコットする武器として五輪を使えないことを理解しなくてはならない」。IOC米国委員はボイコットがユダヤの信条にとって有害だと言った。「なぜなら、この国にいる5百万のユダヤ人が火中の栗を拾うために1億2千万の米国人を利用しているとみなす反ユダヤの波が高まっているからだ。彼らは以前はそんなことを考えもしなかったのだ」

ビリーが果たしてジャフィーの言うように五輪をボイコットする気持ちがあったのかどうかは判然としない。だがビリーの父は自身、ナチスとは複雑な関係にあった。彼はなおもパリに住み、ディロン・リード社欧州部門の長として働いていた。同社は20年代の対ドイツ取引の利潤のほとんどを現地での再投資に回し、今ではウォール街のほかのどの銀行よりもドイツ経済と密接にかかわっていた。同社の従業員エベルシュタットはかつて自慢した。「われわれは鉄鋼と石炭産業を保有する。電化産業ではシーメンスをもち、銀行業ではディスコントとドイツ銀行をもつ」。ヒトラーが権力を握ってからも同社はシーメンスとユナイテッド・スチールワークスへの投資はそのまま継続した。ディロン社から7千万ドルの融資を受けたユナイテッド社は1938年にはドイツの全爆薬の95％を生産していた。

ディロンとビリーの父は鉄鋼王フリッツ・ティッセンと昵懇の間柄だった。ティッセンはナチ党員であったばかりでなく、党に一族の銀行から融資させ、自らも巨額の寄付金を拠出した。ティッセンはナチを共産党と労働組合の弾圧に利用し、ナチのもとめに応じて工場のユダヤ人労働者を全員解雇する。ディロンは彼自身ポーランド系ユダヤ人だったが、すべて承知の上だった。ティッセンは1939年初頭にナチ党から離れる。前年11月に起きた「水晶の夜」に失望したのだった。「私の良心は潔白だ」と彼はヒトラーに宛てて書く。「私のただひとつの過ちは貴殿、われらが主導者アドルフ・ヒトラーと貴殿によって開始された運動を信じたことだった。わが故郷ドイツを情熱的に愛する者の熱狂をもって信じてしまったことだった」
戦後ディロン・リード社は処罰を免れるが非難は避けられなかった。ドイツのカルテル解体にあたり、同社がかつて果たした役割が白日の下にさらけ出される。「第一次大戦後の復興のための貸付は戦後の平和を作りあげるよりは第二次大戦を準備するための大車輪として機能した」。ディロン・リード社自体は「ナチ産業の成長と密接にかかわった」。なぜならドイツの軍需生産は「銀行貸付によって作られた設備によるものだったのだから」。

１９３６年1月のサンモリッツで、ビリーはそのような世界の喧騒とは無縁のようだった。ニューヨーク・タイムズによると「彼は直近ではボブスレーに興味がない」。この報道はあながち間違いではなかった。ビリーはサンモリッツが誇るもうひとつの競技スポーツであるクレスタ・ランに打ち込んでいたのだ。

クレスタはサンモリッツ・ボブ・ランと並行して成長した。ビリーは十代だった28年にコース途中からのスタートではじめて滑ったが、本格的に取り組んだのは１９３５年の冬が最初で3個のトロフィーを獲得した。翌36年はＡＯＣとの論争で感じた怒りが推進剤になったのか、それまでに見られず、かつその後もめったに見られないやり方でクレスタを攻めた。わずか11日間で5個のトロフィーを勝ち取り、そのなかには最も栄えあるグランド・ナショナルが含まれた。1月30日には56秒9のコース・レコードを記録するが、これは彼にとっても嬉しいものだった。それまでの記録は旧友のジャック・ヒートンが7年前に出した58秒フラットだった。ほかに例を見ない滑り方だった。

「クレスタのスタイリストとして」と史家のセトスミスが記す。「彼は見ていて楽しい存在だった。横滑りの兆しもなく、転倒の危険も冒さず、バンクを最高速度で完璧にカーブした」。当時ビリーの最大のライバルのひとりだったスイス人のクリスティアン・フィッシュバッハーは言う。「ビリーがトボガンの乗り方を覚えてからというもの、彼は誰にとってもどうしても打ち破れない目標になった。何をやってもずば抜けたスポーツマンでもあったけど、彼はバランスとボディーを同調させる究極の感覚を楽しんでいたんじゃないかな。今日でも彼抜きでクレスタを語るのは不可能だ」

クレスタは自分自身とソリと氷と時計だけの孤独な世界だった。それがビリーにはよかった。ボブスレーのように仲間のちょっとしたミスに影響されることもなく、完璧な滑りを追求することができた。驚くべきことにビリーは一度も転倒がなかった。したがって彼にはシャトルコック倶楽部への入会資格がなかった。入会の唯一の条件はただの一度でもかの悪名高い、低く左に曲がるシャトルコックで転倒経験があることだったのだ。とうとうビリーは例外的に名誉会員にしてもらった。今日でもトップ選手たちでさえクレスタは12回滑って、うち最低1回は転倒すると白状している。クレスタ・ランには10個のカーブがあり、優れた選手は1分以内で滑るがビリー自身にはもっと時間が長く感じられたような節がある。かつてライバルのひとりがビリーに尋ねた。「きみは一体どうやっておれたち全員をそんなにあっさり打ち負かしてしまうんだい?」。ビリーは少し間を置き「おれが考えていることを言ってみるね」と答えた。「きみたちはみんなバンクを通過するのにものすごく急いでいるように見えるんだ。おれはきみたちよりずっと余裕があって時間があるみたいなんだ」

夜になると彼は昔と変わらないビリーに戻った。一晩中を乱痴気騒ぎで過ごした後に夜明けにビリーがタキシード姿でクレスタを滑ったという伝説がある。嘘のような話だが賭け金がからんでいたと聞くと、ありえなくもないように思える。ビリーは賭けの習慣から抜け出すことができなかった。

その冬ビリーはポーレット・ポニアトウスキーという女性に夢中だった。フルネームはドンナ・ポーレット・アモル、ポニアトウスキー王女だった。「ビリーがどちらかと言えば本気でつきあってたガールフレンドのひとりだった」と友人のニール・クリーバーが言う。困ったことに、メキシコ人だった彼女はポーランドの王子に嫁ぎ、王子との間に3人のまだ幼い子供たちがいた。ビリーはぞっこん惚れ込んでいて、彼女に会いにイタリア国境を越えてセストリエレまで450キロの道のりを車で連れて行ってくれとクリーバーにせがんだ。「おれは気が進まなかった」とクリーバー。「というのも、おれたちは英国人だし、アビシニアの戦争をめぐってムッソリーニに制裁を科していたからその頃イタリアではすごく英国の評判が悪かった。でもビリーはいつもの通りで押しの一手だった」

王女との関係は長くは続かなかった。冬のシーズンが終わるとビリーはカリフォルニアに戻り、やがてアスペン・プロジェクトに乗り出す。夏を迎えるころにはポーレットははるか昔の思い出の女性のひとりになったが、それはビリーがスキー場開発に寝食を忘れてのめりこんだからではなく、また新たな別の女性と出会ったからだった。

1936年8月18日付のハリウッド・シティズン・ニューズの記事中に「ウォーヴィック伯爵夫人が20世紀フォックスのスクリーンテストを受けた。当地でいつも彼女に付き添っているのは裕福なビリー・フィスクだ」との記述がある。彼女を伯爵夫人と呼ぶのは新聞だけであり、友人や知り合いたちには彼女はローズで通っていた。ビリーは彼女ほどに呼び名が似合う女性を知らなかった。つまり、彼女はとびきりの美人だった。ブルネットの短髪、頬骨がとがり、細長い眉毛、瞳は茶色で生気に満ちていた。唇は面白くもない冗談につきあって苦笑するのが得意そうで、彼女はいつも笑っていたのだろう。ビリーより2歳年下で1913年生まれだった。

ローズの父は1914年9月に西部戦線で戦死したので、彼女には父の記憶がない。母は女手ひとつで彼女を育て上げた。一人っ子だった。家はロンドンから南に1時間ほど行ったサセックスにあった。新聞に「上流社会の若者たちのなかで最も人気があり最も美しい女性のひとり」と書かれた1931年に社交界デビュー。伝統的なしつけと環境のなかで育ったが彼女自身は伝統的な女の子ではなかった。早くから飲酒喫煙をたしなみ、長じては気分によっては船乗りのように悪態をつくこともでき、当時の言葉でいう「近代的な女性」だった。しかし結婚については古風な選択をした。1933年、19歳の時にウォーヴィック伯爵のチャールズ・グレヴィルと婚約する。彼は街きっての有望な美男子であり、国内でも名誉あるウォーヴィック伯爵の地位に19歳にして登りつめたのだった。彼とローズは完璧な組み合わせのようだった。ともにロシリン伯爵夫人の子孫であり、遠戚関係にもあった。1933年7月の教会での結婚式は盛大で、数百人の村人が祝福に訪れ、群衆整理に警官が出動するほどだった。

不幸な結婚だったと言うのはたやすいが人生はそれほど単純ではなく、二人には楽しい時もあり、34年には男児が誕生した。しかし新聞各紙がこぞって二人を幸せあふれる恋人同士のように描こうとしたものの、結婚当初から伯爵は米国人女優のサリー・ブレインと交際しているという噂があった。ハリウッドはまさに彼が望んだ居場所であり、36年夏に彼はMGMと5年契約を結ぶ。関係者は彼を映画スターに仕立てあげるつもりで、ロマンチックで浅黒い肌の、いかにも英国風の男らしい役柄が期待された。この話は大西洋の両岸で波紋を呼ぶ。英国の貴族社会にとっては前代未聞だった。ウォーヴィックとローズは二人一緒にハリウッドにやってきたが、結婚生活の破綻は当時すでに公然の秘密だった。

ローズは知人の紹介でビリーと知り合う。スクリーンテストの結果は何もなかったがそれでもローズは自由な生活を楽しんだ。ウォーヴィックをMGMに引き抜いた人物が肺炎で急死し、後ろ盾を失ったウォーヴィックの俳優の道は閉ざされた。この時点でローズとウォーヴィックは完全に疎遠になっていた。

ビリーとローズはダグラス・フェアバンクス夫妻とバハ・カリフォルニアに旅に出る。しかしローズにとってビリーはあれこれ言い寄ってくる求婚者のひとりに過ぎなかった。最初の結婚がうまく行かなかったし、なにも急ぐ必要はないと思った。だが米国の暮らしは気に入り、ニューヨークに移り、旅行代理店で職を得る。そこの社長だったテイラーが証言する。「彼女は電話を取ったり、旅行の手配をしたりした。自分が伯爵夫人だとひけらかすことは一切なく、仕事を楽しんでいた」。「彼女はいつも明るくてユーモアにあふれていた。職場がだれたときは常に率先してみんなを活気づけた」。その頃、ローズは恋愛に関してはテイラーが言うところの「フリーランス」だった。

いっぽうビリーは人生ではじめて行き詰まりを感じ始めていた。ローズ言うところの「B級映画作り」がとん挫し、アスペン計画はまだ道半ばであり、軌道に乗せるにはまだ多くの準備と時間が必要だった。その冬、ビリーはいつものようにクリスマスをパリで家族と過ごした後、サンモリッツに戻る。クレスタは勝つには勝ったが、前年のようには行かなかった。25歳にしてついにディロン・リード社に就職を決め、ニューヨーク・オフィスで株の営業マンになった。アスペン計画のパートナーだったライアンは「ビリーが愛したのは山とアウトドア・スポーツだったからニューヨークの生活は悲しかったのでは」と言う。ローズはもっと端的に「彼はウォール街が大嫌いだった」と評した。

ニューヨークの暮らしでビリーに唯一よかったのはローズの近くにいられたことだった。ビリーは仕事にまったく関心がもてなかった。人生初の9時から5時の定時勤務生活を過ごしたその年、彼の最重要事項はローズとの距離をどんどん詰めることだった。伯爵はローズの前年の不貞を理由に離婚手続きを進めており、ローズはその結果を待っていた。その冬、彼女とビリーはともにヨーロッパに戻り、クリスマスをそれぞれの家族と過ごす。二人は新年にサンモリッツで会うことを約束していた。そして二人が相思相愛の仲になるのはニューヨークを遠く離れた当地のスキー場でのことだった。

ビリーの姉のペギーがローズのどこが好きなのかとビリーに一度尋ねたことがある。しばらく考えてからビリーが答えた。「彼女はいつも正しい答えが出せるんだ」。もちろん彼女は美しく、機知に富み、面白かった。しかしビリーはそのような女性なら大勢知っていた。ローズは賢かったのだ。あちこちを渡り歩き、次は何をしようかといつも思っていたビリーが錨《いかり》を見つけた。彼は喜んで停泊するだろう。他方、ローズはビリーに魅せられた。「彼はわたしが会った最も人気がある人々のうちのひとりだった」とローズは記す。「その人気はわたしが劣等感を抱くほどだった。どの国の誰もが彼を気に入り、彼を褒めた」

ビリーは彼女をボブスレーに同乗させたこともある。1937年から38年にかけての冬季、フィッシュバッハーや「自殺するフレディー」の異名を取るオーストリア人のフレディー・マクフォイらを相手に、彼はクレスタでタイトルを総なめにする。あるクレスタ乗りが言う。「恐れを知らないフレディーのように振舞う若者はクレスタに不向きだ。物事を理解する前にまず恐れることだ。自分がリスクをとらなくてはいけないことをよく自分に言い聞かせることだ」。この頃、ビリーはリスクを熟知し、恐怖を克服する術を身につけていた。フィッシュバッハーがビリーの記録を破るが、それは1時間後にはまたビリーに破られる。彼の新記録は56秒7でその後約20年クレスタの最高記録の座を守ることになる。彼の快挙に歓喜したクレスタ仲間たちは彼を胴上げし、肩にかついでパレス・ホテルに凱旋する。祝宴は翌日の夜明けまで続いた。

その冬、ビリーとローズはある英国人グループと交際を深めた。全員がスキーヤーであり、皆ビリーの旧友であるグリーンの友人だった。そのなかには以前からの悪友のニール・クリーバーがいた。彼とビリーはかつてフランス全土をまわるゴルフ・ツアーを敢行したが宿泊は売春宿のみという条件付きだった。ウィル・ローズムアハウスという青年は彼らの基準でも途方もなく裕福で、父が第一次世界大戦の空戦での武勲によりヴィクトリア十字章を授かった最初の軍人だった。ロジャー・バシェルは弁護士だったが言動が派手で鋭敏な知性を有し、4か国語に堪能で、悪態をつくのはもっと多言語で可能だった。マックス・エイケンはビーバーブルック卿の長男であり、父が所有する輸送機を飛ばせて数々の記録を樹立したフリート街初の男爵だった。ほかにビリー・クライドがいた。彼らは皆ローズをロンドンにいたころから知っていた。「彼女はとても真摯で率直だった」とクライドは言う。「物事をよくわきまえた女性だった」。ビリーについては「いつもご機嫌なやつだった」とクライド。「いつも笑っていて、親切で寛大で、他人の悪口をけっして言わなかった」

ビリーがことさら英国人の集まりに引き込まれていったのは1932年と36年に米国五輪委員会（AOC）から受けた仕打ちが原因だとローズは思った。「彼はアメリカをあまり好きではなかった」と彼女は記す。「1932年五輪の際に彼は同国人たちといさかいを起こし、彼らがスポーツマンらしくないばかりか、こそこそして人をだましさえすると思った」。それにひきかえ英国人たちは気が置けなかった。皆が二十代であり、共通するものが多かった。ローズの友人が記す。「彼ら全員がスピードが支配要素であるあらゆる種類のスポーツを好んだ」。ローズムアハウスは卓越したスキーの滑降選手であり、バシェルも同様だった。ビリー・クライドはそのなかではおそらく最高峰であり、英国スキー・チームの主力選手だった。しかしながら彼らが最も愛したのは空を飛ぶことだった。ローズムアハウスは17歳の時に飛行士免許を取得しており、彼ら全員がロンドン郊外のノートホルトを本拠とする英国空軍（RAF）第601予備飛行隊の構成員だった。

当時、601は飛行隊というよりは社交倶楽部のようなものだった。1925年にウェストミンスター公爵の子息であるエドワード・グロスヴェノー卿によって設立されたが、「億万長者の暴徒」として知られ、当初は数あるセントジェームズの紳士倶楽部のなかでも最も由緒があり、かつ誉れ高いとされるホワイツのメンバーであることが入隊の条件だったと言われる。601の正史によると「グロスヴェノーによる入隊審査には飲酒後も紳士的にふるまえるかどうかを見るアルコール・テストがあった。ジンやトニックを大量に飲めることが必須条件だった」。審査基準がいくらかゆるくなった後もグロスヴェノーの理想へのこだわりがあり、それは飛行士たるもの「グロスヴェノーの面前でも気圧されないこと、彼の娯楽や飲食、ホワイツから疎外されないほどに十分な資産を保有すべきこと」だった。RAFに属するにもかかわらず、飛行士がオックスフォードとケンブリッジのどちらの出身であるかによって飛行士の制服をライト・ブルーとダーク・ブルーに分けた。

飛行に関してはビリーはまだ新米だった。ロサンゼルスにいた頃にグリーンと一緒に何度か飛行訓練を受けたがそれ以上のことはなかった。だが英国人仲間たちと「飛行機と空中戦」について年がら年中熱く語り合っているうちに彼自身すっかりその魅力にとりつかれ、一日も早くさらに上級の飛行訓練を受けたいと思うようになった。

サンモリッツは以前同様に楽しくはあったが、かつてののどかな雰囲気は失われていた。中立国スイスのエンガディン地方にさえナチズムは影を投げかける。ビリーの仲間やライバルたち、32年五輪の自殺倶楽部のメンバーたちもすでに時代の流れに巻き込まれていた。噂によると、スイスのフォンジャレスはゲシュタポのスパイになった。負傷者続出で急造されたドイツ・

チームの一員ゲオルグ・ギスリングはナチの領事としてすでに6年間ロサンゼルスにいて、反ナチ感情が映画のなかに入り込まないようにハリウッドにたいしてロビー活動をおこなっていた。そしてヴェルナー・ツァーンは依然現役で相変わらず傲慢だったが、フラムⅢをつくった彼の工場はいまや軍用ヘルメットの革の裏張りを専門にしていた。

1938年、ツァーンはSMBCの英国人メンバーにたいしてドイツ空軍に代わって挑戦的な文書を叩きつける。「受け取ったのは婉曲的表現の提案だったが、英国チームにたいして制服を着てかれらと競うようにわれわれが説得する義務があるという言い分だった」とマルティノーは記す。「当時ブルーグレーの青年たち（訳注 ドイツ空軍士官）はどの局面でも自分たちが無敵だと信じており、地上でRAFを負かす自分たちの写真が母国や中立国で格好の宣伝になると思ったのだろう」。しかしながらスイスには、なにびとであれ外国の制服を着用してはならないとする厳格なルールがあった。「だから、かれらのもくろみは最初から破綻していた」

同年3月にドイツがオーストリアを併合する頃にはビリーはサンモリッツを離れ、ディロン社に命じられた次の赴任先のロンドンにいた。正式に離婚が成立したローズも一緒だった。息子の親権は伯爵にとられたがローズは晴れて再び自由の身になった。ローズは記す。「その年の夏ほどビリーが幸せだった時はない。そして、わたしも」。二人は「水入らずで夕食をとり」、かつてビリーが学校に通ったテームズ川の上流地域を訪ね、祝日のパーティーには必ず二人そろって参加した。双方の家族にも会った。ローズの母はすぐビリーが気に入った。「彼には絶対の安心感があり、全幅の信頼が置けた」と彼女は記す。「ビリーはローズにとって世界のすべてだった。彼らの暮らしはそんなに幸せなものだった」

念願がかない、ビリーはロンドン郊外の飛行場で飛行訓練を始める。「とうとう彼がわたしを複座機に乗せて飛ぶことを許された記念すべき日を思い出す」とローズは記す。彼女は飛行場のまわりを少し見せられるだけだろうと思っていたが、ビリーは英仏海峡を越えて週末をル・テュケで過ごすつもりだった。「行き方はわかってるんだ」とビリーが言った。「イギリスの海岸を離れてから20分きっかりで大地が見えてくるはずだ」。エンジンの音が大きくて機内では大声で叫ばないと互いの会話が聞こえなかった。整備不良だったのか、油が漏れて風防いっぱいに飛び散った。「それで視界がなくなった」とローズは記す。「航法も同じことになった」。20分が過ぎた。そして40分、60分が経過してもまだ海上にいた。「泥沼にはまったよ」とビリーが叫んだ。「不時着水するかもしれないけど、心配しなくていいよ。飛行機は絶対浮くから、翼の上に這い出すつもりでいてくれればいいよ」。ローズがハンドバッグはどうしようかと思った矢先、ビリーが歓喜の叫びをあげた。大地だった。目的地から南に240キロ離れたドーヴィルに着いてしまったがそれはどうでもよく、二人は楽しい週末を過ごした。

「とても愉快だわ」とローズは言う。「あの年であんなに無鉄砲だったなんて」

8月24日にローズの離婚が法律上確定し、その2週間後にビリーとローズはバークシャイアの登記所に出向いて婚姻届を提出。式は簡素で報道陣もカメラもなく、招待客さえおらず、式が終わるとビリーは勤務先に直行した。

短い一週間のハネムーンをフランスで過ごすとまもなくビリーはニューヨークに転勤を命じられた。英国を去る前に彼にはひとつだけすることがあった。ＲＡＦへの入隊志願だった。ＲＡＦは外国人を受け入れないとの理由で却下されたが、この件は６０１飛行隊の仲間たちの間で笑い草になる。「もし戦争が始まったら、最初からみんなと一緒に行動したいんだ」とビリーはサンモリッツにいるころから言っていた。「おれたちの間では定番の冗談だった」とビリー・クライドは回想する。「おれたちの誰もがまともに取り合わなかった」

『1939年10月29日（ビリー・フィスク日誌　1頁）

　これは日記ではなく著作でもなく、ヒトラー氏の無分別の結果としてわが人生にもたらされる経験や出来事を可能な限り時系列に沿って記録しようとする試みに過ぎないし、ほかの数多くの人々に起こりつつある事柄とおそらくそれほどの違いはあるまい。自己満足のため以外に記録すべき価値があるとすれば、それは自分が英国のRAFに入隊する最初の米国市民であると公言できるからだ。良心が明瞭であることを除き、とりたてて自負心をもって宣言するほどのものでもないが、おそらく自分のキャリアの進路と関係がある。

　事の発端はニューヨーク市で、日付は1939年8月30日の水曜日だった。宣戦布告前のてんてこ舞いの一日だった。』

C14

　正確を期すならそれよりさらに二日遡らねばならない。8月28日の月曜日、ビリーは電話のベルに起こされる。ベッドサイドの明かりを点け、時計を見ると午前2時だった。こんな真夜中に一体誰だ？いつまでもベルが鳴る。電話の主は酔っているか、必死になっているかのいずれかだろう。あきらめて受話器を取る。

「もしもし」

「ビリー？ロジャーだ。ロジャー・バシェル。起こしたのなら御免。リトル・ビルはそこにいるかい？緊急なんだ」

リトル・ビルとはビリー・クライドのあだ名で、その時まさに隣の客間でいびきをかいて眠っていた。クライドを起こして電話を取り次いでから自室に引きあげる。電話が終わるとクライドがビリーの部屋にやってきた。

バシェルの話では事態が急迫したので飛行隊の動員が決まった。クライドがすぐ帰国すればみんなと同じ601飛行隊に入れるが、帰国が遅くなれば別の隊の配属になりそうだという。クライドは即刻の帰国を決める。

過去8か月間、ビリーとクライドは親友関係にあった。クライドはプリンストンのジョンソン＆ジョンソンで働き、ビリーはマンハッタンのディロン・リード社にいた。二人ともビリーで、二人の妻はともにローズだった。二家族で夏の休暇用にロードアイランドの港のそばに家を借り、普段は二人のローズが滞在し、週末は夫たちが合流する暮らしを楽しんだ。クライドがニューヨークに出張する際はダウンタウンにあるビリーのフラットに泊めてもらうことが多く、当日もそのケースだった。以前からしばしば会話の折にクライドは英国に戻らなくてはならなくなるかもしれないと言っていた。ニューヨークから次の英国行きは二日後の正午に出港予定のアクイタニア号だった。ビリーはクライドと同じ便で英国に行こうと心に決める。

妻のローズに打ち明けた後、ビリーはロサンゼルスの弁護士に電話を入れる。用件は身辺整理だった。ロッキード航空機製造への投資案件、アスペン事業、近頃ではすっかり遠ざかっていたが映画会社の件もあった。悪いことに弁護士はビリーの英国への出国手続きには少なくとも三か月はかかると言う。ビリーの落胆は大きかったが、クライドには友にかまう時間がなく、大急ぎでプリンストンに帰り、デスクを片付けた。

出港の12時間前の深夜0時過ぎから行きつけの21倶楽部で送別会を始めた。ロードアイランドから駆けつけた二人のローズも一緒だった。午前11時にクライドはひとりでタクシーに乗り、港に向かう。アクイタニア号は西50番通りの先に停泊しており、店から6ブロック先だった。岸壁はいつにもまして慌ただしく、爆撃か魚雷攻撃を受ける事態を想定して救命ボートをおろす訓練をしている客船もあった。ほとんどの客船の窓はふさがれ、明かりがもれないようにしてあった。

クライドが乗船してから半時間後に船内放送があり、当日出港予定のフランスのノルマンディー号が乗客数が少ないために出航を取りやめて船客全員が本船に乗り換えることになったのに伴い、本船の出港は午後7時半になるとのことだった。クライドが下船して歩いて21倶楽部に戻ると三人はまだそこにいた。「もう終わったよ。戦争に勝ったんだ」とクライドは冗談を言ったが、ビリーは真剣そのもので、戦地にむかう友を見送ってからわずかの間に彼のなかで何かが確実に変わっていた。「おれは行くよ」と唐突に告げて店を出た。7時間の猶予があった。ビリーはワシントンにいる友人に電報を打ち、自分の英国ビザがまだ有効かどうかダブルチェックしてもらった。次に弁護士に電話をかけて事業関係の指示を出し、最後にディロン・リード社に行って辞表を提出する。両親にはとりあえず伏せておいた。同夜、ビリーはクライドともに乗船する。今度は二人の妻も岸壁まで見送りに来た。航海は8日間だったが、通常より少し長かった。夜間に灯火管制を敷いた船はドイツのUボートによる攻撃をおそれてジグザグのコースを取ったのだった。航海5日目、サザンプトン入港の3日前に宣戦布告があった。

なにもかもに恵まれた米国の青年がなぜ他国の戦争に志願して馳せ参じたのか?英国の友人たちにはそんなことを考える時間もなければ、その気も起らなかった。後年、クリーバーは記す。「ビリーが来た理由、内心の感情は自分には分からない。雪山を通じて大勢の英国人の親友がいたし、妻も英国人だったわけだ。冒険をもとめる金持ちのガキでなかったのは間違いない。自分が何をしているか、そしてそれがどんな結果を招きうるかを正確に理解していた」

巷には多くの推測があふれ、ビリーがナチズムを嫌っていたことに原因をもとめる見方もよくあるが、ビリー自身はあえてそのあたりの説明を控えている。「争いに加わる理由は個人的なものだ」と彼は記す。「疑いなく非常に多くの人々が自分を血に飢えた馬鹿と思っているだろう。しかし繰り返すが、この日誌の目的は既成事実の賛否を議論することではない」。だから、明確な答えは誰にも分からない。

妻のローズはビリーの志願を理解したし、心の準備もできていた。両親は、とうとうビリーから知らされた時は驚いたがまもなく事実を受け入れた。だがカリフォルニアで家族と平和に暮らしていた姉のペギーは弟の気が狂ったかと思った。ビリーはロンドンに到着してまもなくの9月10日に姉に宛てて手紙を書き、その後半で次のように述べる。

「アメリカよりはるかに大勢の友人たちがここにいるし、このうえなく愛する妻も英国人だ。ほかのどの場所よりも当地に強いルーツを感じる。いい時代にずいぶん良くしてもらったのだから大変なときに助けようとするのは当然だと思う。動機のなかにヒロイックな気分は絶対にない。人一倍怖がりでもあるが、わが身に何かが起こったときに少なくとも自分は正しいことをしたんだと感じられるし、それはニューヨークのオフィスにいてカネ稼ぎに精を出していたら到底感じられないものなんだ」

しかしビリーの思いはともかく、まず最初に英国の軍に受け入れてもらわなくてはならなかった。当時、ＲＡＦの米国人義勇兵による飛行隊は結成はおろか、構想さえまだ存在しなかったのだ。クライドの記憶によれば、ビリーは絶対に６０１飛行隊に配属されたいといい、そうでなければＲＡＦに入らないと言っていた。

サザンプトンに入港するとクライドは６０１飛行隊に直行し、ビリーはロンドンで情報収集に努める。そのころＲＡＦは大英帝国の隅々から人員を募集してはいたが、中立国とりわけ米国からの志願兵採用は政治的に難があるようだった。サンモリッツの頃からの友人のコネを使いＲＡＦの人事に影響力をもつ高官との面談にこぎつけ、後日担当者による面接の約束を取り付けるが、ビリーがもつ唯一の書類がパスポートであるのが問題だと言われてしまう。つまり、それは彼が米国市民であることを明示しているからだった。カナダ人を自称することにしたが面接の日までビリーは気が気ではなかった。入隊を拒否されたあげく米国に送還されてしまう恥辱が脳裏にちらちら浮かんだが、面接はすんなり通り、ビリーは歓喜する。面接日当日付でＲＡＦに採用され、公式記録に出生地はモントリオールと記載された。

最初は基礎訓練だった。サンモリッツで想像していたような魅力的なものではなかった。ケンブリッジの駐屯地に6週間送られた。「8年前には自分がこんなかたちで戻ってくるとは思いもよらなかった」と彼は記す。「世界各地からのおかしいやつらと一緒だった。セントヘレナ、ニュージーランド、アフリカ、セイロン、セイシェル諸島、パプア、そしてカナダ。フランス語しか喋れない英国臣民が二人いて、ひとりはフランス系カナダ人で、もうひとりはセイシェルからだった」。ビリーは教練や行進、４人の隊列を組む練習が大嫌いだった。

ローズは10月中旬にロンドンに到着する。彼女はボランティアの救急隊を始めたいと漠然と考えていたが、まもなく実現は無理だと気づく。法的な規制の問題もあったが、何よりも彼女自身にその方面の経験がまったく欠けていた。

ビリーの次の段階はイエーツベリーでの初等飛行訓練だった。ビリーは毎週末に休暇を取り、ローズの元に急いだ。片道2時間かかったうえに午前発の列車にはいつも間に合わず、ロンドンに着くのが土曜の午後6時になり、日曜の午後10時半には帰営していなければならなかったが、ローズは自分たちはまだ恵まれているほうなのだから不平を言ってはならないと思った。

ビリーがロンドンに戻るときはいつも仲間たちを引き連れてきた。おかしな連中だった。あるニュージーランド人は羊飼いで、ビリーの記述によると「自分の心を鎮めるために飛行機にむかって、羊にたいしてやるのと同じ要領で口笛を吹いたものだ」。フランス系カナダ人は完全にイカれていた。「編隊アクロバティックを練習するために高度4000フィートで集合するように決めていたら、彼は来るには来たが真正面からやってきてあやうく正面衝突するところだった」。後からもうひとりの新米飛行士がビリーに説明した。「あいつはエンジンさえぶつけなければ、翼と翼はいくら強くぶつけても大丈夫と思ってるんだ」。ローズによると「全員がオーストラリア、カナダ、南アフリカから来た18歳で、ほんの赤ん坊だった。誰もがビリーを尊敬していて、借金のことからブラインドデートの話まで困りごとをなんでも彼に相談した」。当時の手紙に彼女は記す。「わたしは軍団を設立しようと思うの。名前は THE SLOTTS〝軍のセックス・ライフ〟よ!実際わたしは、かわいそうで不運な植民地の人たちのための娯楽と居場所を手配するつもりだわ。彼らは訓練に明け暮れて、休みの日には英国には知り合いの一人もなくて、兵舎で親指をいじりまわしているだけなの。わたしは軍の〝マダム〟になってもいいと思ってる」。彼女は計画を実行に移すが、ボランティア軍団の名称はより穏健でふさわしいものになった。それはウェスタン・カウンティーズＲＡＦ歓待連盟といった。ローズは記す。「男は幸せでないと最善を尽くせない！」

この時期のビリーは英国南部の空でタイガーモスを駆り、バレル・ロールやインメルマン・ターンなどの種目を練習した。要するに、遊びの飛行と戦闘のための飛行の違いをいやというほど体に覚えこませたのだった。英国にとっては不思議な日々だった。本格的な戦闘がいつ始まるのか、始まるとすればいつまで続くのか皆目見当がつかなかった。ペギーはパリ郊外にいる両親が心配だった。60代になった父は心臓疾患をかかえてすでに退職しており、ペギーは弟に両親に米国への帰国を勧めてほしかったが、ビリーは当面パリは大丈夫だと思っていた。英国に来て二度目になる10月3日の姉への手紙のなかでビリーは記す。「かれらのいるところが爆撃される可能性はきわめて低いと思うよ。パリへの集中爆撃に巻き込まれる不運にあったら別だけど、それでもぴったたし爆弾にあたる確率は全然低い。もっともそのときは興奮して父さんの血圧が少しくらい上がるかも、だけどね」

１９３９年の秋、ビリーの最大の憂慮は自分が最前線に出る機会を得る前に戦争が終わるかもしれないことだった。戦争がいつまで続くかについてはクリスマスまでとの予想もあれば5年は続くという見方もあった。ビリーが不在の日々、ローズはあてもなくロンドンを動き回った。昔日のロンドン・タクシーによく似た1930年型オースティンを15ポンドで買っていたので、ローズはそれに乗って母を訪ねたりもした。彼女は一度、友人たちに宛てて長い手紙を書いており、その中で夜間の灯火管制下で自分の手さえ見えなかったりすることや空襲に備えて砂袋が歩道に置かれていて通行困難なこと、英国人がアナウンサーを務めているに違いないドイツの宣伝ラジオ放送を聞いたこと、女性たちが着飾る必要がなくなり、男性はほとんどが制服姿になったこと、レストランやナイトクラブがどこも営業していて毎晩込み合っていることなど、戦時下のロンドンの生活が実に鮮やかに活写されている。

だが、当初は物珍しさが手伝った戦時下の生活も月日が経つにつれて、うっとうしさや不快感だけが募るようになる。そのうちに冬がやってきたが、その年の冬はビリーが知るもっとも寒くてもっとも不快な冬になった。「こんな変な天気はこれまで見たことがない」と彼は記す。2月の第一週はずっと雨降りだったが、雨水が流れ去らず、寒さで凍った。「何もかもが5センチから8センチの氷で覆われた。草の葉、鉄条網、電話線、そして建物に至るまで全部そうなんだ。まるで誰かが厚いセロハンで片っ端からくるんでまわったみたいだ」。その数日前の1月27、28日の週末はローズとロンドンにいたが、イエーツベリーに戻るのに12時間かかった。「帰ってみると管があちこちで破裂してたし、食料が届かず、石炭も底をついて事実上暖房がなくなった」。悪天候のために飛行士たちは連日地上に釘付けになり、英国人の娯楽といわれる天気の話題にふける以外にすることがなかった。

訓練のない時はビリーは読書するか、物を書くか、悩むかして時間を過ごした。両親はパリを出てビアリッツの別荘に移ることを検討していた。ビリーはその考えに賛成し、ローズもロンドンからそこに引っ越せばいいと思った。「彼女はけっして認めないだろうけど、体がかなり参ってきてるし、風邪にも全然抵抗力がないんだ」と母に宛てて書く。「母さんから彼女に直接誘ってほしい。彼女には転地が必要だ」

後知恵で考えれば、英国よりも南仏が安全だとビリーが思ったのはむしろこっけいかも知れない。だが母からの手紙は牧歌的な香りがした。「木々が葉を出してきたわ」と母は書く。「果実がたわわに実り、林はスミレ、キンポウゲ、ヒナギクでいっぱい。小鳥たちが懸命にさえずってるの」。ジャック・ヒートンがそのあたりを放浪していると聞き、うらやましくも思う。「いつの日かおれも引退して、バスク地方の小さな農家で暮らしたいな」。ビリーが、そして両親が南仏もあぶないかもしれないと思い始めるのは1940年4月上旬のドイツ軍によるノルウェー侵攻後のことだった。戦局の思いがけない展開にビリーの母は米国が参戦すべきだと強く思うようになり、息子の行動を受け入れたばかりか、娘のペギーにも同意をもとめる。「ノルウェー侵攻には怒り心頭よ」と母は書く。「いま、あなたが弟を理解できないなら、あなたはもうずっと理解できないわ。来年春までにアメリカはきっと参戦するしかなくなるわ」

ビリーになんと言われようと、ローズは夫のそばを離れる気はなかった。3月の終りにビリーはとうとうイエーツベリーでの課程を終え、上級訓練課程に入る。今度の基地はオックスフォードシャイアのブライズノートンにあった。ローズは夫に合流すべくロンドンを出て、ミンスターロベルの小さな村の上の丘にある家具付きの家を借りる。基地に近かったのでビリーはそこから通うのを許された。少年時代を過ごした学校が近くにあり、ビリーは感慨深かった。彼は記す。「20キロほど先にあるので行ってみると13年前とほとんど同じに見える。なんて長い年月なんだ」

そこには3か月ほどしかいなかったが、楽しい日々だった。冬は厳しかったが、ぽかぽか陽気の春が来て、ビリーはシャツ一枚で飛行機に乗り込んだ。青空にそびえ立つような大きな積乱雲の白いかたまりがいくつもあり、あたかもそれらが山々の頂でもあるかのようにビリーは注意深く接近してはなんども周囲をまわった。ローズと一緒に暮らせるのは大いに心がやすまった。モリー・ザ・モリスと呼ぶ二台目の「ポンコツ」車を買って、それでビリーは飛行場に通う。犬も飼い始め、ビリーのいない日中にローズが散歩させた。彼女は鶏の世話もよくした。ローズがあっさり田舎の暮らしに溶け込んだのにはビリーも驚いた。「ここの暮らしを見てもらいたい」と母に宛てて書く。「ローズは夜明けから日暮れまでとても幸せそうに働いてるよ。田舎はいま本当に美しい時期だ。空から見おろすと花が咲いた低木や高木が延々と何キロも続いてるんだ」。月曜から土曜まで毎朝6時半に家を出なくてはならず、日曜の朝は1時間の猶予があり、7時半の出勤でよかった。帰宅はいつも午後6時で、夜は暖炉のそばで音楽を聴いて過ごした。主に「ホット・ブルース」がカリカリと雑音のまじる古いラジオから流れてきた。たまに24時間の休暇がもらえると二人で近くのゴルフコースに行ってゴルフを楽しんだ。そこでのゴルフもビリーにとっては少年時代以来だった。

4月上旬に悪い知らせが父から届いた。4月5日の金曜日にジェイ・オブライエンが死んだという。死因は心臓麻痺で、自宅で就寝中のことでドリーが傍にいた。二人は当時パームビーチの上流社会で中心的役割を果たしていた。実際、当日彼は英国大使の任を終えて帰国したばかりのジョセフ・ケネディ（訳注　第35代大統領ジョン・F・ケネディの父でありオブライエンと同じくアイルランド系）と親睦を深めていたのだった。「ジェイ・オブライエンの死はパームビーチにとって大打撃だった」とケネディは記す。享年57歳だった。当日の午後ケネディがゴルフコースで見かけたときも、夜の劇場で同席したときも彼は元気そうだった。晩餐の後の急死だった。ドリーはニューヨークでの埋葬を決める。終焉の地ではなかったが彼の魂の故郷だと思ったのだ。ニューヨーク・タイムズの訃報は写真入りで略歴を正しく伝えており、故人が喜びそうなものだった。エディー・イーガンは葬儀に参列したが、クリフォード・グレイからはなんの連絡もなく、そもそも彼がどこにいるか正確に知る者はいなかった。

戦時下の英国で任に就くビリーにオブライエンの死を悼む時間はなかった。「なんて悲しい知らせだ」と彼は記す。「だが一方で彼はいい人生を送り、最後までめいっぱい突っ走ったのだから、おそらくこれは起こり得た最良の結末だったのだ。どうせ人は死ぬし、近年善良な人々が大勢死んでいるから天国の門の向こう側でも愉快な仲間に困りはしない。きっと彼らはオカマみたいにわれわれ死すべき存在を笑っているさ」

戦争がいよいよ近づき、ドイツ軍がベルギーを侵略するにおよんで、ビリーの両親はとうとうパリを完全にあきらめてビアリッツに引っ越す決意を固める。持ち物の中から最高のものを選び出してトランクに詰めてビアリッツの家に送った。やがて母は息子に宛てて書く。「裕福な人たちは皆ここにいるわ。でもここが安全だとは少しも思わない。ビアリッツのこのあたりはひどいところよ。行く場所もすることもない。あなたの父さんは死ぬほど退屈してるわ」。戦火がフランスまで広がった今、ビリーの両親は米国に帰ることを計画し、カリフォルニアに家を買うつもりで娘のペギー夫妻に交渉をまかせた。帰国前にロンドンに行って今いちどビリーの顔を見たいと願ったが、それはかなわなかった。ヨーロッパを脱出するには中立国ポルトガルのリスボンから船に乗る以外の選択肢がなくなってしまった。

英軍のダンケルク撤退から2週間後の6月18日、英国の新首相ウィンストン・チャーチルは下院演説をおこない、ビリーとローズは当夜ラジオでそれを聞いた。

「ウェイガンド将軍言うところのバトル・オブ・フランスが終わり、私はバトル・オブ・ブリテンが今まさに始まらんとしていると思うのであります。この戦いにはキリスト教文明の存続がかかっております。われわれ英国人の生活、われわれが長きにわたって築きあげてきた諸制度、そしてわれわれの帝国の存続もかかっておるのであります……」

3週間後に飛行訓練が終了し、ビリーは飛行士としての空軍記章を授与される。最終報告書には「地上での学科成績は平均レベルだが、飛行能力と士官としての適性は平均より上と評価できる」とある。結論は「戦隊の飛行士として妥当と認む」だった。ビリーとローズはその夜ロンドンに繰り出して祝杯を上げる。

飛行訓練を終える前に、実はビリーは米国に帰ってRAFの広報を担当する気はないかと航空省から非公式に打診されていた。カナダ人を装うのはとっくにやめており、ビリーはワシントンでの宣伝活動に適任と思われたのだった。当時、くしくもある英国外交官が言ったように「米国からの心からの協力を得てはじめてわれわれは戦争に勝つ見込みがあるように思える」との認識が英国政府筋に広がっていた。米国駐在の英国大使のロシアン卿は「一人か二人の本物の撃墜王が米国に行って宣伝活動をしてまわるべきだ」と言い、ビリーにその役をあてがいたかったが、ビリーは拒絶する。自分はまだ何もしていない、せめてハインケルの数機でも撃墜するまで待ってほしいと言った。聞こえのいい演説をして米国の新聞向けに写真用のポーズをとるために訓練を積んできたのではなかった。「彼の601に入隊する決意は固い」とローズは書く。「ビリー・クライドと同じ飛行隊。知っている人のいない飛行隊に入るよりはるかに楽しいはずだから」

「訓練の間中、ビリーはずっとわれわれ全員と連絡を取り合っていた」と601の飛行士のひとりであるクリーバーが回想する。「その月の12日にわれわれの司令官に電話してきて、訓練終了を告げたんだ。司令官はビリーにそのままじっとしてろ、配属のことは誰にも話すな、すぐ迎えに行くからと言ったのさ」。そしてクリーバーが自らブレニム軽爆撃機で飛んでいき、ビリーを連れ帰ったのだった。

601飛行隊はロンドンから南に100キロほどのタングミア空軍基地にあり、ローズが育った村から遠くなかった。彼女はそのあたりで借家をさがしてまわり、タングミアから16キロ道路をくだったチダムに果樹園付きで池に面した古い農家を見つけた。それから彼女は「こまごましたもの全部」をバンに詰め込み、鶏や犬を引き連れ「一団となって」引っ越した。

C15

飛行隊の朝は早く、起床は午前4時か、ときにはもっと早かった。朝食は班ごとにわかれて20分の時間が与えられたが食が進まない者も少なくなかった。「食べるために生きるし、食べるのが好き」だと記したビリーはなんの問題もなく、たとえ粉末卵でもガツガツとよく食べた。朝食後は読書の時間で軽めの雑誌や本が好まれたが、ゲームやダーツをする者もいた。601では高い賭け金でポーカーを楽しむ連中もいた。以前はオートバイに乗ってポロをする遊びも流行ったがガソリンが供給不足になってからは自粛した。だが601はガソリンには困らなかった。ローズムアハウスは隊の「ガソリン士官」に任命されると手っ取り早い対策を打ち出した。ガソリンスタンドを一軒まるごと買い取ったのだった。それで隊員たちは一日の終りには自動車の燃料を気にすることなく近くの社交場に繰り出した。戦時中でさえ601は一枚上だった。「すばらしい人たちだった」とローズは回想する。「制服の上着の裏地は赤色で、オーバーコートの裏地はミンクだった。傲慢でかっこよくて、たぶん他の飛行隊の人たちからは嫌われていたわ」

1940年7月中旬にビリーとローズがタングミアにやってくる頃には601の前途には暗雲が漂っていた。開戦後もしばらく続いていた1930年代ののどかな雰囲気はバトル・オブ・フランスの壮絶な戦闘のあいだに消え去った。601ではすでに2名の飛行士が戦死し、ビリーの友人たちのなかでもロジャー・バシェルがすでにいなかった。他の隊に異動になった彼はダンケルク上空で被弾し、かろうじて野原に不時着して機から這いだして遠くに見えたオートバイ兵に手を上げた。英軍側におりたと思ったのは勘違いでその男はドイツ軍の伝令だった。彼はあえなく捕虜になった。バシェルに比べるとビリーの上司であるホープは運がよかった。彼は二度撃墜され二度とも不時着したが、最初はアミアン近郊の放棄された軍の臨時集積所からオートバイを拝借して近くの友軍基地に戻り、二度目はカレーの海辺におりたのですぐ助けられてダンケルクから撤退する船に乗せられた。RAFの飛行隊は飛行士が20名の少人数編成であり、一人欠けても喪失感は大きく、部隊の活気に影響が出た。とりわけ初期の損失のほとんどが古くからの戦友で、補充されてくるのが飛行学校を終えたばかりで戦闘経験のない若者となればなおさらだった。

上空ではVフォーメーション、つまり2機の僚機がリーダーの両脇を固めて飛んだがあまりに近接したので常に空中衝突の危険がともなった。各自が僚機2機と周辺空域を同時に見わたすが、気心の知れた旧友を信頼できても操縦技量のわからない新人だと不安がつきまとう。「601にはチームの意識があり、それはバラバラに別の飛行隊に配属されたら各自が到底もちえないものだった」とクライドは記す。「メンバーたちは大概の者より年上であり、数年間一緒に飛んでいた」

地上スタッフやサンモリッツ時代のビリーを知らない飛行士たちは飛行隊の正史言うところの「この未経験なアメリカ人の冒険家」に当初は距離を置いた。ちょうどその頃公開された映画に出ている主演女優とビリーがかつて付き合っていたというゴシップも災いした。だが飛行隊正史は記す。「タングミアにやってきたビリー・フィスクにはなんの気負いも思い違いもなかった」。仲間たちの命にたいして責任を負うのがどういうことなのか、彼は熟知していた。それはボブ・ランでいつも意識していたことだった。チームワークの重要性についても彼はボブスレーを通して誰よりも身にしみて理解していた。さらに他の新入りたちと違い、彼は隊のベテランの飛行士たちと旧知の間柄でもあった。

旧友たちはビリーに5月末の出来事を話した。その日の彼らのミッションは護衛だった。ウィンストン・チャーチルがフランス首相と面談するために日帰りでフランスに行くことになり、道中の空域を警戒する任務が与えられたのだった。チャーチルが急遽一泊することになり、飛行士たちは翌朝まで自由行動となった。パリの夜に羽を伸ばせるのはありがたかったがあいにく彼らには現金も着替えもなかった。そこでリーダーのホープが奔走し、英国大使館の友人から首尾よく大金を借りる。「それでもって」とクリーバーが語る。「おれたちは乱痴気騒ぎに出かけたわけさ」。翌朝、飛行場に戻った時は全員精彩を欠いていたがチャーチルの側近のひとりはこう記す。「チャーチルは飛行機にむかって歩を進め、笑い、ステッキを振り、飛行士のひとりひとりに一言二言声をかけた。飛行士たちは顔を輝かせ、微笑で応じた。彼らはまるで天使のようだった。元来がりりしいのだろうがその朝はこの世のものとは思えぬ次元で、幸福な自信に全身をみなぎらせて今任務に就かんとしていた」。よほど感傷的な気質の側近だったのか、クリーバーによると「おれたちは皆、二日酔いで酒臭く、ひげも剃らず、汚らしかった。首相が到着して護衛の戦闘機乗りたちに会いたいと言い出したとき、ムアハウスなんか自分の飛行機の後ろで吐きそうだった」。

友人たちの話を聞くにつけ、ビリーは早くみんなと一緒に飛びたいと思ったが、それにはまだしばらくの時間を要した。当時、601はホーカー・ハリケーンで飛んでおり、ビリーの訓練はそれまで旧式のタイガーモス、後期課程でもハーバードだったので機種転換訓練が必要だった。601にハリケーンが配備されたのはその年の春で予定よりも早く、他の飛行隊からは不満の声があがり、601がコネを使ったのではないかと疑われた。というのも隊員のひとりの父であるビーバーブルック卿がちょうど英国最初の航空機生産大臣に就任したのだった。バトル・オブ・ブリテン直前の初夏、RAF最大の問題は飛行士の不足ではなく航空機の不足だった。1月から6月までの間にビーバーブルックは航空機生産を3倍にまで増やしはしたが、8月15日時点での作戦可能な航空機総数はあまりの損失のために当年のどの時点よりも少なくなっていた。

ハリケーンは当時もっとも魅力的な戦闘機というわけではなかった。最高の戦闘機は速度と運動性に勝るスーパーマリン・スピットファイアだった。しかしハリケーンはシンプルで頑丈で、給油や修理、弾薬搭載が容易かつ素早くできる利点があった。ビリーがはじめてハリケーンで飛んだ日、着陸時に主脚のタイヤがパンクした。「とても不吉だという人がいたけど、わたしは全然気にしなかった」とローズは回想する。「何かがビリーの身の上に起こるなんて考えもしなかった。彼は白馬の騎士みたいだった。信じる条理のためにたたかってたの。その条理がこの世の真理なら彼に害悪が及ぶはずないわ」。機種転換訓練は一週間で充分だった。「ひとつ確実に言えるのは」と上司のホープが記す。「フィスクは傑出した飛行機乗りだった。飛行隊にまじってきて、まるでカモが水に顔を突っ込むようにハリケーンを覚えた。あいつは天性の戦闘機乗りだった」。６０１の同僚のひとりであるジャック・リドルの回想によるとビリーの「操縦の素早さが群を抜いており、ほとんど彼自身が飛行機の一部のようだった」。

リドルはさらに付言して「落ち込んでる仲間への気遣いを彼はいつも怠らなかった。おれたちが飛行隊本部と呼んでた豪華なワインセラー付きの倶楽部にも彼はいつも一番乗りしていた」。あるＲＡＦ高官は６０１をこう評する。「派手で陽気で実に向こう見ずで無鉄砲で、おめでたいプレイボーイの一団だった。だがいったん事があると彼らはごく自然にわが戦闘機隊のなかでももっとも勇猛果敢な飛行隊のひとつになった」

バトル・オブ・ブリテンはまだ始まっていなかったが、彼らは時には午前中だけで計5時間も滞空せねばならず、飛行士たちは疲労し「睡眠不足からまどろんだり、長時間せまいコクピットにこもることから四肢が痛くなった。ほとんど自動的に離陸し、飛び、戦い、着陸した」と６０１正史は記す。しかしながら「飛行士たちの間には生来の楽観主義があり、心軽く人生を愛し、死についての暗黙の了解があった」。ホープがタングミアから5機編隊を率いて離陸し、帰還は彼ひとりのこともあった。同飛行隊のピーター・ロビンソンは撃墜され、地上にいるところを銃撃されて重傷を負った。この一件が示すように、戦闘は次第に醜くなり、６０１飛行隊のモットーとする紳士的な行動規範は急速にすたれた。７月14日、つまりビリー着任の二日後に、ドイツ軍の水上機を発見した場合はかりにそれが赤十字のマークをつけていたとしても「直接に救難任務の遂行中」でなければ必ず攻撃するようにとの命令が全戦闘機にたいして下された。それらの航空機は表面上は捜索・救難の任にあたっているはずだったが、英国側では英仏海峡の船団の偵察をおこなっていると考えたのだった。

7月20日、ビリーはついに最初の出撃に出る。飛行隊は当日3回の出撃があり、はじめの二回は偵察のみに終わったが、三度目は６０１のミッションは船団護衛だった。飛行士のひとりが船団から16キロ離れた海上の低空に白っぽい水上機を見つける。赤十字マークをつけたハインケル59（訳注 Ｈｅ５９、双発の複葉機）だった。タングミアの管制に無線連絡をとると敵機なら撃墜しろと言われたが飛行士たちは指示にしたがわず、英国に強制着陸させることを選ぶ。ドイツ野郎たちも撃墜されるよりそっちのほうがいいだろうと思ってのことだった。威嚇するとハインケルはおとなしく従ったが英国沿岸が近づいたところでいきなり転針して逃げにかかった。ビリーの仲間が間髪を入れずに撃ち落とす。乗員4人全員が機外脱出したが、低高度だったので、パラシュートはひとつも開かなかった。おぞましい光景だった。ビリーが心の片隅に戦争にたいして抱いていたロマンチックな思い入れを木端微塵に打ち砕く「戦いへのいざない」だった。

二日間の勤務の後に一日が非番となるサイクルだったが実際には非番の日が少なく、ビリーが休みをとれたのは7月最終週と8月第一週のそれぞれ1日で、ともにローズと過ごした。勤務形態のうち、「準備」は待機所にいて飛行機には走って駆けつけ5分以内に離陸できる態勢、「待機」はコクピットに縛りつけられてひたすら指示を待ち2分で離陸できる態勢、「対応可能」が15分で離陸できる態勢だった。ホープは一度「対応可能」時にそこらに「醸造したもの」が何もないのを確認してから手に垢すりを持って風呂に入ったら、腰までつかったところでスクランブルがかかった。離陸するまで14分30秒だった。

ビリーにとっては欲求不満が募る日々だった。日に三度、時には四度スクランブル発進したがいずれも会敵にいたらなかった。小競り合いのような戦いが数週間続いた後の8月8日、ドーバー海峡で25隻からなる英国の船団が数百のドイツ機に攻撃される。戦いは熾烈をきわめ、ビリーを含む大勢の飛行士がバトル・オブ・ブリテンの始まりだと思った（訳注　同年7月10日を始まりと見なす考えが現在では一般的）。「ブリッツ（電撃戦）が始まる」とビリーは飛行日誌に記す。この日、ビリーは四度出撃したが弾丸を一発も発射しなかった。日誌の余白にそれぞれ「楽しみには早すぎ」「遅すぎ」「早すぎ」「遅すぎ」と記す。これまでで最大の戦闘がすぐ近くのワイト島沖で起こり、ビリーは合計5時間半も滞空したが一日でたった一機の「盗賊」を見ただけだった。タイミングが合わなかった。彼の三度目の偵察飛行はドイツ軍の最初の攻撃の10分前に終わり、四度目はドイツ軍の攻撃が終了するころに飛び立った。６０１と同じくタングミアを基地とする43「闘鶏」飛行隊が2名の戦死者を出したと聞いてビリーの心は逸り、「何かしなければ」と日記に記す。

8月11日、日曜日の朝は快晴だった。厚い雲が垂れ込めて雨が本降りだった前日までと打って変わった青空だった。ビリーたちが朝食を済ませてくつろいでいる頃、レーダーがシェルブール上空に集結する敵機の大群をとらえ直ちにスクランブルがかかる。地上整備兵たちの協力を得ながら出撃準備に取り掛かり、コクピットに乗り込む。ビリーの体形ですら、中は窮屈だった。まずファイナル・チェック。ブレーキ用の空気圧の確認。トリム（訳注 エレベーター・トリム）をニュートラル位置に動かす。離陸時のトルクを打ち消すためにラダーを右いっぱいに（訳注 ラダー・トリムを右いっぱいのテイクオフポジションに）。スロットルは緩まないように固く。それからマグネトー・スイッチを入れてエンジンを始動させる。排気の爆発音がとどろき、プロペラが回り出す。離陸地点までタキシングするのにビリーはクランクをまわして座席位置を高くする。そうしたところで前方はよく見えず、機首を左右に振って確かめるしかない。滑走路端でブレーキをかけたままでスロットルを進める。

エンジン音が高まり、機が振動する。ブレーキを離すとハリケーンは草地の滑走路を勢いよく疾走し何度もバウンドする。尾輪をあげてほどなく離陸。

敵機の総勢は約200機で重爆撃機と戦闘機が半々だった。全機が160キロ先のポートランド海軍基地に向かっている。ビリーの飛行隊は12機が出撃し、いま聖キャサリン・ポイント上空に集合して管制からポートランドに急ぐように指示を受け、飛行高度も指定された。最高速度でも15分はかかる距離だった。

ちょうど中間あたりまで行ったところで敵機が見えた。「ものすごい数の敵機が南方にうごめいていた」とローズムアハウスは記す。30キロほど離れていた。隊を率いるローズムアハウスが針路を敵機群にむけたまさにその時に彼の乗機のエンジンが停止する。ただちにタングミアへの帰投を決意し、部下たちには攻撃続行を命じる。後を受けたのはビリーだった。ビリーは無線で「単縦陣」を告げ、他の10機に後についてくるように命じる。数の上では圧倒されていたがためらいはなかった。「敵機群は数えきれない無限の層をなしていたようだった」とクリーバーは振り返る。「われわれの標的は永久にありそうだった」。ビリーは振り返らなかった。仲間たちが全員ついてくると信じた。そして「敵機群と直にむかいあった。散開して各自の攻撃に移った」。

国中のRAFの食堂の掲示板にさえ張り出されてある空戦心得の基本中の基本をビリーたちは敵機攻撃に移る前から無視する。空戦心得1、「急降下して攻撃する際は編隊の一部を必ず高い位置にトップ・ガードとして残せ」。しかしいまや各自が自分の目標を追った。空戦心得２、「相手の白目が見えるまで待て」。ビリーは３００メートルほども前から射撃を開始した。空戦心得３、「射撃中は邪念を入れるな」。攻撃中に別の敵機が左から右に横切り、格好の獲物だと思ったビリーは標的をその機に変え、混乱の中で敵機と衝突しそうになる。空戦心得４、「戦闘空域ではけっして水平直線飛行をするな」。空戦心得５、「高度こそが主導権をにぎるコツだ」。ビリーは上昇し、旋回し、見下ろして新たな標的を見つける。連射すると右のエンジンから煙が吹き出して落ちて行き、視界から消えた。次の標的は自機の下をまっすぐ飛んでいた。「急降下して一連射。真下になり見失いそうになる。敵機は１６００フィート付近から急降下に入った」と後にビリーは記す。ビリーはその機体を１００００フィート付近まで目で追った。空戦心得６、「常に見張りを怠るな」。急降下する敵機に気をとられ、いつのまにかメッサーシュミット（訳注　Ｍｅ１０９Ｅと思われるがＢｆ１１０だった可能性も捨てきれない）につけられた。空戦心得７、「常に旋回して敵にむかえ」。ビリーはそうするかわりに機を急降下させ螺旋降下で逃れる。空戦心得８、「ただちに決意せよ。選択が最善でなくとも素早く動くほうがマシだ」。急降下を長く続けるとマイナスＧのためにエンジンが止まるだろう。１０００フィートの降下、２０００フィート、３０００フィート降下。もういいだろう。メッサーシュミットはどこだ？ビリーが再び上昇してみるとあたりに誰もいなかった。敵機群は去った。ただちにタングミアに帰投する。

　それはバトル・オブ・ポートランドと呼ばれた。６０１は４名が戦闘で命を落とし、そのなかにはローズムアハウスの義弟やビリーの僚機の搭乗員もいた。601の戦果は撃墜12機でうち2機はローズムアハウスによるものだった。実は、彼はタングミアに帰る道半ばで燃料スイッチが「予備」に入っているのに気づき、スイッチをすぐ元に戻して戦場に舞い戻ったのだった。ビリーは「3機大破」を報告したが、真実を言えばハリケーンの機銃であるブローニング・303はあまりに小口径であり、ドイツ機は多くの場合被弾してもどうにか持ちこたえてフランスの基地までたどりつくことができた。「凄絶な戦闘だった」とビリーは飛行日誌に記す。「ムアハウスのエンジンが停止したので自分が隊を率いる!凄絶だが面白かった」。当夜、勤務を終えるとビリーはまっすぐローズのもとに駆けつける。「彼があれほどまでにたかぶっているのを見たことないわ」と彼女は言う。義母もそこにいた。「とても生々しい話だったわ」と義母は回想する。「蜂の大群をビリーが叩き潰したようなものだった。ビリーひとりで4機やっつけたの。敵の銃弾をよけるより他の飛行機と衝突するのを避ける方が大変だったって」

ビリーは気分が高揚していた。後でアドレナリンが引いてくると疲労を感じた。飛行士たちは皆同様だった。不調を感じ、なかには震え出す者もいる。ストレスが大きすぎた。血糖を上げようとココアをすするがほんの慰めだった。休む間もなかった。8月13日の火曜日はかつてない激烈な戦いの日となる。ドイツ側はその日をアドラーターク(鷲の日)と呼ぶ。英国南部のすべてのRAF基地が攻撃された。RAFはもうぎりぎりまで追い詰められていた。タングミアでは第145飛行隊が飛行士10名、つまり隊の半数をわずか3日間で失い前線から撤退した。飛行士も、航空機も、修理のためのスペア・パーツもすべて不足した。

タングミアで鷲の日のスクランブルが発令されたのは午前6時半だった。「早過ぎる」とビリーがつぶやく。北に飛ぶとミドハースト方面、8キロほど先に敵機群を視認した。爆撃機だった。Vフォーメーションを組み、攻撃に取り掛かる。ビリーが標的となる一機を決めて連射すると敵機のエンジンから白煙があがる。「命中だ」。4秒ほどかかっただろうか。300メートル近く離れていたのを100メートル以内に詰める。敵機が離脱にかかるが、すかさず仲間のハリケーンが後を追う。ビリーは向き直り、敵機編隊の後方に目をつける。最後方の敵機が爆弾投下の最中のようだ。ざっと地上を見渡すがミドハースト・プルボロー鉄道の線路以外に目標になりそうなものは何もない。敵機はいまきっとトラブルを抱えているのだ。大陸に逃げ帰る前に少しでも機体を身軽にしておきたいのだろう。ビリーは再び攻撃する。どんどん距離を詰めると敵機の右舷エンジンが止まっているのが見えた。敵機は高度8000フィートから急降下して下方の雲海に逃れようとする。追尾して連射を加えるが、ハリケーンの機銃8丁にはそれぞれ弾薬が約330発装填されており、1分あたり1100発の割合で発射される。ということは18秒ほどで弾丸を撃ち尽くす計算だ。ほんの瞬時に有効な射撃をおこなうのがいかに重要かは言うまでもないが、無我夢中で撃ち続けるとすぐ弾薬が尽きる。急降下から機を引き起こす時点ですでに弾丸を撃ち尽くしていたビリーは無線で仲間を呼ぶ。敵機のエンジンは煙を曳いており、上昇はできない。「少なくとも」とビリーは考える。「あいつはもう逃げられない」。さらに敵機を追跡してチダムのローズの家の上を飛ぶ。ワイト島の対空砲陣地の射程内にさしかかり敵機エンジンからの白煙が黒煙にかわったところで追跡をやめ、帰投する。

手が空くとすぐにローズに電話を入れた。彼は興奮状態だった。「おれを見た？」と訊ねた。自分が敵機を追跡して海の方に向かうのをローズはきっと見ていたに違いないと思った。だがローズは見ておらず、ベッドで毛布にくるまれていた。「彼はわたしに怒り狂っていた」とローズは回想する。その日のビリーは空戦のストレスと疲労で神経が摩耗していたのだろう。「わたしに彼の飛行機が見えるようにわざわざ敵機をこのあたりに追い詰めたのに肝心のわたしは見てなかった」。ローズはビリーをなだめにかかった。「あなただと知ってたら、もちろん見たわよ」。焼け石に水だったとローズは言う。「音を聞いただけで彼のハリケーンと他の飛行機との区別がつかないことが彼にはどうしても理解できなかったの」

ローズが見ていなかったにしても、地上では多くの市民が上空での戦いを目撃していた。戦いは一日中続き、英国本土の空は無数の飛行機雲が蜘蛛の巣をめぐらすように青空を埋め尽くし、その景観は優雅で美しくさえあった。コクピットの中の飛行士たちにとってそこは地獄だった。1メートル先でエンジンが咆哮し、無線からは叫び声が聞こえ、熱せられたラバーと金属とハイオクタン燃料の臭いが充満し、激しいマニューバーに入れると胃が締めつけられ、まぶしすぎる太陽のために涙目になり、襟元に汗がたまり、Gのために頭が後ろから押さえつけられたかと思うと今度は座席に押しつけられた。急降下、急上昇。戦いを生き延びるためには戦闘機乗りたちはいつも冷静に考え、頭脳明晰でなければならない。ミスをひとつ犯せばそれで終わりだ。

死はいつも清潔に突然にやってくるとは限らない。狭いコクピットに閉じ込められ、脱出の試みがすべて失敗に終わり、やがてやってくる大地への激突の瞬間をしばし待たなくてはいけない者もいた。空中戦のさなかに敵機からの銃撃で即死する者はむしろ幸運だとの見方もあった。バトル・オブ・ブリテン当時、ＲＡＦの戦闘機乗りの平均余命は87時間とも言われた。多くの者にとって死は避けられないものとなり、死ぬかどうかではなく、いつ死ぬかになった。

ビリーの機は鷲の日の遅くにはじめて被弾した。飛行隊はポートランド沖で40機のドイツ戦闘機と空中戦になり、ビリーは不確実撃墜2機と大破2機を報告する。自らも敵弾を主翼に浴び、ただちにタングミアに帰投した。基地に戻れず海上に着水する者のまわりをホープらは旋回して救助隊の船舶に位置を教えた。船がＲＡＦの飛行士たちを無事に収容すると彼らは今度は撃墜されたドイツの飛行士たちのまわりを飛んだ。敵をも助ける騎士道だった。

8月14日、水曜日の朝は荒天で誰にも飛行は不可能だった。６０１はオフになり、ビリーにとっては8月に入って2度目の休日だった。チダムのローズのもとに駆けつけるがすぐ寝込んでしまう。その頃、ベルリンではゲーリング元帥が軍高官たちを集めて戦術転換を命じていた。

当初はＲＡＦの戦闘機群を誘い出して海峡上空での空中戦に持ち込もうとしたがうまく行かず、次にＲＡＦが頼りにしているレーダー基地を叩く作戦に出たが攻撃する片っ端から英軍は修理してしまった。今度は飛行場そのものを粉砕せよというのだった。

翌15日、ドイツ軍はかつてない規模の攻勢に出る。およそ延べ２０００機の大群が英国本土に押し寄せ、英軍のレーダー士官たちはスクリーン上でそれぞれの編隊を区別できなくなってしまう。前線は北東のタイン川から南西のエグゼ川まで延びた。６０１飛行隊は他の８個の飛行隊に合流して敵の爆撃機隊に立ち向かう。この戦闘でビリーは全弾を撃ち尽くした後にさらに敵機を追いつめ、ポーツマスの阻塞気球に衝突させて敵機を破壊したと６０１の正史に記載がある。この機を含めてドイツ軍はその日だけで72機を失い、自ら「暗黒の木曜日」と呼ぶようになる。ＲＡＦの勝利に終わったとはいえＲＡＦでも損失は大きく、ビリーの隊ではクライドが被弾してかろうじてタングミアに帰投した。クリーバーは敵弾がコクピットに命中し、キャノピーが粉々に砕けて顔面にあたり、目をやられた彼は機外脱出してパラシュート降下する。当夜、ビリーは疲労困憊で日誌が書けなかった。次の機会に書こうと思いながら当日の欄を空白のまま残したのだった。

あくる16日、タングミアに敵機群は昼にやってくる。ワイト島のレーダー基地が、約１００機の航空機がシェルブールからポーツマスにむかってくるのをとらえた。ユンカース87急降下爆撃機シュツーカだった。急降下時のサイレン音が死と破壊を連想させ、開戦時から連合軍側を恐怖におとしいれたがＲＡＦの戦闘機乗りには格好の餌食であり、「樽の中のネズミ」とも呼ばれた。ハリケーンやスピットファイアに比べると速度が劣り、武装も貧弱だったが、むしろそれゆえにあえて果敢にむかってくるシュツーカの乗員たちに敬意を抱くＲＡＦの飛行士も少なくなかった。

６０１飛行隊がスクランブル発進したのは12時25分だった。ビリーは午前中パトロール任務ですでに飛んでおり、一時間休んだだけで再び離陸しなければならなかった。管制からはベンブリッジ、高度２００００フィートに向かうよう指示された。シュツーカの編隊はワイト島到達時に先導機から閃光信号弾が発射され、そこから三手に分かれ、ヴェントノー、ポーツマス、タングミアにそれぞれ向かった。ＲＡＦの側では43飛行隊はシュツーカの群れに正面から対峙するが、ホープ率いる６０１は高度２００００フィートで待機を命じられる。混乱のさなかだったが命令は明瞭で、シュツーカを攻撃してはならない、護衛の戦闘機隊だけを狙えとの指示だった。ホープは自分の左下方１２０００フィート付近でダイヤモンド・フォーメーションを組んで飛行するシュツーカの一群がくっきりと見えた。彼らはちょうどセルシー海岸を横切るが敵の戦闘機はどこにも見えない。攻撃許可をもとめると再び管制が言ってきた。「リトル・ボーイだけ相手にしろ。ビッグ・ボーイは攻撃するな」。いまやシュツーカたちはタングミアに接近し、先頭の一機が飛行場にむけてまっさかさまに突っ込むのが見えた。ホープはただちに隊員たちにシュツーカ攻撃を命じる。「戦闘機の話は間違いだったと思う」と後年彼は記す。

「われわれの隊でも他の飛行隊でも誰も見てはいないのだから」。しかしそれは彼の間違いであり、実際に敵の戦闘機はいた。601の他の隊員の戦闘報告でもそれは裏付けられている。

いずれにせよタングミアを守ることはできなかった。601が攻撃に取り掛かった時、シュツーカたちはすでに帰途についており、地上は地獄だった。自軍基地を蹂躙された憤怒にかられた601の飛行士たちはシュツーカの群れを海岸線まで追いかけまわした。「空中戦はほぼ基地の真上の低高度でおこなわれた」と航空機整備兵が証言する。「ほとんどのハリケーンが〝撃墜〟ないし〝大破〟を記録した」と正史にある。「シュツーカたちは前方機銃から撃ちたくて、いたるところで蛇行し旋回していた」とホープは記す。タングミアに飛来したのは総勢17機で複数の報告によると601は8機を撃墜し、7機に損傷を与えた。被害の大きさにドイツ軍ではシュツーカの出撃を当面見合わせることになったともいわれる。だがしかし地上の被害も甚大だった。「あれは殺戮だった」と証言する者がいる。格納庫、武器庫、隊員食堂なにもかもが破壊され一部は炎上した。滑走路にはクレーターがいくつもでき、地上にあった航空機数機が火に包まれた。駐車場も爆撃され、何台もの車両が爆風で吹き飛ばされた。地上では13名が死亡し、20名以上が重傷を負う。数時間後の夕暮れが迫る頃も血だらけの肉片や骨をえりわけてシーツにくるむ作業が続いていたという。

混乱のさなかに緊急事態を告げる声が無線から聞こえた。自機に火災が発生して自分も怪我をしたと叫んでいた。ビリーだった。クライドはそのときの無線交信を覚えている。「被弾したので着陸する」とビリーは言った。クライドは「了解」とのみ答えた。

緊急連絡を受けた当直のウィリー医師は看護兵2名に救急車で飛行場に行き負傷した飛行兵を収容して連れてくるように言った。当日は医師がウィリーひとりでてんやわんやだった。12名の患者を病室から防空壕に移した直後に病室が爆撃された。看護兵2名が滑走路に駆けつけると飛行場の東のかなたにビリーのハリケーンが現われた。高度は低かった。

クライドは上空からその様子を目撃する。管制塔の近くに接地してほとんど滑走路端まで行って停まった。「あの動きからすると彼がそんなに悪いようには見えなかった」とクライドは後に述懐する。ビリーのことにそれ以上かまう余裕はなかった。ある士官候補生は記す。「広大な青空を背景にして飛行場の緑の芝生の向こうに単機のハリケーンがなめらかに接地したが主車輪は収納したままだった。その機は細い煙を背後に曳きながら静かに止まった」

「脱出しろ！」と43飛行隊の機付き整備兵のリトルモアは叫んだという。ハリケーンが白煙を曳いているのを見て機がまもなく炎に包まれると思ったのだった。だがビリーは脱出することなく滑走路にむけて飛び続けた。その間、炎が彼の足もとから広がっていたのかもしれない。主脚を出さずに急角度でアプローチするハリケーンを見て、リトルモアは接地のとたんに機が爆発すると思ったがまさに最後の一瞬にビリーは機体を引き起こし、ぺたんと座るように接地して煙を曳き、火花をちらしながら進んだ。機体が止まると「おかしなやつらが二人ほどすっ飛んで行った」のをリトルモアは覚えている。看護兵だった。

ほどなくして601の他の飛行士たちも続々と戻ってきた。ホープは語る。「着陸してタキシング中に二人の救急隊員が見えた。彼らがフィスクをコクピットから運び出して草地に寝かせたんだろう。機体は燃えているというよりくすぶっている感じだった」。彼は乗機から飛び降りて何か手伝うことはないかと大声で叫んだ。隊員たちがビリーの肩まわりのストラップに手こずっているのが見えた。「パラシュート・ハーネスの外し方がわからなかったんだろう。すぐ教えてやった」。ビリーを見下ろすと両脚、くるぶし、ひざにかけて火傷を負っていた。手と顔に火ぶくれができて黒ずみ、出血もあった。「彼は多少なりとも意識があり、ボグノー・レギス近くのどこかでユンカース87を攻撃中に後部銃手からの応射にあって被弾したと言った」。ビリーを乗せた救急車が去るとホープは飛行士たちの待機室に歩いて戻る。「飛行隊のみんなに何があったかを説明して、ビリーの怪我はそれほどひどくないと言ったのを覚えている」

飛行場の向こう側でウィリー医師は孤軍奮闘していたが死者や瀕死の者があふれかえりどうにもならなかった。到着後もしばらく待たせた救急車の後ろのドアからウィリーが足を踏み入れると、ビリーは重度の火傷を負いつつも意識があった。医師はモルヒネを打ち、ビリーをチチェスターの王立ウェスト・サセックス病院に搬送するよう指示を出した。道路が片付くまで20分ほど出発を見合わせた。ビリーは、うわごとのように「おれの飛行機は大丈夫か？」と繰り返す。
意識朦朧となりながらビリーが自分の飛行機を案じたのは奇妙にも思える。当夜の彼の友人たちの議論の核心はビリーがなぜ機外脱出しなかったのかだった。ビリーの義母は火災が低高度で起こり「どうにか着陸して、接地したらすぐ逃げ出す以外の選択肢がなかったんだわ。でも着陸時にはもう意識を失いかけていたんだと思うの」と話す。しかし601の飛行士たちの多くはそうは思わない。ビリーが飛行機を救うと固く心に決めていたからこそ炎のなかを基地まで飛んできたと、彼らは半ば直感的に確信している。飛行機一機がどんなに貴重かをビリーはよく知っていたのだ。601正史は記す。「激痛をこらえてフィスクがどうやって自機をあやつり着陸させたか、それは分からない。しかしなぜ彼がそうしたのか、軍は知っている。彼のハリケーンは数日のうちに空に戻ったのだ」

ローズはといえば、彼女はその日チダムにはおらず、朝からロンドンに出かけてピカデリーで買い物をしていた。正午にタングミアに電話を入れた。「飛行場に電話してはいけないと言われていたけど」と彼女は話す。実際はいつも電話していた。そのときビリーは電話に出られないとのことだったので昼食後に再度かけ直すと「飛行場が爆撃されてるのは音でわかったけど何がなんだかさっぱりわからなかった。空襲があっても動揺するな、飛行場には電話をするなと日頃から言われていたけど電話から離れられなくなったの」。それで15分後に再び受話器を取った。「ビリーにきっと怒られるとは思っていたけど」。すると電話の相手は彼女にビリーが病院に運ばれたと告げた。最初彼女は「神様、感謝します。ビリーが負傷しました。これで彼はもう戦わなくてもいいのです」と思ったという。後にその時いかに自分が軽薄だったかと思い、彼女は苦しむことになる。愛車のモリスに乗り込み、ロンドンから3時間かかってチチェスターに着く。「道中ずっと自分に言い聞かせたわ。彼はきっと腕か足をちょっと骨折しただけよ。しばらく戦争から離れられるし、戦争が終わるまでずっと彼は無事よ」。何度も繰り返せばそれが真実になると思った。「ビリーが死ぬはずないって何度も自分に言い聞かせたわ」。ローズが病院に着くころにはビリーの処置が終わり、全身の皮膚が包帯で包まれていた。病室のドアが開くなりビリーが言った。「ここできみは何をしてるんだ?」

「少しの間、彼は意識があったわ」と彼女は後日回想する。「うわごとは飛行機のことだけ。わたしに飛行機が大丈夫かどうか、行って見てきてほしいって」

ビリーが深い眠りに落ちるとローズは廊下に出て医師たちに見通しを聞いた。たぶん持ちこたえるだろうとのことだった。彼女は郵便局に行き、ニューヨークのディロン・リード社に電報を打った。リスボンからの船で帰国してウォルドルフ・アストリアホテルに滞在中のビリーの両親に知らせるにはこれが最善の方法だと思ったのだった。

ビリーが今朝墜落しました。両手両足に重度の火傷です。医師によると回復の見込み大。神

に祈ります。取り急ぎ。また随時報告します。ローズ・フィスク

ビリーは翌朝、1940年8月17日に息を引き取る。29歳だった。医師団は術後ショックによるものだと言う。ローズは同日、二度目の電報を打つ。

愛するビリーが今朝はやく墜落のショックと火傷のために死亡しました。最初に見てから後は意識が戻らずじまいでした。苦痛はなかったはずです。彼のために気を強く持ってください。わたしも努力します。軍葬になり当地埋葬になると思います。ずっと勇敢だった彼を誇りに思ってください……

医師たちはローズに、もし彼が生きていたら腰から下は麻痺になっただろうと告げた。彼女はその言葉の中にかすかな救いを見つけようとした。「ビリーが死んで、わたしは嬉しい」と数か月後にローズは言う。「彼はスピードといつも動き回ることを愛していたの。生きていたらもう二度と歩けなかった。その事実自体が彼を殺すことになったわ」

火曜日にタングミアの北の境界から少し離れたボックスグループ修道分院に埋葬されたが、601の彼の友人たちは一人として立ち会えなかった。前日の8月19日に同飛行隊は前線から撤退し、エセックスのRAFデブデンに移ったのだった。ローズは黒の喪服に毛皮の帽子をかぶり、簡素なネックレスを身につけた。それはビリーからの誕生日の贈り物だった。葬儀までの数日間、彼女は花の手配や通知書の発送に追われて息をつく暇もなかったが、彼女が何にもまして圧倒されたのは世界中から寄せられた電報の束だった。彼女が知らない人からのものも多かった。弔電はハリウッド、サンモリッツ、ニューヨーク、サンフランシスコ、ロンドン、そしてレークプラシッドからも届いた。航空省と米国大使館の代表者たちも葬儀に参列し、ビーバーブルック卿が花輪を送った。ウィンストン・チャーチルからの花輪があったとも言われる。

サンモリッツの頃からビリーを知るタラのブラバゾン卿の謝辞がタイムズ紙に掲載された。「非常に勇敢な紳士——ビリー・フィスクがわれわれに命を捧げてくれた」とブラバゾン卿は始める。「自動車レーサーとして、ボブスレー乗りとして、飛行士として、彼はよく知られていたがクレスタ乗りとして彼は秀逸だった。一級品になるのに数年を要し、彼の名声は結果的に伝説になった。破らぬ記録はなく、勝たない試合はなく、彼はランの卓越したアーティストになった。転倒が一度もなく、彼は彼自身でひとつの階級だった。米国市民としてこの世界の富に恵まれ、知る人すべてから愛される家族を持ち、皆が彼を崇めることになる個人的な魅力を併せ持ち、しかも彼は英国空軍に入隊してわれらの戦いをたたかうことを選択した。この完璧なスポーツマンを送ってくれたことにアメリカに感謝しよう。われわれの多くはビリーのために命を捧げても良いだろう。ビリーがわれわれに命を捧げてくれたかわりに。彼の思い出は彼が偉大な成功をおさめたアルプスの地に末長く生き続けるだろう。彼の友人たちの心の中に、それは永遠に残るのだ」

英国国旗と星条旗に包まれたビリーの棺が地上に下ろされ空砲がビリーへの永遠の別れを告げたその数時間後、英国首相は下院でかの有名な演説をおこなった。「人類の戦いの歴史のなかで、これほど多数の人々がこれほど少数の人々から恩恵をうけたことはかつてなかった」。「ビリーに再び会うことはないんだと今になってわかってきた」と当夜ローズは記す。「彼の妻だったことを誇りに思う」。彼女はタングミアから、英国から、そして戦争から逃れようと思う。ニューヨークに行き、ビリーの両親に会うことにするが、その前にひとつだけすべきことがあった。

2週間後、彼女は東ロンドンにある眼科病院を訪ねる。そこにクリーバーが入院していた。クリーバーの両眼はまだ包帯で覆われていた。瞳孔のなかにあるガラスの破片を手術一回に一個ずつ摘出しているとのことだった。二人は短い時間、言葉を交わした。「彼女は最初のショックからは立ち直っていた」と後にクリーバーは言う。相手の顔は見えなくても声の調子からわかった。「どちらかというと元気な声だった。おそらくおれのためにそう装ったんだろうけど」。しばしの沈黙の後に彼女が言った。「お互い、気丈にしてなくちゃね」。クリーバーは何も答えなかったが、やがて握り合った手の甲に彼女の涙がこぼれおちるのを感じた。

訳者あとがき

ボブスレーは摩訶不思議なスポーツだとつくづく思う。「不思議」と言って悪ければ、「因果な」とでも言っておこうか。英国で発売前の本書の宣伝広告に「〝クール・ランニング〟と〝華麗なるギャツビー〟を掛け合わせたような」とあった。雪を見たこともない南国ジャマイカの若者たちが冬季五輪ボブスレーに挑戦するコメディー映画〝クール・ランニング〟のヒットからもうかがわれるように、所詮ソリ遊びではないか、もしかしたらおれたちでもボブスレーに乗れるのではないか、よほど幸運に恵まれたらオリンピックにさえ出られるかも、といった淡い期待を人々の心の片隅に芽生えさせてしまう、そんな雰囲気が確かにボブスレーの周辺には漂っている。現実はもちろんそうは問屋が卸すはずもなく、ボブスレー関係者がさがしもとめる人材は「立ち幅跳び3メートル以上、砲丸投げ16ポンド前投げ後ろ投げとも20メートル以上、フルスクワット200キロ以上」が一応の目安とも言われ、当たり前のことだが、競技としてのボブスレーの厳しさは他のスポーツとなんら変わることがない。本書が取り上げるのは現代のボブスレーから見れば遠い昔、ソリ遊びとの境界がまだ曖昧だったボブスレーの揺籃期、冬季五輪がまだ始まって間もない頃。コースは危険極まりなく、集う選手たちも銀行家や貿易商の子息、ダンディーな博徒、新聞の募集広告を見て応募してきた若者やソングライター、命知らずの乱暴な兄弟など実に多種多彩だった。五輪招致をめぐる利害対立、競技連盟内部のいざこざや駆け引き、レース開催国の策略などは今も昔も変わらない。ニューヨークの上流社会、ブロードウェイ、ハリウッドの人間模様からチャップリン、ケーリー・グラント、ルーズベルト、マッカーサーに至るまで当時のＶＩＰたちの逸話も本書にはさりげなく散りばめられている。著者によると、本書はいわゆるノンフィクション・ノベルのカテゴリーに属し、登場人物の心の内面描写などにやむを得ない推測が入るほかは可能な限り史実に忠実にすべく、膨大な量にのぼる史的資料を渉猟し、かつ綿密な独自取材を敢行し、著者自身「かくも長きにわたり」と記すほどに多大な時間と労力を費やした苦心作だ。

気になる登場人物たちのその後を記しておこう。

ゴドフリー・デューイは結局、レークプラシッド倶楽部財団の会長にはなれずじまいだった。倶楽部施設の多くはその後売却されたが、排他的方針は持続され、１９７６年に万人に開かれた倶楽部になるが時すでに遅く、翌年、通常のホテルとなる。デューイはその年、90歳で他界する。死の三年後にレークプラシッドで二度目の冬季五輪が開催された。

ヴェルナー・ツァーンは１９７１年にスポーツカー〝ブガッティ〟で事故死。享年81。

レト・カパドルトは１９３６年ガルミッシュパルテンキルヘン五輪のボブスレー４人乗りで銀メダルをとるが、１９３９年世界選手権２人乗りでサンモリッツのコースから飛び出し木に衝突して落命。享年26。事故のときに操縦していたソリは引き綱式であり、戦後も引き綱式による死亡事故が相次ぎ、引き綱式の安全性が議論された。戦後、ドイツ・ボブスレー連盟会長を長く務めることになるハンス・キリアンは引き綱式に反対していたと言われる（現在のボブスレーはすべて吊り型の引き綱式だが操縦システム自体と乗員を保護するカウリングの進化やトラックの改良により安全性は飛躍的に向上している）。

６０１飛行隊関連ではホープ、ビリー・クライド、クリーバー等は戦争を生き延びる。クリーバーは数えきれないほどの回数の手術の後に視力をいくらか取り戻した。ローズムアハウスはバトル・オブ・ブリテンの空中戦で撃墜されて戦死。ロジャー・バシェルは捕虜収容所からの〝大脱走〟を指揮したかどでゲシュタポにより処刑される。

本書の舞台であるサンモリッツとレークプラシッドのボブスレーコースの現状についても触れておきたい。

サンモリッツのトラックは現在〝サンモリッツ・オリンピア・ボブ・ラン〟と呼ばれ、当地の冬の観光名所のひとつであり、毛皮のコートをまとった多くの観光客が見物に訪れ、ワールドカップなど世界第一級の選手たちによる大会が毎年開かれるほか、一般客を対象とするタクシーボブも賑わいを見せている。２０１０年頃からはモノボブと呼ばれる１人乗りボブスレーが盛んになり、特別な体力を要しないことから一般市民に好評で、訳者自身なんどか草レースに出走し、〝メダル〟をとったこともある。独特の天然コースであることから静かな滑り出しが可能で、遠くに雪山を望む最初のカーブまでの長い直線は〝詩人の散歩道〟と名付けたいくらいであり、はじめて滑ったときは、これぞ久しく待ち望んでいた自由自在型コースターだと直感したものだ。無論ボブスレーが遊園地のアトラクションと同じではありえず、謙虚な気持ちで向上心をもって真剣に取り組まないといずれ手厳しい〝試練〟が氷上で手ぐすねひいて待ち構えているのだが、本書にも出てくる「誰でも気軽に参加できるスポーツ」あるいは「ソリで小山を滑り降りることで子供時代の楽しかった気分を取り戻したいと思っている（人のためのスポーツ）」とのイメージに、サンモリッツのモノボブが近づきつつあるようにも思える。

それと対照的なのがレークプラシッドの現状だ。こちらもワールドカップ等が毎年開催される競技施設であることには変わりはない。32年五輪当時のコースの最初の８００メートルが閉鎖されてからも事故が続き80年五輪にあわせて新しいランが完成したが、今もかわらずテクニカルな難コースである。一般客相手のタクシーボブもあるにはあるが、コースの途中からのスタートだ。本書を訳すからには４人乗りの〝二番手ふうの乗客〟になってトップからの滑走を経験したいと思いあれこれ手を尽くしたが、現地のパイロットたちは好意的ですすんで協力してくれそうだったが施設の運営サイドからはお役所仕事のお決まりの返事が来るのみで、埒があかなかった。よそ者にたいして開放的でないボブスレー施設は他にも少なくないのでいちがいにレークプラシッドがとくに閉鎖的とは決められないが、デューイが目指した冬の観光の目玉としての大衆参加型ボブスレー施設に程遠いのは間違いないだろう。

本書の主人公ビリー・フィスクの英国空軍入りにも一言、付け加えておきたい。ビリーはその動機についてあきらかに意図的に公表を控えている。「ヒトラー氏の無分別の結果として」

の文言がイコール、反ナチスが志願の動機とは帰結されえない。ビリーの知性おそるべし。自分自身のとる行動とは別に、自分の知のありかたについて熟慮がなされている。21世紀に入ってからビリーを主人公とする映画「ザ・フュー」が企画され、トム・クルーズにとって「トップガン」に次ぐヒコーキ映画になるところだったのが米国が英国の危機を救ったかのような描き方が英国内で猛反対にあって挫折したと聞くが、ビリーの名誉にとってはむしろ良かったのではないかと思う。反知性主義の渦巻くいまの米国の単細胞ヒーローはビリーには似つかわしくない。

著者のアンディ・ブルは英国の栄えある高級紙ザ・ガーディアンのスポーツ部門のシニア・ライターであり、本書は2015年ウイリアムヒル・スポーツ・ブック・オブ・ザ・イヤー最終候補作になったが惜しくも受賞には至らなかった。訳者としてはアイスランドの氷河にボブスレーコースを造設する妄想にとりつかれて困っていたところに本書に出会い、翻訳作業がちょうど〝解毒〟作用を果たしてくれたようなものだった。いったん抱いた夢や希望を離さない。帰属する社会の同調圧力に屈する必要はどこにもない。これと定めた目標は自己の尊厳をかけて死に物狂いでたたかいとるものだ。本書に出てくる20世紀前半を生きた男女たちのすさまじい生きざまがいまの読者たちに自己実現の困難な時代を生き抜く勇気を与え、ひとつの指針になることを願ってやまない。

著者　アンディ・ブル（Andy　Bull）
英国の日刊紙「ザ・ガーディアン」シニア・スポーツ・ライター。クリケットやラグビーの国際大会を取材するなど幅広い分野で活躍。単行本は本書がデビュー作。

訳者　高瀬　明彦（Takase Akihiko）
1955年生まれ。早稲田大学法学部卒。訳書に「ドイツのロケット彗星 Me163 実験飛行隊、コクピットの真実」（大日本絵画、1993年刊）がある。

伝説のアイスレーサー
初期冬季五輪ボブスレー野郎、それぞれの金メダル

2016年9月18日　　第1刷発行

著　者　アンディ・ブル
訳　者　高瀬明彦

発行所　パーソナルケア出版部
〒177-0053 東京都練馬区関町南 3-12-21
tel　03-3929-0369　　fax 03-3929-9994

カバーイラスト　喜多啓介
装　幀　　クリエイティブ・コンセプト
印刷・製本　株式会社新製版

ISBN4-89493-054-4 C0075